ディスレクシア入門

「読み書きのLD」の子どもたちを支援する

加藤醇子 = 編著
Kato Junko

日本評論社

はじめに——文字はことばの伝達手段

　文字は人間が発明したものです。文字がない時代には、ことばが聞こえる範囲にしか情報が伝わりませんでした。ことばの音声を文字という記号に変えることによって、情報は広い範囲に、また、紙が発明されてからはさらに広い範囲に、そして時代を超えて伝わるようになりました。私たちは文字を読みながら、そこに書かれた情報を吟味したり、批判したり、自分の考えを変えたりします。また、本を開けばすぐにその世界に没頭できます。文字が発明されたことで、私たちの生活は一変し、情報吸収のスピードや思考力などにも変化を与えているのではないかと思います。

　「ディスレクシア」ということばを聞いたことがありますか？　英語では、dyslexiaと書きます。dys-はうまくいかない、困難、不具合などを意味する接頭語で、-lexiaは「〜な読み方」というような意味で、読みが困難なことをいいます。通常、読みが難しいと、書くことはもっと難しくなります。知的に遅れがなく、ことばの理解も普通なのに、読み書き、つまりは、文字が苦手なことを「ディスレクシア＝読み書きのLD（Learning Disabilities：学習障害）」といいます（本書では「読み書き障害」「発達性ディスレクシア」も含め、基本的に「ディスレクシア」という用語に統一しています）。文字情報が入りにくい人たちは、さまざまな幅広い情報から判断したり、考えたりすることにも、もしかしたら影響を受けているのかもしれません。最近は、テレビや映画、動画などの視覚的に認識できる、文字を介さない情報が多くなっているので、昔よりはディスレクシアの人たちも過ごしやすくなっているのではないかと思います。

　「発達障害」といわれる子どもには、コミュニケーションが難しい子ども（自閉症スペクトラム〔自閉スペクトラム症, Autistic Spectrum Disorder：

ASD〕）や落ち着きがない子ども（注意欠陥多動性障害〔注意欠如多動症、Attention Deficit Hyperactivity Disorder：ADHD〕）とともに、LDの子どもも含まれます。1人で30～40名の子どもに学習を教え、子どもたちの家庭事情にも気を配らなければならない担任の先生にとっては、LDの子どもに気づくことさえ難しいことかもしれません。クラスに2、3人、対人面や行動面につまずきがある子どもがいれば、個別の対応にもクラス運営にも苦慮せざるをえないからです。しかし、ディスレクシアの子どもたちはクラスを乱すわけではありませんが、本人にとっての苦労はとても大きいもので、自尊心をはぐくむべき学齢期に「どんなに頑張っても勉強ができない」ことが子どもにもたらす負の影響は、将来的にも決して無視できません。

　もう25、6年前になるでしょうか、私がある療育機関で働いていた時、ある心理職の同僚から相談されたのです。「うちの息子、来年小学校なんですけど、あいうえおを教えても覚えないんです。やっと名前を書き写せるようになったんですが、書いた名前が読めないんです」「『く』とか『し』なんて簡単だと思うんですけど、書けないんです」「前から多動だったので、心配で、3歳の時、私が田中ビネーをとってみたんです。100以上あったので安心していました。今度はWISCをとってみたんですけど、やっぱり100以上あるし、どうして読み書きができないのかわからないんです」という訴えでした（田中ビネーもWISCも知能検査の一種）。会ってみると、落ち着きはないものの、活発で利発な少年でした。読み書きのLD、すなわち、ディスレクシアと考えました。小学校入学後、行動面・学習面で苦慮されたと聞きましたが、その後どうされたかはわかっていません。

　彼との出会いを通じて、英語圏でいわれている読み書きのLDが日本語でもあるのだと思い知らされました。そう思ってみてみると、読みがたどたどしく、1文字ずつ読む子どもが結構いることに気づきました。

　近くの小学校の通級指導教室で、小集団のソーシャルスキル指導を受けていた小学3年生のある男の子は、算数が好きなのに、読み飛ばしや勝手読みが多く、自分では文章がうまく読めないため、問題が解けませんでした。ただ、他の人に問題を読んでもらうと解けるのです。書字では、鏡文字（偏と旁が逆になる）が頻繁でした。当時はWISC-Rという知能検査をとることが一般的でしたが、知的能力はIQ値で130以上ありました。IQ値は、子どもの年齢基準を100として計算されます。130というIQ値は、その年齢としては、平均より

かなり高い知的能力があるということを示しています。通級指導教室担当の先生が、時々、当時学校に設置されたばかりのパソコン（PC）で、書き順や漢字の個別指導をしてくれました。6年生の時には、鏡文字はなくなり、声に出さないと読めなかった文章も黙読ができるようになっていました。しかし、高学年になって、文章量が多くなり、難しい漢字の読み書きが加わると、読みの遅さと不正確さがネックになり、テストでは学習成果が出せず、中学に進学してからは、英語が苦痛となり、やる気をなくしたと聞きました。一度、彼の父親が嬉しそうにやってきたことがあります。父親宛てに彼が初めてメモを書いたのだそうです。「おとうさんいがいわ　ぜったいにみるな」（「お父さん以外は絶対に見るな」の意）とひらがなだけで書いてありました。それを見せてもらうと、彼の大変さが伝わってくる気がします。もう6年生なのです。漢字を覚えるために10回書くと、10回目は違う字になっているのです。横線が1本多かったり、抜けてしまったりします。また、「森」という字は木を3つ書くと覚えたところまではよいのですが、書く時に木を横に3つ並べてしまったそうです。こういった彼らの必死の努力を目にすると、知的な遅れや不勉強ゆえにできないのではないことがひしひしと伝わってきますし、保護者の苦労もどれほどのものかと心が痛みます。

　日本語の場合、ひらがなであれば「た」は「タ」としか読みません。カタカナも同様です。英語では、"a" は5種類の読み方があり、night、bread、yachtなどは読みが文字と合わず、不規則です。英語圏の読み困難な人の中には、単語を逆読みしてしまう人もいるそうです。「was↔saw」「dog↔God」などは文字の順序を逆にすると意味がまったく異なります。犬が神様になってしまうなんて困りますね。漢字は次にくる文字によってさまざまな読み方をします。空は「ソラ」、空気は「クウキ」、空っぽは「カラッポ」と読みます。文字を見て、それに該当する音声を想起し、文章であれば、区切りを入れて、そこに書かれた語の意味がわからなければ読解ができません。[ta] と書く時は、ひらがなであれば「た」という文字を想起します。漢字だと、田、多、他、太……などいくつもあるので、書こうと思った単語に該当する漢字を想起して書かなければなりません。ディスレクシアの子どもは、一所懸命文字を思い出そうとしているうちに何を書こうとしていたか忘れてしまうこともよくあります。私たちは、これらの複雑な作業をすごいスピードで自動的にこなしているのです。そこに困難さをもつ人たちにとって、どんなに大変なことか、少

しわかっていただけたでしょうか？

　英語は不規則語が多く、日本語よりずっと細かな音声を使います。アルファベットはたった26文字しかありませんが、読みが最も難しい言語といわれています。英語圏では、子どもの10〜20％にディスレクシアがみられるそうです。そのため、早くから研究が進み、指導方法も何種類もあります。日本では、ようやくディスレクシアの存在が認められ始めたばかりで、読み書きに困難さをもつ子どもを見つける方法も指導方法もまだ確立はされていません。英語の読み書きは、アルファベットの文字の習得も含め、彼らにとってさらに困難の極みです。

　本書では、そのような困難さをもつ子どもを早く見つけて、その困難さのメカニズムを知り、対応方法を考えるために、多職種の専門家の知恵を集めました。ディスレクシアの子どもの具体的な姿、そして支援の実際を伝えるために、たくさんの症例・事例も本書には掲載していますが、どの症例・事例も本人と保護者に掲載の許可を得るか、個人情報に配慮し、個人が特定できないように改変しています。

　すでに大学入試センターでは、ディスレクシアをはじめとしたLDの困難さに対しても配慮申請ができるようになっていますし、2016年4月からは合理的配慮が法制化されました。学校の先生方もそのような子どもたちに適切な対応をしなければならなくなったのです。教育関係者はもちろんのこと、医師、臨床心理士、言語聴覚士などの専門家、そしてディスレクシアの子どもをもつ保護者の共通言語として、この入門書を活用していただけるよう願っています。

　　　　　　　　　　　　　　　　　　　　　　　　　　　加藤醇子

ディスレクシア入門
「読み書きのLD」の子どもたちを支援する

目　次

第 1 章　ディスレクシアとは……………………………………………………9

第 2 章　ディスレクシアの歴史…………………………………………………19

第 3 章　ディスレクシアと医療…………………………………………………31

第 4 章　読みの難しさのメカニズム……………………………………………39

第 5 章　読みの難しさを早期発見するために
　(1)主なスクリーニング検査とその種類………………………………………51
　(2)ディスレクシアの簡易スクリーニング検査（ELC）………………………57
　(3)言語聴覚士による詳細な評価………………………………………………64
　(4)視機能評価とは………………………………………………………………72

第 6 章　発達の特徴を知るための心理検査
　(1)WISC-IV知能検査……………………………………………………………83
　(2)日本版KABC-II ………………………………………………………………96

第 7 章　読み書きに難しさがある子どもの事例と指導の実際
　(1)小学校低学年…………………………………………………………………107
　(2)小学校高学年…………………………………………………………………119
　(3)中学生・高校生………………………………………………………………130
　(4)中高生・大学生で特徴的な事例……………………………………………139

第 8 章　漢字指導の難しさと指導の方向性……………………………………149

第 9 章　英語学習の難しさの特徴と指導の実際………………………………161

第10章　通常の学級での指導・支援……………………………………………173

第11章　通級指導教室での取り組み……………………………………………181

第12章　家庭での子どもへの対応………………………………………………191

第13章　合理的配慮と受験における配慮申請……………………………………197

第14章　青年期の課題――就労も含めて……………………………………………211

基本専門用語集　　223
関連機関　　227
参考書籍　　232
事項索引　　235
人名索引　　237

コラム１　ランドマークスクール　18
コラム２　アセッツスクール出身のギタリスト　30
コラム３　RAVE-Oプログラム　82
コラム４　故リ・クアンユウ元シンガポール首相とシンガポールの取り組み　106
コラム５　国際ディスレクシア協会（IDA）　148
コラム６　米国のNational Reading Panelとは　180
コラム７　ディスレクシアの子どもにとって理想の学校とは　190
コラム８　村上春樹とディスレクシア　222

第1章
ディスレクシアとは

ディスレクシアの子どもの姿

　言語臨床の場には、「うちの子は、ディスレクシアでしょうか？」という心配を抱えて、さまざまな読むこと、書くことの難しさの訴えが寄せられます。ひらがながなかなか覚えられない。ひらがなの文字が逆さまになってしまう、何度注意しても直らない。音読で行を飛ばしても、一向に気がつかないで読んでいる。算数の筆算はよくできるのに、文章題ができない。漢字を読むことはできるけれど、漢字の文字が汚い。文章は読めるけれど、内容についての質問に答えられない。作文が苦手で、どう書いたらよいかわからない等々。これらは、どれも確かに読み書きの問題ですが、ここに挙げたすべての訴えがディスレクシアというわけではありません。
　種々の読み書きの困難さを分析して、ディスレクシアかどうか見極めることが必要です。では、ディスレクシアとは、どのような問題をいうのでしょうか。この章では、ディスレクシアの定義を紹介して、ディスレクシアの読みの問題を考えます。
　まず、ディスレクシアの子どもの姿をいくつか紹介します。

ひらがながなかなか覚えられないAさん（小学1年生）

　Aさんは、もうすぐ小学2年生になる元気な男の子です。幼稚園では外遊びが大好きで、年長の時は泥団子づくりに熱中して、毎日洋服を泥だらけにして帰ってきました。絵本にはあまり関心を示さず、自分から手にすることはなかったそうです。母親は、友達も多く、毎日元気に楽しんで幼稚園に通うAさんをみて、「これだけ一つのことに集中して取り組める子だから、小学校に入ったら勉強にも取り組んでくれるだろう」と思っていたとのこと。

　ところが、小学校に入学後、1学期の保護者面談で、担任の先生より、文字の学習が進まず、単語が読めないと指摘されて、びっくり。家で文字積木を読ませてみたら、確かに読めない文字がたくさんあるではありませんか。これは大変、と夏休みは母親がAさんにつきっきりでひらがなの特訓をしました。その甲斐あって、Aさんは夏休み中に「きゃ、きゅ、きょ」など小さい「ゃ、ゅ、ょ」のつくものまで、すべてのひらがなの読み書きができるようになりました。1文字ずつ書いたカードを、いろいろ順番を変えて読ませてみても、すらすらと読めるようになりました。母親は「これで、ひらがなで書かれているものはもう大丈夫」とすっかり安心しました。ところが、教科書の音読をさせてみたら、最初の単語でつまずいて、単語のまとまりを探すことができず、意味の句切れも何も気づかず、1文字ずつの逐字読みで、またまたびっくりしたとのことです。

　Aさんは、1文字は間違うこともなくすらすらなめらかに読めます。それが、絵本の「うしのおかあさんが」を読もうとすると、「う。……え、あっ、じゃなかった、しだ。う…………し…………、う……し……、う……し……、う…し…、う…し…、うし、あっ、うしか」といった様子で、「うし」を何回も読んでようやく「牛」とわかるというように、とても時間がかかるのです。しかも、どこが単語の区切りかわかりません。

作文で小さい「っ」が抜けたり文字が抜けたりしてしまうBさん（小学5年生）

　Bさんは小学5年生。恐竜が大好きで、種類ごとに大きさから食べ物、生息地まで、何でもよく知っています。クラスメートから恐竜博士と呼ばれて一目置かれています。授業中も積極的に発言し、なかなかよい意見を出します。話していると、豊富な知識をもっていることがよくわかり、とても面白いのです。それなのに、Bさんが書く作文は、ひらがなばかりで漢字はほとんど書か

れていません。しかも、小さい「っ」や伸ばす音が抜けてしまい、単語の文字も抜けてしまうことがよくあります。まるで小学1年生の書いたもののようです。いつも作文は赤ペンで真っ赤に直されるのですが、一向に改善の様子がみえません。担任の先生は、これほど頭のよい子が、どうしてこんな作文の書き方になってしまうのか、不思議でなりません（図1-1）。

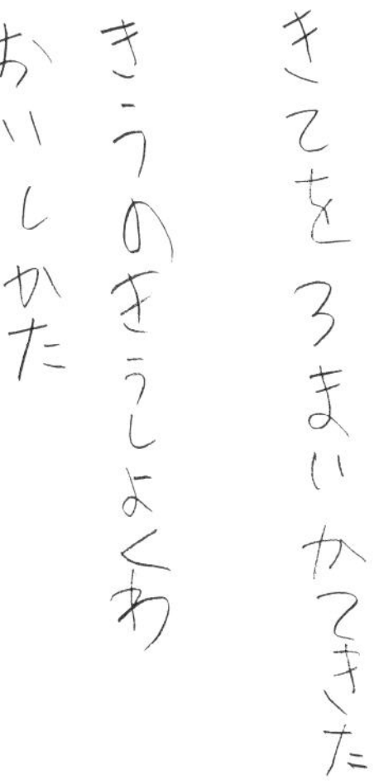

漢字が苦手なCさん（小学6年生）

Cさんは小学6年生の男の子です。好きな科目は、図工と体育、特に工作とサッカーが大好きです。サッカークラブに入って活躍しています。Cさんの悩みは、漢字が苦手ということです。熟語の読みを覚えるのもひと苦労ですが、それ以上に漢字の書き取りに苦労しているということでした。漢字のテストの前日は、母親と一緒に何回も何回も書いて練習して、なんとか10題のうち6、7割書けますが、1週間後にはすっかり忘れてしまって、学期末の復習テストは、毎学期、再テストを繰り返しています。

幼稚園の頃は、絵本を読み聞かせてもらうのが大好きで、よく母親に読んでとせがんだそうです。自分からは読もうとしなかったし、文字への関心も薄かったと母親は記憶していますが、身体を動かすことが好きな男の子はこんなものだろうと、特に気にすることはなかったようです。小学校入学後、ひらがなの学習がやや遅いとは思ったものの、ひらがなもカタカナもなんとか読み書きできるようになったので、大丈夫と思っていたら、高学年になって、漢字の書き取りがとても難しくなって、困り果てたということです。

小学生の読み書きスクリーニング検査（Screening Test of Reading and Writing for Japanese Primary School Children：STRAW）（宇野他、2006）を用いたCさんの漢字の書き取りの結

図1-1 Bさんの作文の一部

図1-2 Cさんの漢字の書き取り

果を示します（図1-2）。ここに示したのは小学4年生配当（Cさんの学年より2年下）の漢字です。口頭で言われた単語を漢字にしたものです。漢字がわからない時は、ひらがなで書き取ってもらいました。漢字が書けていないものが多いですし、よく見ると、ひらがなで記したものも、小さい「っ」や小さい「ゃ、ゅ、ょ」が抜けたり間違ったりしています。このひらがなでの表記は、とても小学6年生が書いたとは思えません。Cさんは、漢字どころか、ひらがなにも問題ありということがわかります。

ディスレクシアとは

紹介した3人は、いずれもディスレクシアと診断された子どもたちです。ディスレクシアといっても、学年、読みの障害の重さ、他の能力等が異なるので、一人ひとり姿は異なります。この3人に共通する問題は何か、それをこの章では考えていきます。本書ではディスレクシアということばを使っていますが、LD（学習障害）ということばもよく耳にされることと思います。LDとディスレクシアは、同じか、違うか、この2つの障害はどういう関係なのか、そこから述べていきます。

学習障害とは

2007年に、学校教育の場では特別支援教育が始まりました。それまで、特別な教育的ニーズのある児童生徒への教育は、特殊教育として、盲・聾・養護学校や特殊学級という特別な場で行われていました。しかし、特別な場でなく、通常の学級の中にもさまざまな教育的ニーズをもった児童生徒がいて、その子どもたちへの支援が重要であるとの認識が広まってきたことが、特別支援教育の背景にあります。教育的ニーズを必要とする児童生徒として、従来の特殊教育では支援の対象ではなかった、知的な遅れのない発達障害のある児童生徒が対象に含まれるようになりました。発達障害には、ADHD、ASDと並んで、LD（学習障害）が含まれています。学習障害は、文部科学省（定義の制定当時は文部省）によると、以下のように定義されています。

「学習障害とは、基本的には全般的な知的発達に遅れはないが、聞く、話す、読む、書く、計算する又は推論する能力のうち特定のものの習得と使用に著しい困難を示す様々な状態を指すものである。学習障害は、その原因とし

て、中枢神経系に何らかの機能障害があると推定されるが、視覚障害、聴覚障害、知的障害、情緒障害などの障害や、環境的な要因が直接の原因となるものではない」（文部省、1999）

　学習障害とは、知的な遅れがあるわけでもなく、視力も聴力も問題がなく、教育を受ける機会にも恵まれているにもかかわらず、特定の学習の領域に落ち込みがみられるものです。原因として、何らかの脳の機能障害が推定されています。ディスレクシアは、「読む」ことに関する学習障害です。「読む」ことが困難であると、ほとんどの場合「書く」ことも困難になります。それで「読む」「書く」ことに関する学習障害といわれることが多いのです。

ディスレクシアの定義

　ここで、少しディスレクシアに関する用語を整理します。本書では、読み・書きの学習障害に対して、ディスレクシアという用語を用いています。発達性ディスレクシア、発達性読み（書き）障害という用語が使われることもあります。

　発達性ということばについて説明します。大人になって、交通事故で頭を怪我したり、脳出血・脳梗塞で脳のある特定の部分を損傷したりすると、読む、書くことが難しくなることがあります。この場合は、いったん読み書きを習得した後に、その能力を失うことになります。本書で扱っているのは、そのような一度獲得した能力を怪我や病気が原因で失うのではなく、そもそも生まれつき読み書きを習得することが難しい状態のことです。この生まれつきの困難さを、発達性ということばで表現します。発達性というのは、生まれつき問題があり、それが発達の過程で明らかになるということを表します。

　読み障害という言い方もあれば、読み書き障害といわれることもあります。先に述べたように、本来ディスレクシアは読みの困難さを意味しますが、読むことが困難であれば、書くことの困難が生じますので、読み書き障害といわれることが多いのです。本書でも、その観点から、読み書きの問題を考えていきます。読むことにはまったく問題がなく、書くことだけが困難という状態はきわめてまれです。

　文科省の定義は学習障害全般の定義でしたので、もう少し詳しくディスレクシアの症状、原因等について書いてある定義を紹介します。国際ディスレクシア協会（International Dyslexia Association：IDA）［コラム５参照］の理事会

で2002年に採択されたものです。この定義は、米国の国立小児保健発達研究所（National Institute of Child Health and Human Development：NICHD）でも採用されています。

　「ディスレクシアは神経学的な原因による特異的な学習障害である。その特徴は、正確かつ、あるいは流暢に単語を認識することの困難さ、つづりの稚拙さ、単語を音声に変換する（デコーディングの）弱さにある。こうした困難さは、主に他の認知能力や学校での効果的指導からは予測しえない言語の音韻的な側面に関する弱さが原因である。二次的に読解の問題を引き起こしたり、読みの経験が少なくなったりすることで、語彙や予備知識の発達を阻害することが起こりうる」（翻訳は筆者による）（IDA、2002）

　これから、このIDAの定義をひもときながら、ディスレクシアとは何かを考えていきます。

　「神経学的な原因」とは、ディスレクシアの原因として脳機能が関与しているということです。言語を使うことは、人間のみがもっている能力です。脳は、私たちの生命の維持や行動のコントロールなど多彩な機能を司っていますが、その中でも、ことばを理解したり、ことばで表現したりすることは、脳の最も高次の機能です。文字はことばを記録するものですから、読み書きに関わる処理も脳の中で行われています。皆さんは、CT（コンピューター断層撮影法）、MRI（磁気共鳴画像）、fMRI（磁気共鳴機能画像法）ということばを聞いたことがありませんか。これらを使うと、脳の内部の画像が撮影でき、脳の働きや脳の病気などを調べるのに役立ちます。発達性という用語の説明のところでも触れましたが、読み書きを習得した後で、怪我や病気で脳の特定の場所が損傷されると、話したり聞いたりすることは問題がないのに、書けるのに読めない、読めるのに書けない、読むことも書くこともできないなどの症状がみられることがあります。こうした患者の研究から、成人の脳に関しては、読むこと、書くことに関係する脳の場所や働きについて、ずいぶん情報が蓄積されてきました。しかし、子どもが読み書きを習得する過程で、脳内でどのようなことが起こっているのかについては、まだまだよくわからないことが多いのが現状です。これまでの研究の成果を踏まえて、読み書きの問題のある子どもは、脳の機能に何らかの異なりがあると推測されています。これが、IDAの定義での「神経学的な原因」が意味することです。これから、ますます脳の研究が進んで、より効果的な支援方法につながる研究成果が出るとよいですね。

「特異的な学習障害」というのは、学業全般が困難、遅れるというわけでなく、知的レベルは保たれているのに、読み書きの学習に関してだけ、限定的に落ち込みがみられるということです。読みの困難だけでなく、算数の困難もあるというように、複数の領域で落ち込みがみられることも少なくありませんが、全般的な学習遅滞とは区別する必要があります。

　IDAの定義は、ディスレクシアの症状として、「正確かつ、あるいは流暢に単語を認識することの困難さ、つづりの稚拙さ、単語を音声に変換する（デコーディングの）弱さ」を挙げています。この一節には、ディスレクシアの困難さを考えるキーワードが列挙されています。これらのことは、第4章で詳しく説明しますので、ここではざっと触れるのにとどめますが、ここで「読み」ということばが意味することを考えたいと思います。

　日本語の「読み」はさまざまな行為を意味します。ディスレクシアの問題を考えるために、「読み」を2つのレベルで考えたいと思います。第一のレベルは、文字・単語を音に換えるレベルの「読み」です。学び始めの子どもについて、「文字の読み書きができる」とか「ひらがなの読み書きを覚えた」というのは、このレベルのことです。第二のレベルは、読んだものを理解するレベル、読解です。第一のレベルができないと、読解はもちろんできませんが、第一のレベルができても、読解ができるとは限りません。読解には、単語の意味、文法力、段落と段落の関係性の理解、全体を覚えていること等々、さまざまな能力が必要とされます。ディスレクシアは、第一のレベルの困難をいいます。この章の冒頭で、さまざまな読み書きの困難の訴えがあるが、すべてがディスレクシアというわけではない、と述べました。ディスレクシアを考えるには、読みの2つのレベルを区別しなければならないということなのです。

　「正確かつ、あるいは流暢に単語を認識する」とは、単語を見たら、すぐに読めて意味がわかるということです。単語の1文字1文字を読むのに時間がかかっては、単語全体をとらえるのが難しくなるだろうということは、容易に想像できるでしょう。「つづりの稚拙さ」とは、文字の形の悪さ、「字が汚い」「下手」ということではありません。つづりが不正確ということです。英単語のつづりを思い浮かべてください。同じaが、hatとmakeでは異なる音を表します。また、yachtのように、このつづりと音の結びつきがよくわからないものもあります。英語は文字と音の対応が不規則で例外的なものが多く、ディスレクシアの人にとっては、正しいつづりを覚えることはきわめて難しいことで

す。「単語を音声に変換する（デコーディングの）」ということは、先の第一のレベルの読みのこと、すなわち、文字・単語を音に換えることをいいます。ディスレクシアの人は、文字や単語を見て、それが表す音がわからない、あるいは、音を思い出すのに時間がかかるのです。

　以上のディスレクシアの症状の原因として、IDAの定義では「言語の音韻的な側面に関する弱さ」を挙げています。文字は、話しことばを目に見える形で記録するためのものです。そのためには、話しことばの音をはっきりととらえることが必要です。音韻的な側面とは、そのことに関する能力をいいます。この点も第4章で詳しく説明します。

　ディスレクシアは「特異的な学習障害」であって、全般的な学習の遅れ、困難とは異なると説明しました。しかし、読むことは、すべての科目の学習に関わることです。読むことの困難さは、結局、すべての科目の学習に影響します。日本の小学校の学習を考えてみると、小学3年生から4年生にかけて、どの科目でも学習の質が大きく変化して、高度になります。学習内容がより抽象的になりますし、教科書の文章量が格段と増えます。国語では、一度学習した漢字が、熟語の中で登場し、新しい読み方・意味を学ぶことになります。学習で用いられる用語（例えば算数では、小学3年生で、等号、不等号、数直線、分子、分母などが、小学4年生では、和、差、積、商、真分数、仮分数、帯分数、平行、垂直、対角線等が出てきます）は、どれも日常会話ではあまり出てこない語彙です。こうした学習用語を習得することが、学習の進展の鍵になります。「『はやさ』ならわかるんだけど、『速度』って書かれるとわからなくなる」というディスレクシアの子どものつぶやきは、新たな語彙の習得の難しさを伝えています。教科によっては、教科書以外の資料を読んで、それらをまとめて新聞づくりをさせることもよく行われています。中学年以降は、読むこと、読書が新しい語や知識を得る重要な手段となります。

　読みの問題は、狭い意味での学業に影響するだけでなく、一般的に語彙や知識の習得にも影響します。どんな本の中にも、私たちが日常会話では用いない語彙がたくさん使われています。読書好きな子どもは、本を読むことを通して、豊富な語彙を習得し、書かれている内容から広い知識を得ることができます。しかし、読むことに困難があると、文字を通したこうした学びが妨げられ、一般的な語彙・知識の拡大が阻まれ、学業だけにとどまらない影響が懸念されます。

以上が、IDAの定義で「二次的に、読解の問題を引き起こしたり、読みの経験が少なくなったりすることで、語彙や予備知識の発達を阻害することが起こりうる」と記されていることです。

（原　惠子）

［文献］
宇野彰、春原則子、金子真人、Taeko N. Wydell『小学生の読み書きスクリーニング検査―発達性読み書き障害（発達性dyslexia）検出のために』インテルナ出版、2006年

ランドマークスクール

　ランドマークスクールは、ディスレクシアの子どもを専門とする私立校で、1971年チャールズ・ドレイクが、米国ボストンの北、約45kmのところに開校しました。マサチューセッツ州プライズ・クロッシングというニューイングランドの風光明媚な地域にある、非常に豊かな、古きよき時代の雰囲気をもった学校です。当初、生徒は40名、先生の数も少なかったそうですが、現在は生徒450名、キャンパスも2つに増え、先生とスタッフは300名以上いるそうです。小、中、高校まであり、高校生310名のうち162名が寄宿生で、148名が通学しています。小中学生は155名で、全員通学です。驚かされるのは、クラスの生徒数が平均4〜8名で、生徒対先生の比率は3：1で、さらにクラスでの授業の他に必ず個別指導が保障されていることです。キャンパスに点在する校舎の、ある1棟がすべて個別指導室になっています。読み書きの指導だけでなく、必要に応じて算数の指導や言語指導も受けることができます。

　ロバート・ブラウド学長は、ベイツ・カレッジで創始者のドレイク氏に会い、ランドマークスクールの先生を経て、1990年に学長になりました。小中学校の校長をしているロバート・カーン氏は、2007年横浜で開催された日本LD学会に来日し、講演をされています。カーン氏のお父様は日本で先生をしていたことがあるそうです。また、奥様は音楽の先生で、大変温かみのある方でした。ご夫妻で鎌倉の料理を楽しみ、箱根を周遊されました。日本LD学会でたびたび講演されたマサチューセッツ総合病院言語病理学教授チャールズ・ヘインズ博士が、ランドマークスクールの指導プログラム作成に寄与されています。一緒に言語表現プログラムを作成されたテリル・ジェニングス氏は、終戦後の日本に滞在され、アメリカンスクールで先生をされていました。

　ランドマークスクールには他にもさまざまなプログラムがありますが、給食もユニークです。米国ではどこでも食堂で自由に料理を選んで食べることができますが、この学校の給食のユニークなところは、各自が赤・青・緑・黄色などのチップを持って、食材が偏らないように、例えば、赤は肉、青は魚、緑は野菜、黄色は果物などのように、それぞれの中から最低1種を選ぶようになっています。日本の学校給食には自由さがないし、時間も短く、消化によくないですね。

（加藤醇子）

第2章
ディスレクシアの歴史

　近年の歴史では、人類が大規模な戦争を起こすようになり、脳に損傷を受けた人たちが増えました。さらには交通事故や脳卒中も加わって、脳外科や神経学が発展するにつれ、脳損傷後に文字が読めなくなる人たち、つまり、失読症の人たちがいることが知られて、成人の分野で診断や治療が進んできました。失読症は、成人の場合、分類上、失語症の1つに位置づけられていることが多いようです。成人の失読症は、上記のように、読み書きが普通に獲得できた後に何らかの損傷によって読めなくなったものであり、損傷がないのに読み書きが獲得困難な子どもの場合とは異なると、成人の失読症についての書籍には書かれています。

　では、子どものディスレクシアはどのように発見され、支援はどのように進んできたのでしょうか？　その歩みを振り返ってみましょう。

19世紀末〜1930年頃──子どものディスレクシアの発見から支援へ

　1896年、英国の医師プリングル・モーガンは、読み書きが困難な14歳の少年について医学論文で報告しました。しかも、脳損傷がない子どもの事例は初めてです。少年は聡明で知的能力は高く、難しい計算式を解くことができたそうです。数字の「7」は読めるのに、「seven」は読めませんでした。会話能力に問題はなく、視力も普通でした。この報告がきっかけとなって、医師による

同様の事例の報告が相次ぎました。

　当時の神経学では、成人の場合、語盲（word blindness）ということばが使われていましたので、子どもの事例は先天性語盲といわれるようになりました。現在では、発達性ディスレクシアといわれていますが、欧米では、子どもの読字困難が非常に多いので、単にディスレクシアといわれることがほとんどです（本書でも「ディスレクシア」と統一しています）。脳損傷を受けてから読めなくなった場合は、それを区別するために後天性ディスレクシアといいます。子どもでも、脳腫瘍その他の病気や交通事故後に読めなくなった場合、後天性ディスレクシアとなることはあります。しかし、子どもの読み書き困難の大部分は、知的能力、会話能力が普通であれば、（発達性）ディスレクシアといって過言ではありません。眼科医からの報告が多かったのは、会話は普通なのに読めないのは文字が見えないからではと考えて眼科を受診したためかもしれません。今でも、眼科を訪れるケースが多いとよく聞きます（ディスレクシア〔dyslexia〕という名称は、ドイツの眼科医ルドルフ・バーリンが部分的損傷により完全な失読でない成人の事例を「語盲の特殊例」として命名したことから、後になって使われるようになりました）。

　英国グラスゴーの眼科医ジェームス・ヒンシェルウッド（1859-1919）は、1912年までに12例の子どものディスレクシアを報告しましたが、学術的な報告だけでなく、助けを求めてくる子どもたちの困難さに手を差し伸べるべく活動した最初の医師でした。彼は、先天性語盲（ディスレクシア）は脳機能全般の障害ではなく、読むこと、結果として書くことも困難となるが、他の認知機能は正常であるとし、報告されないだけで、実際には多数の子どもたちが困難さを抱えているのではないかと観察結果から考えました。「字が読めなくて学習についていけないと、怠けているからだと片づけられてしまう。この問題はこれまで注目されてこなかったが、教育制度の中で科学的根拠に基づいた措置を講ずることが急務である」とすでに1904年に述べています。現在の日本の状況にもピッタリな発言に驚きを禁じえません。しかも、まだ標準化された心理検査もない時代です。彼は、ことばや文字を視覚的に記憶できないと考えていたようです。そして、学校に対し、他の子どもの前で読ませると笑われてしまうので個別指導とすること、1日の中で短時間の指導を間隔を置いて何回か行う（例：1回15分の指導を午前と午後、計2回行う）ことで、視覚的に強化できるのではないかと対処法を提案したそうです。

米国の神経学者サミュエル・トーリー・オートン（1879-1948）はマサチューセッツ州で成人の脳損傷の病理学を研究していましたが、1919年アイオア州立医科大学に招聘され、一見神経機能に異常がなさそうな子どもになぜ言語や読みの障害が起こるのか、疑問を抱いていました。1925年、学業に遅れがある生徒を検査する機会があり、14例の生徒はIQ値が平均値であるのに読みが非常に困難でした。文字の読みの混乱（b↔d、p↔q、m↔nなど）、鏡文字、逆読み、読み飛ばしもみられ、視覚的に見た単語と音声言語との協調がよくないのではないかと仮説を立てました。成人の大脳左半球損傷患者が子どもの読み障害と似た症状を示すことや、子どもの読み障害には両手利きや左利きが多いことなども観察していました。そして、左半球が右半球に対して優位な人（通常は右半球が優位半球）が左半球に障害を受けると読みが困難になると考えました。その後、1930年頃、オートンはさらに多数の子どもたちに読字障害があることを見出し、オートン・ディスレクシア・ソサエティを組織しました。最も古いディスレクシアの研究および治療教育機関の誕生です。彼は、多感覚法、つまり、運動感覚との統合、触覚学習、視覚・聴覚指導（文字の音との対応）などを行い、左右の大脳半球の統合による読み書きの指導法の構築を目指しました。現在も、ともに指導法を開発したアンナ・ギリンガムの名前を入れて、オートン・ギリンガム法として各地で指導法の講習が行われています。全米各州に支部ができて、活発な活動を展開し、1997年米国以外の国々のうち、英国、カナダ、ブラジル、シンガポール、香港などの活動機関をグローバルパートナーシップとして包含して国際化し、国際ディスレクシア協会（IDA）に名称を変えました。2004年には、日本もグローバルパートナーシップに参加を認められました［コラム5参照］。

1940年代〜1980年——微細脳損傷から学習障害へ

　一方、1943年にはレオ・カナーが自閉症についての論文を発表し、その事例には、高学歴高収入の家庭の子どもが比較的多かったことから、育て方などが問題となったり、統合失調症との関連（統合失調症の「子ども版」ではないか？　などの考え）が論議されたりしていました。1960年代には、一般論としての子育ての方法も論議され、乳児が欲しがるだけ欲しい時にミルクを与えることがよいという育児書がベストセラーになり、肥満児が増えました。自閉症

の子どもにも、好きなことを好きなだけやらせるというやり方を提唱するグループがあり、そのすべてが悪いわけではありませんが、12歳の子どもがおむつをしているといったことが生じました。

　1967年英国のマイケル・ラターが自閉症の特徴は脳の機能の障害という考え方を表明し、その後、その特徴に沿った指導法が工夫されるようになり、しかも早期から行われるようになって、劇的に改善した子どもたちも多く、重い自閉症もいる一方、軽症の子どもが増えました。自閉症が増えたといえるのかどうかについては、幅広く発見できるようになったからという意見もあり、まだまだ議論途上です。他方、脳性まひの子どもたちへの理学療法や作業療法が、手足のまひだけでなく、生活面や精神面にも著しく改善に役立ち、医療現場での早期発見、療育機関の設置も一般的となっていきました。軽い脳性まひの子どもたちや未熟児だった子どもたちの中に、多動であったり非常に不器用であったり、軽いことばの遅れがある子どもたちがいることが話題に上るようになりました。微細脳損傷（Minimal Brain Dysfunction：MBD）が原因ではないかという見解が広まり、国際学会が開催されました。「微細な脳の損傷」というものが証明されているわけではなく、あいまいで科学的ではないということから使われなくなっていきましたが、1979年にも米国で出版されたMBDの医学書がありますので、おそらく1980年代にもMBDという名称が使われることがあったのでしょう。

　軽い脳性まひや未熟児でない子どもたちの中にも、多動がみられたり学習がうまくいかない子どもが存在します。多動を中心とする行動面の問題はADHDといわれ、読み書きの困難さや計算の困難さなどはLDといわれるようになりました。このLD（Learning Disabilities）という名称は、1962年の著書および1963年シカゴで開催された教育会議の講演で、特殊教育の先駆者であったサミュエル・A・カーク（1904-1996）が名づけたといわれています。彼はITPAという検査を開発したことでも有名な心理学者であり教育者で、「私の初めての指導経験は、読字障害をもつ少年の個別指導で、学校でもなく、クリニックでもなく、実験室でもなく、トイレから始まりました」といっています。寄宿舎で、他の少年たちが寝静まってから、ある少年の読み書き指導をトイレで行ったそうです。

　その後、米国では教育面でのLDの啓発が進み、1975年全障害児教育法でLDが定義され、個別教育計画（Individualized Education Program：IEP）の

対象に認定されました。特殊教育の対象児童があっという間に増えていったそうです。日本の場合の、皆と同じ場(クラス)で皆とまったく同じ内容の授業を受けることが平等であるという意識と異なり、米国では、難しい場合は子どもに合った授業をしてもらうことが機会均等という意識の文化的違いが背景にあることも、対象児童が増えたことの一因であると思われます。

1980年代〜2000年代——医学の進歩と科学的根拠に基づく教育

　1981年ボストンの神経科医アルバート・M・ガラブルダは、交通事故死したディスレクシアの青年に出会いました。同僚の研究者トーマス・ケンパーと一緒に、その青年の脳を調べました。ガラブルダの師である神経学の大御所ノーマン・ゲシュヴィントは、人間の側頭平面(Planum Temporale)という脳の部位は左半球のほうが大きく、左右半球で差があることを見出し、1968年に報告していました。この側頭平面は、側頭にある平面ではなく、大脳半球を横から見ると斜めに走る大きな溝(シルヴィウス溝)があり、かなりの部分がその中のほうに位置します。その青年の側頭平面は左右同じ大きさでした。左右が同じ大きさだと、大脳で読みの情報を処理する時、左右のどちらでどう分担して行うか混乱したり、うまくできなかったりするのではないかと考えられます。分子レベルでは、その部位の皮質神経細胞の微小奇形がみられました。その後の研究では、胎生期の細胞移動の際、ディスレクシアの脳では、皮質にニューロンの異所形成(エクトピアectopia)が、特に男児では側頭平面に多数みられることがわかりました。通常、300ミリ秒のことばの音の差を聞き分けられるのですが、ディスレクシアの場合、ことばの音の差が判別できないこともわかりました。そのような事実が発表されると神経学的研究が一気に広まり、1996年頃には学校の先生たちが「側頭平面」ということばを知っているまでになりました。

　また、欧米では、ディスレクシアは家族的にもみられることが多く、コロラド学習障害研究センターでは、双生児のディスレクシアの子どもについて大規模な研究が行われました。1983年シェリー・D・スミスやブルース・F・ペニントンらは15番染色体に異常を見出し、1994年ロン・R・カードンらは音韻意識は6番染色体に、1997年エレーナ・L・グリゴレンコらは音韻意識は6番染色体に、語認識は15番染色体に異常があることを報告しています。その後、

2005年ガラブルダとグレン・D・ローゼンらは、ニューロン移動遺伝子研究を行い、疑わしい遺伝子としてDYX1C1を挙げ、15番染色体、6番染色体が関連していることを見出しています。この遺伝とは、先天的な障害の家系というような重いものではなく、家族で目が似ているとか性格が似ているとか、そういったものと考えてみるとわかりやすいかもしれません。

　1983年イェール大学小児神経科医サリー・シェイウィッツらは、コネチカット州24幼稚園445名の約20年にわたる縦断研究を開始し、読みの障害は一時的な遅れではなく、人生の長期にわたって、改善はみられるが困難さは続くことを示しました。1990年代に入り、fMRIによる脳機能の研究が一般化すると、シェイウィッツらは、成人の読みの場合、(1)左下前頭領域における前方系、(2)角回、上縁回、上側頭回の後部における背側頭頂－側頭系、(3)中側頭回と中後頭回の後部における腹側後頭－側頭系の主に3ヵ所に活性化がみられ、発達性ディスレクシアの成人では(1)の前方系（左下前頭領域）のみ活性化していて、(2)や(3)には活性化がみられないことを報告しました。そして驚くことに、脳の前方領域しか活性化していなかったディスレクシアの人に、1年間適切な指導を受けた後にfMRI検査をしたところ、頭頂や後頭－側頭系の領域も活性化を示したのだそうです。

　ワシントンDCにあるジョージタウン大学のゲイネヴィア・イーデンらの報告では、ディスレクシアの子どもでも、上記と同様な部位の活性化がみられたそうです。その後の中国での読みについてのfMRIによる研究では、上記より多くの部位に活性化が認められました。つまり、言語によって活性化部位の分布が異なることが知られています。これらの事実を踏まえて、IDAのディスレクシアの定義が提案されました［第1章参照］。

　1999年タエコ・ワイデル（英国在住）とブライアン・バターワースは、各国の言語によるディスレクシアの出現頻度の違いを、言語の粒性と透明性の相違としてグラフ化して示しました［第3章参照］。確かに日本語は粒の大きな言語であり、文字との対応も規則的で透明なものが多いため、粒が小さく、文字と音との対応が不規則なために透明性が低い英語と比較して読みやすい言語ということができます。

　このように、医学研究が進むにつれ、科学的根拠に基づく指導法の研究も求められるようになりました。その1つとして、ＲＴＩ（アールティーアイ）（Reaction To Intervention/Instruction）が提唱されました。指導・介入に対する反応を検証

していく教育学における研究方法です。Tier 1、Tier 2、Tier 3（1層、2層、3層）に分かれています。1層は集団の中である指導を行うとどのように反応するか、2層は小グループで、3層は個別指導で同様の検証を行います。例えば、シェア読み（ある文を交互に読む）は、1層では3ヵ月後に効果があったが、2層では差がなかったといった判断を統計学的に行います。効果がある指導法を使っていくという点ではよいのですが、その効果は、その学校だけのものではないか、般化できるのかといった批判もあります。そのような研究も含めて、1997年メリーランド大学のドナルド・ランゲンバーグを長とする、米国の国立小児保健発達研究所（National Institute of Child Health and Human Development：NICHD）によるNational Reading Panelの取り組みが開始され、2000年4月にはTeaching Children to Readが発表されました。全米におよぶ大規模な研究成果で、8分野にわたる科学的根拠に基づくレポートが掲載され、誰でも無料でウェブサイト（http://www.nichd.nih.gov/）からダウンロードして利用することができます［コラム6参照］。

　一方、米国では、社会的にも法整備が進んでいきました。国連の基本的人権として、障害のある人が障害のない人と同等にアクセスできるようにするためのReasonable Accommodation（日本語訳は「合理的配慮」）に対し、米国はすでに1990年に署名しています。2001年に作成され、2002年1月米国のブッシュ大統領が署名した、落ちこぼれ防止法（No Child Behind Act：NCLB）は、今後12年間ですべての生徒が100％読み書きできるようにすること、そのために、2005年までに、学士を取得している良質な教師を教室に配置し、科学的に検証された読み能力の調査結果に基づき、幼稚園年長児～小学3年生の読み書き指導を行う、成果をあげた学校には補助金を給付する、というような趣旨の画期的な法律です。すでに12年が過ぎたので、そろそろ成果が期待されるところです。

　ディスレクシアが非常に多い米国や英国には、数えきれないほどの評価法や指導法があります。なかでも、2007年ボストン、タフツ大学のメアリアン・ウルフが開発したRAVE-Oプログラムは、関連する脳の部位すべての機能を網羅させた指導法であり、多感覚法も駆使し、構造的で、誰でも指導できるようにつくられています。2011年ボストンの私立校や公立校の一部でも、ディスレクシアの有無にかかわらず、全員に利用していました。むろん、英語でしか使えませんが、各国で第2外国語に利用する輪もできてきているようです［コラ

ム3参照］。

日本におけるディスレクシアの取り組み

わが国では、1957年小尾いね子が「先天性語盲―日本語における特性について」を『精神神経学雑誌』に、1962年黒丸正四郎らは「発達性失読失書症について」を『小児科診療』に、1970年鈴木昌樹は「先天性読み書き障害の諸問題」を『小児の精神と神経』に、すなわち、ディスレクシアの症例を上記の各医学雑誌に報告しましたが、一部の専門家を除き、あまり一般には広まりませんでした。しかし、MBDについては、鈴木昌樹、黒丸正四郎、長畑正道、その他の小児科医を中心に多くの発表があり、神経学的微症状（soft neurological sign）は小児神経科医の診察手段となっていきました。1968年児童精神科医の牧田清志は、東京都の小学校教師へのアンケート調査をもとに、読み書きに困難がある子どもは0.98％としました。それを英文で発表したため、つい最近に至るまで、欧米では、日本にはディスレクシアはほとんどいないものと思われていました。1974年鈴木は、漢字という意味をもつ文字の使用やひらがな1文字が1音節とほぼ規則的に対応しているという日本語の特徴によって頻度が低いのだと記載しています。

話がそれますが、当時、ジョンズ・ホプキンス大学のカナーのもとに留学し帰国した牧田（慶応大、東海大）と、オーストリアのハンス・アスペルガーのもとに留学して帰国した平井信義（東北大、お茶の水女子大）との間で、自閉症についての激しい論争が、筆者が医学部を卒業し数年経った頃さかんに行われていました。統合失調症類似の精神疾患と考えるか、育て方や愛着の問題と考えるかの論争のように思えましたが、今となっては筆者の記憶も定かではありません。当時のさまざまな自閉症に対する認識不足なども相まって、混乱をきたすこともありました。当時、米国ノースウェスタン大学のヘルマー・マイクルバストのもとから帰国した森永良子は、学習障害という考え方を日本にももたらし、筆者もIQ100以上ある10歳男児の書字障害の事例発表をともに行いました。その後も森永らは、頻回に小児精神神経学会などで学習障害について発表しましたが、当時、平井（お茶の水女子大）やその他の左翼的な医師や教育関係者らから「知能検査をするなんて差別だ」「新しく障害をつくるのか？」「子どもは十分に遊んでやればそのようなことにならないのだ」などと激しく

非難されました。しかし、後に平井は学習障害のよき理解者となりました。

　1980〜90年代、教育分野では、天野清（国立国語研究所）により、音韻意識と読みとの関係についての研究や指導法の開発が行われました。山田順（広島大）も早くから読み書き、音素認識などの研究を行い、主に英語で論文発表をしていました。幼児の音韻意識については、1991年遠藤めぐみ（帝京大）の「日本人幼児の韻の感受性と拗音表記法の習得」という論文が『教育心理学研究』に発表されています。ディスレクシアの音韻については、1999年に大石敬子らによる「言語発達障害における音韻の問題—読み書き障害の場合」が『音声言語医学』に発表されました。1992年日本LD学会が設立され、次第に教育関係者の会員が増えていきました。当時、LD周辺児といわれた子どもたち（軽度の知的な遅れや落ち着きがない子どもなど）の事例発表が多く、そのうち、LD周辺児ということばは使われなくなり、ADHDや広汎性発達障害（Pervasive Developmental Disorder：PDD）などに移行していきました。1988年チャールズ・ヘインズ（マサチューセッツ総合病院言語病理学）と筆者らは、チェックリストを作成してLDの子どもの日米比較研究を行いました。宇野彰（国立精神・神経センター〔当時〕）らは、日本語の読み書きには、音韻よりも視覚的要素が大きいと考えて、レイの複雑図形検査を含めた成人の失読症検査をもとに、一連のテストバッテリーを作成していました。また、大阪医科大学LDセンターでは、総合的な検査や言語聴覚士による読み書き検査、視能訓練士による視機能を含めた一連の検査を行っていました。2001年宇野らと筆者は、発達性ディスレクシア研究会を立ち上げ、毎年夏に研究発表会を始めました。その後、2006年宇野（筑波大）らは、小学生の読み書きスクリーニング検査（STRAW）を開発しました。この検査は今も広く使われています。2003年教育ジャーナリストの品川裕香は、ディスレクシアの子どもへのインタビューをまとめた『怠けてなんかない！』を出版し、ディスレクシアの問題の大きさを世に広めました。また、息子がディスレクシアと英国で診断された藤堂栄子は、2001年NPO法人エッジを立ち上げ、今も啓発その他に活動しています。

　2001年には特殊教育から特別支援教育に名称が変わり、一人ひとりの教育的ニーズを把握することが目標になり、2005年には発達障害者支援法が施行されました。対象は「自閉症、アスペルガー症候群その他の広汎性発達障害、学習障害、注意欠陥多動性障害」で、各都道府県に発達障害者支援センターをつく

ることになりました。現在、その多くのセンターが、主にASDの就労支援に取り組んでいますが、学習障害についてはあまり取り組みがなされていません。2006年札幌で開催された日本LD学会にはサリー・シェイウィッツ夫妻が来日し、ディスレクシアについて講演し、2007年横浜で開催された日本LD学会はディスレクシアをテーマにかかげ、タフツ大学教授メアリアン・ウルフ、ボストンのディスレクシアを対象にした専門の私立校ランドマークスクール［コラム１参照］の小中等部校長ロバート・カーンが講演を行いました。前後して、シェイウィッツやウルフのディスレクシアについての書籍が翻訳発売されました。

　2010年国立精神・神経医療研究センター精神保健所の稲垣真澄らがまとめた、特異的発達障害診断のためのガイドラインが出版され、文の読み、単語速読検査などディスレクシア発見につながるスクリーニング検査が含まれ、算数障害も同時に発見可能なものとして広く使われるようになりました。ガイドラインにも含まれている、鳥取大学（現、国立成育医療研究センター）小枝達也の提唱する鳥取方式（鳥取大学方式）は、入学した年の７月にひらがなが読めなかった子どもに指導をしつつ、２学期の終わり頃になって読めていれば指導は継続せず、読めなかった場合にさらに指導継続し、３学期の２月末、さらに詳細な検査や指導形態を検討するというような方法で、RTIモデルと命名されています。非常に重要な音韻に関する検査は、このガイドラインには含まれていません。同じく鳥取大学（現、北海道大）の関あゆみは、日本のディスレクシアの子どものfMRIによる研究を行っています。また、東京大学先端科学技術研究センターの中邑賢龍は、iPadによる指導を開発し、塾形式の指導の場をつくり、啓発にも寄与しています。視機能については、大阪医科大学LDセンター、浦安のかわばた眼科、池袋の平和眼科、横浜の小児療育相談センター眼科などが検査を行っています［関連機関参照］。

　特別支援教育が本格化する中で、ディスレクシアへの対応も広がりをみせています。2014年一般社団法人日本ディスレクシア協会が発足し、保護者の情報交換会、漢字読み書き研究会、英語音韻研究会、RAVE-O指導研究会、指導者向けセミナーの開催、入門セミナーの開催、Reading Teacher資格認定などを行っています。最近、大学入試センターでは配慮申請を受けつけており、ディスレクシアであれば、申請により、別室受験、試験時間の延長、試験問題の拡大コピーなどの支援を受けられるようになりました。受験時だけでなく、大

学入学後の相談室の活用も本格化しています。こうした配慮申請にともない、日本でも合理的配慮が法制化されました［第13章参照］。今後、ますますディスレクシアへの理解や対応が進むものと期待できます。

（加藤醇子）

［文献］

マーガレット・J・スノウリング（加藤醇子、宇野彰監訳、紅葉誠一訳）『ディスレクシア 読み書きのLD―親と専門家のためのガイド』東京書籍、2008年

メアリアン・ウルフ（小松淳子訳）『プルーストとイカ―読書は脳をどのように変えるのか？』インターシフト、2008年

サリー・シェイウィッツ（加藤醇子監修、藤田あきよ訳）『読み書き障害（ディスレクシア）のすべて―頭はいいのに、本が読めない』PHP研究所、2006年

鈴木昌樹『小児言語障害の診療―言語発達遅滞を中心に』金原出版、1974年

アセッツスクール出身のギタリスト

　アセッツスクールは、ディスレクシアの子どもに治療教育のサービスを提供する、ハワイにある私立校です。1955年海軍の家族の要請でLDの子どもの特殊教育を始め、1969年真珠湾の海軍基地で、年長児～6年生の24名の生徒で開校しました。その後、中高生も受け入れ、1992年一部を残してホノルル国際空港近くに移転しました。他の地域への出張サービスを始めたり、成人向けの夜間クラスやある能力が高い生徒のためのGiftedクラスもあります。2015年11月2日、開校60年を祝いました。授業は、月～金の朝7時40分～午後2時55分（水曜のみ1時55分）で、クラスは最大16名に、担任と副担任2人で担当し、読み、書き、算数、科学、社会などを教え、他に生徒自身が選ぶ授業があります。美術（陶器、ステンドグラス、シルクスクリーンやレゴなど）、パフォーマンス（ヒップホップダンス、ロックバンド、演劇など）、運動（バスケットボールやフットボールなど）、コンピュータ（フライトシミュレーターや1分ムービーなど）、料理その他です。

　ある時、4年生クラスにいた学習に加われない少年ダニーが、ギターを弾きたいけれどいいかとクラスの皆に聞いたのだそうです。先生は困ったと思ったそうですが、クラスの子どもたちがいいよというので、許可しました。そのギターの演奏は素晴らしかったそうです。9歳半で、ハワイのギタリスト、オジー・コタニに弟子入りし、めきめき上達しました。2001年には自作の曲をつくり、2005年にCDをリリースしました。そのCDのカバーになっている写真には曲がりくねった登り道が写っており、それはディスレクシアのダニー少年が学業で苦難を味わった道を意味しているそうです。

（加藤醇子）

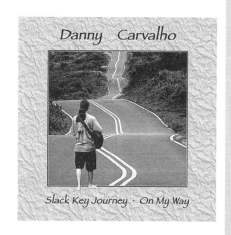

第**3**章
ディスレクシアと医療

　この章は、本書の主な読者である学校の先生方や保護者の方々に、医療ではどのようなことが考えられ、ディスレクシアが診断されているのかを知ってもらうために書いています。例えば、診断書が学校に届いた時、診断名はどのようになっているか、今後、その子にどのような支援が必要となるのかなどを知るために役立ててもらえたらと思います。

　文字は人間が発明した情報伝達手段です。ことばという音声を文字という目で見えるものに変えることによって、ことばが聞こえる範囲を超え、それは書物となり、時代を超えて大量の情報が伝達されています。ことばは、脳で処理する場所（ことばの中枢）が決まっていますが、読み書きは人間が後からつくったものなので、読み書きの中枢がどこか1ヵ所に決まっているわけではありません。サリー・シェイウィッツは、大規模なfMRI調査によって、普通に読むことができる多くの成人では、主に前方系、頭頂側頭系、後頭側頭系の3ヵ所に活性化の部位が集約されていると述べています（図3-1）。中国のfMRI研究では、それより多くの異なる箇所で処理されているようなので、言語によって違いがあるのでしょうし、また、メアリアン・ウルフによると、読みにはさらに多くの部位が活動する必要があるようです。

　ディスレクシアの子どもは高学年になると、読み書きの遅さ、不正確さなどの困難さだけでなく、語彙の少なさも目立つようになります。ウルフは、著書『プルーストとイカ』の中で、「超越して思考する時間という不思議な目に見え

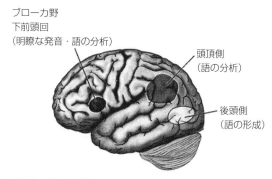

図3-1 読みの脳システム（Shaywitz, 2003, p.78、筆者訳）

ない贈り物は、文字を読む脳の最大の功績だ」と記しています。普通に読める人たちは、成長により流暢な読みがさらに高速化して、書物を読みながら文字を読んでいることを意識すらせずに、考えたり批判したり、知識を汲み取ったり、思考したりするのです。ディスレクシアは、単に読み書きを援助すればよいだけではないのかもしれません。日本語の読み書きについて、英国のマーガレット・J・スノウリングは『ディスレクシア　読み書きのLD』の「日本語版に寄せて」の中で、「日本にはディスレクシアが少ないという説が一般的ですが、困難が『隠れて』いて、音読はきちんとできても速度が遅く、書字技能(スキル)を学ぶのに時間がかかるような子どもたちがいることも考えられます」と、周囲がきちんと問題を認知して支援していく必要性を訴えています。

ディスレクシアの子どもはどのくらいいるのか？

　読み書きの困難な子どもの出現率については、国立特別支援教育総合研究所の調査（1996年）では、読みは、小２で2.28％、小３で1.80％、小４で1.56％、小５で1.39％、小６で1.08％、書きは、小２で4.45％、小３で3.13％、小４で2.85％、小５で2.19％、小６で1.8％の子どもたちが困難をもつということで、年齢によって異なることが示されています。また、宇野ら（2004年）は、ひらがな１％、カタカナ２～３％、漢字５～６％と、使う文字によって頻度の違いがあることを報告しています。これらは、必ずしもディスレクシアという診断がついている子どもたちの割合、というわけではありません。

　海外のディスレクシアの頻度は、英国３～10％（スノウリング、2000年）、

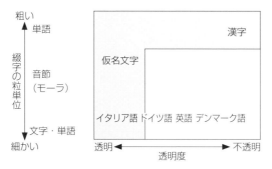

図3-2 ワイデルとバターワースの研究による「粒性と透明性——綴字から音韻への対応に関する——仮説」(スノウリング、2008、p.280)

米国5〜17.5%（シェイウィッツ、1998年）、ドイツ5%（1997年）、イタリア1%（1969年）と報告されており、英語圏で圧倒的に頻度が高く、イタリアは日本と同じくらいで、言語による頻度の違いがわかります。この言語による違いについては、タエコ・ワイデルとバターワースの研究「粒性と透明性の仮説」（1999年）によって説明されています。仮名文字は音と文字の対応が透明（規則性）で文字の粒が粗いので、ディスレクシアの出現率は低く、英語は音と文字の対応が不透明（不規則性）で文字の粒は音素など細かく、したがってディスレクシアの出現率が高いと説明されています（図3-2）。

ディスレクシアに相当する医学の診断基準

　読み書きについて医学で使われる診断基準は、日本では世界保健機関（WHO）のICD-10（2017年改訂予定）と米国精神医学会のDSM-5が主なものとなっています。自立支援医療や意見書、精神障害者保健福祉手帳（以下、通称、精神保健福祉手帳）、障害者年金診断書など日本の公的診断書にはWHOのICD-10のコードが使われていますので、2017年予定の改訂まではこれが使われることになります。ただ、いずれもディスレクシアという用語は使われていません。

　ICD-10、DSM-5ともに、読み書きの困難は、精神年齢（知的能力）、視覚障害、不適切な教育によってもたらされるものではないとされています。ICD-10では、特異的読字障害（Specific Reading Disorder）がそれに該当し、読みの理解力、読みによる単語認知、声による読字力（デコーディングのこと

だと推測できます）が障害され、綴字（書字）困難が青年期まで伴うことがあるとされています。2013年6月に改訂された米国精神医学会のDSM-5では、限局性学習症／学習障害（Specific Learning Disorder）の中に、「読字の障害を伴う：読字の正確さ、読字の速度または流暢性、読解力」が挙げられており、代替用語としてディスレクシア（「失読症」と訳されています。成人の後天的失読症と間違える可能性があるので注意を要します）が初めて取り上げられました。これは、IDAの定義［第1章参照］を念頭に置いたものだと思われます。その場合、単語認識の正確さまたは流暢性の問題、デコーディング（「判読」と訳されているのでわかりにくくなっていますが、文字記号または文字列の音声化をいいます。つまり、読み上げる作業で、読解は含まれません）や綴字の能力の低さにより特徴づけられると記載されています。読字の障害を伴う限局性学習症の診断には、さらに、重症度を3段階（軽度・中等度・重度）で特定することとなっています。英語のspecificが、ICD-10では「特異的」ですが、DSM-5では「限局性」と訳されていて紛らわしく感じます。また、学習症と学習障害が併記されているのは、「障害」という日本語訳をめぐって差別的表現かどうかで意見が分かれたからのようです。

　書字だけに困難さがある場合は、ICD-10では特異的綴字（書字）障害と診断されますが、読みの困難さはないことが条件です。しかし実際には、よく見ると軽い読字障害を伴う場合がほとんどです。特異的読字障害は、読みも書きも障害されている場合をいうので、軽い読字障害を伴う場合は、書字がメインの障害でも特異的読字障害になります。やや混乱しやすいかもしれません。算数障害は単独でみられる場合と読字障害に伴う場合があります。また、医学の定義には、いわゆるLDの文部省の教育定義［第1章参照］のように、知的遅れはないという明確な表現はありません。ICD-10では、「年齢、全体的知能、学校での処遇をもとに予想される水準を明らかに下まわっていなければならない」「読みの特異的発達障害には、会話あるいは言語の発達障害の既往が先行するのが一般的である」と書かれており、DSM-5では、「知的能力障害群（以下省略）ではうまく説明されない」というような表現になっています。

　ADHDは、米国では学齢児の3〜5％にみられるといわれていますが、ディスレクシアの子どもの30％にADHDが併存しているそうです。ADHDの50％は家族にもADHDがあり、ディスレクシアの30％は家族にもディスレクシアがみられるそうです。ADHDの子どもは、ディスレクシアがなくても、興

味がないと、読むことに疲れてしまい、飛ばし読みをすることがあり、読んでいる箇所がわからなくなることがありますし、書くこともいやがります。ディスレクシアといえるかどうかは、単語の音の認識の弱さや読みが遅く不正確なことで区別がつきます。ASDの子どもにもディスレクシアがある場合もあります。また、こだわりが強く、すべての漢字の例文をノートに書かないと気がすまず、時間がかかり、次第に書くことを拒否し、読み書きをしなくなった子どももいました。ディスレクシアが併存しているために読み書きができないのか、別の理由があるのか、把握することが大切です。

外来での診断

あらかじめ保護者が記入してきた用紙をもとに、乳幼児期のことばの発達や運動発達、幼稚園・保育園の頃の様子、行動面・対人面などを尋ね、遂字読み、読み飛ばし、勝手読み、読解困難、ひらがな・カタカナ・漢字書字困難、作文困難、計算困難、文章題困難などの項目にチェックがあるかをみていきます。就学直前になっても文字に関心がなかったか、本は自分で読まず母親に読んでもらうか、音読の宿題は拒否か暗記読みか、特殊音節や「お」と「を」、「は」と「わ」の使い分け困難か、読みの遅さはないか、語彙が同学年の子どもに比べて少ないか、中学生の場合は、アルファベットの文字と読み、簡単な単語のつづりはどうか……を聞くだけでも、読み書きに問題があるかどうかがわかります。

診察では、学年、担任や親しい友達の名前（ディスレクシアの場合、固有名詞が想起できないことがあります）、好きな科目、苦手な科目、学校は楽しいか、いじめがあるか、塾や習い事、家庭での楽しみ、ゲームをするか、手伝い、小遣い、宿題、家庭生活、両親、きょうだい、寝る時間、起きる時間などを本人から聞きます。視線の合わせ方、質問への答え方をみて、追視（目の動き）、手先の動きや姿勢、閉眼での足踏み（上下肢の協応動作）、片足飛び20回、片足立ち20秒、継ぎ足歩行、左右弁別（自分の左右、左手で右の耳を触る、右手で左の目を指す、対面相手の左右）、引き算の暗算、行飛ばしがあるかの自覚、ゲゼルの図形模写9種、就学前の場合は、キューブ（四角の立体）での簡単な構成力、人物画、指での数の視覚的理解の有無などを調べます。

これらは、筆者が昭和60（1985）年から2年3ヵ月米国ジョンズ・ホプキン

ス大学病院ケネディ障害児研究所診断評価部門に通い、デニス・ホワイトハウス博士のもとで行っていた診察方法です。書き取り、書き写しは英語のものは使えないので、家庭から子どもが書いたものを持参してもらっています（筆者の診察法についてはBrown III, F.R., Aylward, E.H.: *Diagnosis and management of learning disabilities: an interdisciplinary approach.* Taylor & Francis, 1987参照）。

検　査

心理検査［第6章参照］

　読み書きの直接的な評価ではありませんが、子どもの得意なところと苦手なところを知り、全体的な特徴をみて、そこにも読み書きの困難さが影響している可能性があるかを知るために必ず実施します。

　WISC-IV知能検査は、言語理解、知覚推理、ワーキングメモリー、処理速度の指標に大きく分かれています。ディスレクシアの場合、ワーキングメモリー、特に数唱、語音整列が低いことが多く、また、処理速度の符号（書き写しの速度に影響することがある）、記号探し（似たような文字の間違いに影響することがある）が低いことがよくみられます。言語理解や知覚推理などの認知能力が普通であるにもかかわらず、ワーキングメモリーや処理速度が低いと、全IQ値（各分野の平均値）が低くなり、知的境界から時に軽度の知的遅れと判断され、特別支援学級を勧められることもありますので、結果を丁寧に読み解く必要があります。KABC-IIも行われることがあります。

読み書きの言語評価［第5章(1)参照］

　最近、いくつものスクリーニング検査が開発されています。わが国には標準化された検査、つまり、統計学的に詳細なレベルが特定可能な検査は出てきていません。スクリーニング検査は簡易検査であり、重要な音韻の検査を含むものは非常に少ないのが現状です。通常、よく知っている単語（親密語）と実在しない単語（非語）とを分けて速度と正確さを判断しますが、今の小学生が知らないような単語を検査に使うと、それは非語ということになり、判断基準が異なるはずです。海外で使われているトークンテストを文章読解に使った検査もありますが、「赤い色の丸を三角の後ろに置く」というような文章は、日本

のディスレクシアの子どもには非常に読み取りやすい文章になってしまいます。

音韻の重要性

　読みは、文字という視覚的な記号をことばという音声に変換して情報を得るものです。ことばが理解できなければ、読めたとしても読解は困難です。ことばが理解できても、読む時に文字をことばに変換できなければ読解は困難です。
　日本語は、英語のように音素まで単語を分解しなくても、「あ」は「ア」としか読まない、つまり、文字と音とが一対一対応なので、読みやすい言語です。英語よりずっと音韻処理は簡単なはずです。逆に書く時は、ひらがな、カタカナ、漢字の3種類の文字があり、特に漢字は視覚的に複雑な形状をしています。漢字書字の困難さの背景に視覚的な想起困難があることは、成人の失読症の研究でも証明されています。しかし、図形と文字記号は脳における処理が若干異なるのではないかと推測しています。文字は完全な視覚的形状のみではなく、やはりことばの音を含んでいると思われます。これについては、反論する研究者も多いかもしれません。音韻はわかりにくいことは確かです。日本語の音韻検査は英語に比べて簡単です。それでもうまくいかない場合、日本語の読み書きが何とかできるようになっても、英語は非常に難しいのが現状です［第4章参照］。

診断書について──発達障害全般も含む

　投薬など継続して医療が必要な場合、保健福祉センターで自立支援医療の診断書用紙をもらい、医療機関で必要事項を記入し、それが承認されると、医療費の負担額が減額になります。また、家庭の収入が一定額以下で、発達障害と診断される場合、20歳まで特別児童医療扶養手当が出ます。IQ75以下（自閉症、ASDの場合はIQ85以下）で、困難さが明瞭な場合、15歳以下は児童相談所で田中ビネー知能検査の結果、審査に通れば、療育手帳（愛の手帳）が発行されます。IQが非常に低い場合は、地域で決められた年齢を越えても医療費が無料になります。それ以外の多くの人は、特別支援学校高等部に通い、就労

に向けての実習を受けたり、特別支援学校でなくても、就労が難しい場合、発達障害者就労支援センターの利用や就労移行支援事業のサービスを受けることができます。IQが平均レベルでも、困難さがあり、発達障害など精神科疾患に診断名がある場合、精神保健福祉手帳を取得することもできます。ディスレクシアの場合、特異的読字障害（限局性学習症）の診断名で、精神保健福祉手帳を取得可能ではありますが、職業生活・家庭生活上の困難さが大きいことが条件となると思われます。ADHDやASDが併存する場合のほうが取得しやすいのが現状です。精神保健福祉手帳が取得できると、必要な時、就労支援を受けることも可能です。20歳以上の場合、障害者年金の申請をして診断書が審査に通れば、療育手帳でも精神保健福祉手帳でも年金を受給することができます。

（加藤醇子）

[**文献**]

米国精神医学会編（高橋三郎、大野裕監訳、染矢俊幸、神庭重信、尾崎紀夫他訳）『DSM-5 精神疾患の診断・統計マニュアル』医学書院、2014年

マーガレット・J・スノウリング（加藤醇子、宇野彰監訳、紅葉誠一訳）『ディスレクシア 読み書きのLD―親と専門家のためのガイド』東京書籍、2008年

メアリアン・ウルフ（小松淳子訳）『プルーストとイカ―読書は脳をどのように変えるのか？』インターシフト、2008年

Shaywitz, S.: *Overcoming dyslexia: a new and complete science-based program for reading problems at any level.* A.A. Knopf, Random House, 2003.（加藤醇子監修、藤田あきよ訳『読み書き障害（ディスレクシア）のすべて―頭はいいのに、本が読めない』PHP研究所、2006年）

世界保健機関編（融道男、中根允文、小宮山実監訳）『ICD-10 精神および行動の障害―臨床記述と診断ガイドライン』医学書院、1993年

第4章
読みの難しさのメカニズム

読みの力はどのように育つか

読み書きへの興味・関心の芽生え

　ディスレクシアの読みの困難さを考える前に、まず、通常はどのように読みの力が育ち、そのためには何が必要なのかを考えてみたいと思います。

　皆さんは、読み書きをどう学んだか、文字をどう覚えたかということを記憶していますか？　こう尋ねると、4、5歳頃に、幼稚園や家庭で点線で書かれた文字をなぞって練習したとか、「の」や「く」を逆さまに書いて注意されたなど、文字の形を「書く」ことに関してのエピソードを思い浮かべる人が多いようです。それに比べて、小学校での一斉教育はさておいて、いつ頃から読むことに関心をもち、いつ頃からどうやって読めるようになったかということは、あまりはっきりと記憶に残っていないことが多いようです。

　多くの子どもたちは、生活の中で、周囲の大人や年上のきょうだいたちが、新聞や本を読んだり、書類を書いたりする姿に接して、自然と文字に関心をもち始め、入学前にある程度ひらがなが読めるようになっています。

　まだ文字の読み方を知らない子どもたちが、幼稚園・保育園の先生の真似をして、紙芝居や絵本を1枚ずつめくりながら、あたかも読んでいるかのようにふるまうことがあります。耳をそばだてると、ちゃんと「〜しました」「〜と

いいました」のように書きことばの文体を用いて語っています。子どもたちが、文字が書かれた紙芝居や絵本などをどのように扱うものか知っていて、絵と文字とは異なるものであること、文字で書かれている内容などについて、それなりの知識をもっていることがうかがわれます。子どもが大人に「これ読んで」と絵本をもってくる姿は、幼い子どものいる家庭ではよく目にする光景です。子どもはどんなに幼くとも、「これ話して」とは言わず、「読んで」と言います。子どもは、まだ自分自身は読めないけれど、「話す」ことと「読む」ことの違いがわかっているようです。そして、線で構成されたものは"じ（字）"というものであって、文字のまとまりが自分の知っていることば（単語）を表し、それらがたくさん集まって何らかの情報を伝えるという文字の機能を知っているようです。さらに、今、自分は読み書きできないけれど、大きくなったらできるようになるのだということ、読み書きできることは成長の証であり、誇らしいことだという価値観をもっているようです。

　このような文字の機能に気づき、興味を示す子どもたちの姿は、本格的な読み書き学習が始まる前の、いわば、文字への関心の芽生えの時期にみられるもので、子どもたちが文字の世界に一歩足を踏み入れたことを示しています。

読み習得の始まる頃の言語発達

　子どもたちが文字を覚え始めるのは、生後数年を経た頃です。この頃の子どもたちには、どのような能力が育っているのでしょうか。子どもはオギャーという産声とともに、ことばで満ち溢れた世界に生まれ出てきます。誕生直後から子どもたちは、周囲の人々とことばやことば以外のさまざまの手段（視線、表情、発声、仕草など）によるやりとりをたくさん経験し、その中で言語能力を発達させます。

　通常、子どもは、就学前までに、日本語を母語とする話者として基本的な言語能力を身につけるといわれています。その能力とは、日本語の音を聞き分け、自分でも使うことができ、基本的な語彙と文法の知識をもっていること、場面に合わせたことばの使い方ができ始める（場面や相手によっては、日常とは異なる丁寧なことば遣いをする、少し遠まわしに要求表現を行うなど）ことです。こうした話しことばの発達を土台として、読み書きの習得が始まります。

幼児期の文字の学習

　文字の読み書きのフォーマルな教育は小学校で始まりますが、子どもの多くは、小学校に入学する前にひらがなの読み書きを覚え始めています。幼児期の読み書き能力について、1953年、1967年、1988年に大規模な調査がなされてきました。1953年と1988年の調査の結果を比べると、35年間で読み書きの習得が早まっていることがわかりました。1988年の調査結果を、年少児・年中児・年長児それぞれがどのくらい読める文字があるかをグラフにすると、図4-1のようになります。

　この図には、U字形、あるいは、J字形のカーブがみられます。調査ごとに、少しずつ幼児の読み書き習得の時期は早まる傾向がみられましたが、どの調査の時点でも、読字数ごとの分布のカーブの形は変わりません。このカーブからは、何が読み取れるのでしょうか。U字というのは、グラフの両端が高く、中央部が低いということです。J字というのは、一方の端が高くなるということです。年少児の結果は逆J字形を、年中児は緩やかなU字形を、年長児はJ字形を示しています。年少児では、一番左側（読字数0～4）が圧倒的に多く（約55％）、年長児では、逆に右端の2群（読字数65～69、70～71字）に全体の80％以上の子どもが含まれ、大半の子どもたちはひらがながほぼ読めることがわかります。どの年齢においても、グラフの中央部分（読字数20～59字）はほとんど0に近くなっています。文字の学習は、読める文字が徐々に増えるのではなく、はじめはゆっくり進み、20文字くらいを境に一気にほぼ全部

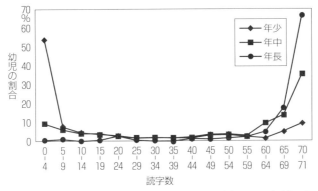

この調査では、清音（か、さ、の、ひなど）、濁音（が、じ、でなど）、半濁音（ぱ、ぴ、ぶなど）、撥音（ん）の合計71文字を対象としています。

図4-1　71文字での読字数の分布（島村、三神、1994を改変）

読めるくらいに進むようです。あたかも、桜が開花宣言のあと、天候に恵まれれば一気に満開になるようです。この背景には、どのようなことがあるのでしょうか。

言語と文字——どの言語にも文字はあるのか？

　21世紀の日本では、文字のない生活など想像もできないくらい、文字は私たちの生活にとって不可欠なものです。だからこそ、文字の読み書きの困難さ（ディスレクシア）が大きな問題になるのです。

　文字といえば、日本語のひらがな、カタカナ、漢字をはじめとして、アルファベット、韓国語のハングル、日本の漢字と少し形が異なる中国の漢字、くねくねしたアラビアの文字など、いろいろな文字が思い浮かびます（図4-2）。言語によってそれぞれ特色ある文字がたくさんあると思いがちですが、実は、文字をもたない言語があるということをご存知でしょうか。地球上の言語は、数千、あるいはそれ以上あるといわれています。驚くほどの多さです。その中で、文字をもつ言語は100に満たないといわれています。独特の建造物を残したインカ帝国には、文字はありませんでした。

人類の歴史の中での文字

　人類の長い歴史の中では、文字が登場するのはごく最近のことといえます。最も古い文字体系といわれているものは（メソポタミアの文字など）、紀元前数千年前のものと考えられています。一方、私たちの直接の祖先であるヒトの出現は、20万年とも25万年前ともいわれ、文字の歴史と比べると途方もなく長い時間の流れがあります。その長い進化の歴史の中で、私たちの祖先は、集団生活のために何らかの伝達手段をもっていたと推測され、脳の大きさや喉の構造から、音声でのコミュニケーションを行っていたと考えられています。すな

図4-2　いろいろな文字

わち、私たちはどの言語圏に生まれても、音声言語が使えるように進化した仕組みを備えた脳をもっていて、たまたま文字をもつ言語圏に生まれた場合、その脳を用いて読み書きを習得するのだと考えられます。

　以上、話しことばと書きことばの関係を、一人の人間の成長という視点から、世界の言語を見渡す視点から、そして、人類の進化の過程から考えてきました。どの観点からも、まず話しことば（音声言語）ありきということ、そして、話しことばが書きことば（文字言語）の土台であるという構図がみられます。では、話しことばを獲得した後で、書きことばの習得に導く橋渡しをするものは何でしょうか。

文字が表すもの

　私たちが日々使っている話しことばの音声は、空気の振動（音波）として空気中を伝わって相手の耳に届きます。音声のやりとりは目に見えません。目に見えない音声を、目に見える形で記録するために考え出されたものが文字です。音声を記録するためには、どんな工夫がなされたのでしょうか。皆さんだったら、どうしますか？　絵を使えばよいと考える人がいるかもしれません。具体的なものは絵で示せますが、絵で示せないもの、例えば、未来や希望などはどうしたらよいでしょう。絵では、同じものでも、描き手の上手さ・下手さ加減で意味を取り違えられてしまうことがあるかもしれません。また、大きな牛、小さな牛、茶色の牛、白黒の牛、まだらの牛、オスの牛、メスの牛等々、一つずつ描き分けなければなりません。それは、かなり手間のかかることです。

　私たちの祖先は、ほとんど切れ目のない話しことばの音声（音波）を、何らかの単位で区切って分解し、その分解された単位ごとに記号（文字）を対応させることを考え出しました。その記号を組み合わせれば、どんなことばでも記すことができるという素晴らしいアイディアです。あたかもジグゾーパズルのように、話しことばをいくつかのピースに分けて、それぞれに書きことばのピース（文字）をはめるというわけです。話しことばをいくつかの音の粒（粒の大きさはいろいろあります）に分解することが、話しことばと書きことばをつなぐ橋渡しとなります。

話しことばと書きことばの橋渡し──音韻意識(音韻認識)

　これまで述べてきたように、話しことばと書きことばの橋渡しをするのは、話しことばがパズルのようにいくつかのピース(音の粒)から構成されているということ、その一つひとつのピースに気づけることです。この能力を音韻意識といいます。IDAのディスレクシアの定義を思い出してください[第1章参照]。ディスレクシアの原因として、「こうした困難さは、他の認知能力や学校での効果的指導からは予測しえない言語の音韻的な側面に関する弱さが主として原因である」(傍点は筆者)とありました。音韻意識は、この音韻的側面に関わることです。

　音韻意識をもう少し詳しく説明します。音韻意識とは、(1)ことば(単語)がいくつかの音の粒の連なりであること、ことばが複数の音の粒から構成されていることがわかること、そして、(2)それらの音の粒を操作できる能力のことをいいます。これを具体的に説明します。私たちが話すことばは、実は途切れのない空気の振動(音波)として相手の耳に届きます。連続した空気の振動なのですが、私たち日本人は、「さかな」とか「かぶとむし」ということばを聞くと、あたかもくっきりとした3つの音の粒、あるいは5つの音の粒があり、「さ」「か」「な」あるいは「か」「ぶ」「と」「む」「し」という一つひとつ異なる音が、この順序で並んでいるものとして聞き取ります。これが、(1)が意味することです。(2)の音の操作というのは、ことばの音の粒をいろいろ操作できる能力を意味します。音の粒の「操作」というとなんだか難しいことのように思えますが、実は、文字の読み書きが始まる頃の子どもたちはこれが得意で、遊びとして楽しんで行います。幼稚園の年中頃から、子どもたちはしりとりで遊び始めます。しりとりは、ことばの最初と最後の音が切り出せるようになったことを示しています。年中の後半から年長にかけて、子どもたちは「『かば』の反対なんだ?」と飽きずにいろいろな相手に聞きまわります。2つの音からできていることばの音の粒の位置を入れ替えることができるということです。「まさとくんとさえちゃんは、両方とも『さ』があるね」などの気づきがあるのもこの頃です。自分の名前を言いながら、舗道のブロックタイルを1つずつ進んだり、階段でじゃんけんをして「グリコ」「パイナップル」「チョコレート」と言いながら1段ずつ上り下りする遊びもみられます。このようなことば

遊びは、単語の音の粒それぞれがどんな音で、どんな順序で並んでいるかをはっきりと把握できないとできません。

音韻意識は、ほとんどの人は誰からも特に教えられることはありません。話しことばが発達する過程で、ことばの意味とは関係のない音の粒に関する感受性・意識（音韻意識）が自然と育ち、それが文字学習の大切な基盤となるのです。

音の粒の大きさ（文字と音の単位）

文字は目に見えない音声を何らかの単位で分解し、粒を見つけ出し、それに記号を当てはめると述べました。では、この分解された音の粒とは何でしょうか。「さかな」には、いくつの音の粒があるかと問われると、日本語を母語とする人なら、ごく自然に3つと答えるでしょう。この音の粒は、日本人が馴染んでいる5・7・5の俳句や川柳、5・7・5・7・7の短歌のリズムの単位となるものです。一つずつの音がちょうどひらがな1文字に対応します。ですから、日本語の仮名文字の学習では、ことばをこの大きさの音の粒に分解できる力が育っていることが重要なのです。この大きさの音の粒が見つけられる力が育っていれば、音と文字の対応の学習は一気に進みます。しかし、それが難しいと、文字の学習がなかなか進まないという事態が生じることになります。

日本語の音の粒の意識が、まったくできていないわけではないけれど、完全でもないという場合もあります。日本語の音の粒の主なものは、皆さんよくご存知の50音表に記されているものです。それらは母音あるいは母音と子音のペアで、見つけ出すのが比較的容易です。しかし、日本語の音の粒には「おばあさん」の中の「ん」のようなはねる音（撥音、これは子音だけです）や「あ」のような伸ばす音（長音）、あるいは、「きって」の「っ」のようにつまる音（促音）があります。これらの粒は気づきにくいものです。例えば「にほんじゅう　あっちこっちで　ツイッター」という川柳は、5・7・5のリズムが自然に感じられます。それは私たちが、伸ばす音もつまる音も一つの単位（粒）と捉えているからです。しかし、子音だけ（「ん」）だと見つけることが難しかったり、長く伸ばされている音が粒2つ分とわからなかったり、つまる箇所に1粒を感じ取ることが難しい、あるいは、その気づきが遅れる子どもたちがいます。そのために、「おおどおりを　とおって」を「おどりを　とて」とする

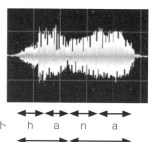
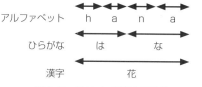

図4-3 「はな」の音声の音波

表記の誤りが生じるのです。

　ことばを区切る単位、言い換えれば音の粒の大きさは、言語や文字によってさまざまです。日本語の仮名文字の読み書きでは、今述べたようなひらがな1文字に相当する音の粒の大きさ（モーラもしくは拍といいます）の意識が大切です。英語のようなアルファベットを用いる言語では、日本語より小さな音の粒への気づきが必要です。例えばhatという単語のつづりを読むには、[h][æ][t]という小さな音の粒への気づきが必要です。漢字は意味の単位ですので、大きなまとまりがわかればよいことになります（例えば「ココロ」というまとまりが「心」に対応します）。アルファベットが表す音の粒が一番小さく、仮名文字が表す音の粒、漢字が表す音の粒（「手」や「絵」などはひらがなと同じ大きさの粒ですが、ほとんどの漢字はもっと大きな粒です）の順で粒が大きくなります。

　図4-3を見てください。波のようになっているのが「はな（花）」と言う時の音声の音波を示したものです。高低のある波が連続しています。アルファベットを用いる言語圏の人たちは、この中にアルファベット1文字に相当する小さな粒を4つ見出すことができます。私たち日本人は2つの粒を聞き取ります。それぞれがひらがな1文字に対応しますが、アルファベット1文字より少し大きな粒です。この音声全体が一つの意味の単位ですので、漢字と対応させるには全体のまとまりがわかればよいことになります。文字によって、対応する音の粒の大きさが異なることがわかると思います。

音と文字の対応の規則性

　音と文字の対応の規則性という点で、仮名文字は世界の言語の中でもきわめて規則性の高い文字です。対応の規則性が高いというのは、文字と音がほぼ例外なく一対一に対応するということです。日本語の仮名文字は、確かに文字と音がほぼ一対一に対応しており、例外はきわめて少ないです。ごくわずかな例

外として、助詞の「は」「へ」「を」があります。助詞として使われる時は、[wa] [e] [o] となりますから、一つの音に2つの文字（わ・は、え・へ、お・を）が対応することになります。「きゃ、きゅ、きょ」などの拗音は音の粒としては各々がはっきりと一つの粒の単位として成立していて、撥音、長音、促音とは異なります。しかし、文字の表記からすると、一つの音の粒に2文字が対応するという点で例外となります。

一方、漢字は一つの音に複数の漢字が対応します。例えば、[ki] という音に対応するのは、ひらがなは「き」だけですが、漢字では「木、気、記、期、貴、希、軌、機……」と実にたくさんあります。また、一つの漢字が複数の音をもちます。例えば「間」は、文脈や熟語の中で「建物の間」（あいだ）、「時間」（かん）、「人間」（げん）、「束の間」（ま）等、複数の音を表します。このように、漢字の音と文字の関係は複雑です。

文字と音の対応の複雑さという点では、英語も同様です。"Peter" "piece" "meet" "meat" の下線を引いたつづりはそれぞれ異なりますが、同じ [iː] という音を表しています。文字aはcatとcakeでは音が異なります。英語の読み書きを習得するためには、日本語で必要とされるものより小さな音の粒に気づくことができ、音と文字の複雑な対応関係を覚えることができなければなりません。日本語の音の粒の気づきに問題があれば、英語の読み書きはよりいっそう難しいと予想されます。また、読みの障害が軽度な場合、日本語ではあまり目立たないけれど、中学での英語の学習が著しく困難になって初めて読みの問題に気づくということもあります。

デコーディング（文字・音変換）

読みを文字・音変換（デコーディング）と読解の2つのレベルに分けて考えると、ディスレクシアはそのうちの第一のレベルであるデコーディングの問題であると述べました［第1章参照］。文字を音に変換することをデコーディングといいます。デコーディング＝音読というわけではありません。単語を声に出して読む（音読）のは、確かにデコーディングしていることですが、黙読している時もデコーディングはなされています。私たちは、黙読していても頭の中では音に換えて読んでいるのです。

文字と音の関係性

　文字と音の対応といいますが、この両者の間には何の関係性もありません。地図の記号や交通標識といったものも、印とそれが示すもの二者の対応です。例えば、地図記号は「**文**」で小中学校を表し、交通標識は子どもたちが歩いている姿で横断歩道を表します。こうした標識と文字には大きな異なりがあります。地図記号や標識は、それが表すものと表されるものには、見ただけで何を表すのかすぐわかる関係があります。しかし、文字と音の間にはこのようなわかりやすい関係はまったくありません。私たちは、理屈抜きで、文字と音の対応を丸覚えしなくてはなりません。ディスレクシアの子どもたちは、こういう丸覚えが苦手なことが多いのです。

流暢性

　文字と音の対応が学べて、文字・音変換ができれば（文字のデコーディングができれば）、文字がいくつ連なっていようと、文章の読みはもう大丈夫、1文字ずつ読んでいけば（音に変換すれば）どんな長い文章も読めるかといえば、そうではありません。文字・音変換（デコーディング）ができるだけでなく、それが正確に、しかも流暢にできることが必要なのです。

　流暢性とは、書かれたものを素早く、正確に、適切な表現で読む能力をいいます。IDAのディスレクシアの定義に、ディスレクシアの困難さとして「正確かつ、あるいは流暢に単語を認識することの困難」と書かれていることはこの問題を意味します。文字を覚えたての子どもが、何とか絵本を自分で読もうと、同じ単語をポツリポツリと逐字読みで繰り返して読んでいるうちに、なめらかさが増し、「か…………さ…………、か……さ……、か…さ…、あっ、かさだ」とようやく読んでいるものが自分の知っていることばであるとわかり、理解できることがあります。一つひとつバラバラだった音が、単語としてのまとまりをもった形になり、適切な抑揚をつけて読まれた時、意味に結びついて、単語の認識が成立します。それを支えるのは、文字・音の変換（デコーディング）が、努力しなくても、自動的とさえいえるほどに素早くできることです。読み始めが4、5歳、あるいは入学後など、多少の時期の違いがあっても、読みの土台になる部分がしっかりと形成されていれば、誰でも小学3年生くらいまでには、ひらがなを見れば自動的とさえいえるほどに容易に読める（デコーディング）ようになるといわれています。

私たちが文章を読む時は、脳内ではさまざまな処理が同時に行われています。文字を判別する、文字を音に変換する（デコーディング）、単語のまとまりを探す、前後の文脈にふさわしい単語の意味を考える、文法知識を活用して文全体の意味を考える、読んだところまでを覚えて段落のポイントを導き出す、段落間の関係を考えて全体の中心テーマを抽出する等々といった多岐にわたる複雑な処理が同時に並行して行われているのです。それらの処理がすべてスムーズに進むためには、目にした文字を音に変換する（デコーディング）という処理の初期の段階で時間とエネルギーを無駄に費やすことはできません。文字・音変換（デコーディング）にエネルギーを使わずに楽々と読めることは、読解のための基盤です。

その他の音韻の問題

　ここまで、文字の学習に必要なこととして、ことばの中の音の粒に気づくこと（音韻意識）、文字と音の対応関係を学習して文字・音変換ができること（デコーディング）、デコーディングが正確に流暢に自動化するほどにできることを述べてきました。これらのうち、いずれかが苦手であると、読み書きの問題が生じます。そうした苦手さは、日常生活の中でいろいろな形で観察されることがあります。
　文字と音の対応を覚えるというのは、文字の名前を覚えることと言い換えることができます。文字の読みをなかなか覚えられない場合、ものの名前が覚えにくいことがあります。特に固有名詞や使用頻度の低いものでその苦手さが目立ちます。家庭で、幼稚園や保育園の話をする時に、友達の名前があまり出てこないことがあります。小学校高学年になるのに、夏休みに行った場所の名前を覚えられず、「海に行った」としか話せないこともあります。
　デコーディングが素早くなめらかにできない、言い換えれば、文字を見て音（文字の名前）をすぐに思い起こせないという場合、ものの名前がなかなか想起できず、エスカレーターのことを「ほらほら、駅にある、動くやつ、上に行ったり下に行ったりするやつ」などとまわりくどく説明したり、ジェスチャーを使ったり、「あれ」「これ」などの指示代名詞をよく使うことがしばしばみられます。絵の得意な子どもなら、口で言うより絵で描いたほうが早いということもよくあります。

音の粒やその順序をとらえる弱さ（音韻意識の弱さ）は、ことばの聞き誤りや言い誤りの多さとして表れることがあります。幼い子どもは、「エレベーター」を「エベレーター」と言ったり、「とうもろこし」を「トウモコロシ」などと間違うことがありますが、こうした誤りは通常、成長に伴って徐々に少なくなっていきます。しかし、ディスレクシアの子どもの中には、こうしたことが小学校入学後も頻繁にみられることがあります。長いことばをとらえることが苦手で、初めて聞いたことばをすぐに復唱できないという場合は、四字熟語などのたくさんの音から構成されることばの学習に影響するかもしれません。複数の指示の一部を忘れてしまって、注意されることもあります。

　このようなことが頻繁にみられ、成長しても減る様子がなく、読み書きが心配なら、専門家に相談されることをお勧めします。

（原　惠子）

[文献]
島村直己、三神広子「幼児のひらがなの習得―国立国語研究所の1967年の調査との比較を通して」『教育心理学研究』42巻、70-76頁、1994年

第**5**章
読みの難しさを早期発見するために
(1)主なスクリーニング検査とその種類

　「スクリーニング（screening）」とは、「ふるいにかける、選別する」という意味です。例えば、読むことの苦手な子どもがいるとしたら、「上手に読むことができる」というふるいにかけ、残った子どもを読みが苦手な子どもと考えるのです。ふるいの善し悪しが結果を左右してしまうため、よいふるいを使うことが大切です。

　それでは、文字を読むことの苦手さにはどのような「ふるい」をかけたらよいのでしょうか。ここでは、そのようなことを考えていきたいと思います。

就学前のエマージェントリテラシーへの気づき

　エマージェントリテラシー（emergent literacy〔プレリテラシー pre literacyともいう〕）とは、読みの前段階となる文字に対する意識の芽生えの状態を指します。まずは、この「文字に対する意識の芽生え」について考えてみることにしましょう。

　通常、子どもたちは文字について特に教えなくても、文字という記号がある情報を伝えている、ということに気づく時期があります。例えば、絵本の読み聞かせをよくしてもらう子は、本を逆さに持ったまま聞いたお話をその通り言ったり（文字が逆さまになっていることには気づいていない）、あたかも自分が文字を読んでいるかのように、ある頁の文字を追ったりすることがみられま

図5-1-1 どれが文字かを聞く米国の
ディスレクシア検査の課題

す。文字が上下逆になっていても気づかない段階は、絵とは異なる「文字」という記号の認識はしていても、その文字の形（正しい向き）まではわかっていない段階と考えられます。聞いたお話を丸暗記して、言いながら書いてある文字を追っている場合は、まだ文字を読めるわけではないけれど、文字が何らかの情報伝達手段であることは理解していると考えられます。

このように目で見て文字と絵を区別し、「文字は何か情報を伝えている」ということを理解する様子は、たいていの場合、3歳から4歳にかけての時期にみられます。これは視覚的処理面の能力の発達であり、その後の文字習得に向かって第一歩を踏み出した状態といえます（高橋、2001）（図5-1-1）。

一方、耳で聞いた音を処理する面で重要な力は、音韻意識と呼ばれます。音韻意識とは、話しことばという耳で聞く一連の音の連続を、「どんな音がどんな順序で並んでいるかという構造を把握して、一つひとつの音を分解してとらえる力」のことをいいます。連続した音声を分解することは普段会話している時には意識されないのですが、子どもたちは幼児期後半になると、しりとり遊びや反対ことば遊びをすることのなかで、一つひとつの音を分けてとらえることを知らないうちに練習しています。例えば、しりとりで「ねこ」→「ことり」と続ける時、「ねこ」という一続きの音声が「ね」と「こ」に分解され、「こ」だけを取り出しています。次に続く「ことり」は、「こ」「と」「り」に分解され、一番はじめの「こ」だけを取り出して、「『こ』がつくことば」として認識されます。反対ことば遊びでは、「『てぶくろ』の反対は？」と聞かれて「ろ・く・ぶ・て」と言える子どもは、一つひとつの音の分解ができていると考えられます。このように音が最小単位に分解できることは、文字の習得の際に一つひとつの文字に一つひとつの音を結びつけるという力の基盤となります。

音韻意識の発達では、単語を一つひとつの音に分解することはほぼ4歳後半にはできるようになり、3つの音からできていることばを逆さから言うことは6歳頃できるようになるといわれています（原、2016）（表5-1-1）。

以上述べてきたような就学前の子どもの様子について、保護者は、小学校入学後にひらがなの学習でつまずいて初めて「そういえば、小さい頃、絵本を見ることに興味がなかった」「文字らしいものを書いて、お友達とお手紙ごっこなどをすることはなかった」「『あれは何て読むの？』と聞かれたことがなかった」などと振り返ることが多いようです。確かに、視覚的な文字の認識と音韻意識の苦手さに幼児期から気づくことはなかなか難しいことです。たいていの場合、「本は好きではないようだ」「文字は学校にあがったら習うから大丈夫」と思われてしまいがちだからです。しかし、今まで述べてきたようなエマージェントリテラシーの芽生えの様子を観察することは、スクリーニングとしてとても有効です。両親や兄・姉に読みの苦手な人がいる場合は、日頃から文字に対する興味や行動を特に注意してみておく必要があるでしょう。

表5-1-1　音韻意識課題の例（原、2016）

○モーラ削除課題　聞いたことばの中から、下線の音を削除して答える。
課題例：あしたから、「あ」を取ったら何が残る？

	3モーラ	4モーラ	5モーラ
有意味語	あした	ひまわり	ゆきだるま
無意味語	れくの	いそれす	そどゆこて

○単語逆唱課題　聞いたことばを後ろから言う。
課題例：「うま」を後ろから言うと？

	2モーラ	3モーラ	4モーラ
有意味語	うま	たまご	くつした
無意味語	かの	たぐめ	そよこも

就学後のスクリーニング

学校にあがってから、なんだか読み書きが苦手なようだと感じたら、ぜひ早めに専門家に相談することをお勧めします。専門家というのは、言語やコミュニケーションの支援をする言語聴覚士のことです。どこへ行けばよいのかわからない時は、まずは学校の特別支援教育コーディネーターや通級指導教室（言語通級）の先生方にご相談ください。あるいは、地域の教育相談センターでも相談を受けつけています。担任の先生に普段の学習の様子をよく聞いて、その様子を専門家に伝えることは、スクリーニング検査の結果の解釈にとても役立ちます。

鳥取方式：特異的発達障害診断・治療のためのガイドラインの音読検査

現在、研究として行われた結果、最も効果があると思われているのは鳥取方

式（小枝他、2014）と呼ばれる、元鳥取大学地域教育学部の小枝達也先生が開発したスクリーニング方法です（小枝先生は2015年4月に東京都の国立成育医療研究センターに異動されました）。鳥取方式は、RTI（Response to Intervention/Instruction：課題への反応を見て指導するかどうかを決める）という方法をとっており、まさに読みの苦手な子どもを「ふるいにかけて選び出そう」という方法です。ふるいは、ひらがな単音の直音（かな1文字で表せる音のことで、小さな「ゃ」「ゅ」「ょ」がつく拗音と区別されます）リストを音読させることです。これを、1回目は1年生の1学期終わりの7月に、クラス全員に音読させます。そして、1分間に音読した文字が54文字以下の児童を、文字の読み方の指導の対象とします。読み方の指導は、ひらがな1文字をできるだけ早く正確に読むことの単純な繰り返しで、頭の中に視覚的な文字記号と音の連合記憶を形成していきます。次のステップとして、2学期の終わり頃、同じ直音リストで2回目の音読テストを行い、1分間に音読した文字が69個以下の子どもを対象に、引き続き音読の指導を継続します。そして、3学期の2月末に3回目の音読検査を行います。この時に使用するのは「単音音読検査」（特異的発達障害の臨床診断と治療指針作成に関する研究チーム編集、2010）といわれる拗音や半濁音も入った検査です。このテストで、未習得な文字が9個以下であることと同時に、音読の時間が67秒以下であることの2つの条件をクリアできていれば合格です。しかし、同種のテストである「単文音読検査」の音読時間に35秒以上かかったり、臨床症状のチェック表で読字症状（書字症状もチェックできる）が7つ以上該当した場合や、4つの音読検査で音読速度が−2標準偏差（SD）以下のものが2つある場合は、80％の確率でディスレクシアであるとされています（特異的発達障害の臨床診断と治療指針作成に関する研究チーム編集、2010）。

小学生の読み書きスクリーニング検査

　読み書きの苦手さのある児童に、文字の音読と書字の検査を行い、その成績を学年ごとの基準値（通常の学級在籍の児童の平均値と標準偏差）と比べる検査もあります。小学生の読み書きスクリーニング検査（STRAW）（宇野他、2006）という検査で、ひらがなとカタカナ1文字、ひらがな・カタカナ・漢字単語の読み書きを、それぞれ20個ずつ行います。
　この検査の目的は「客観的な学習到達度の評価」であり、ディスレクシアの

診断をすることが目的ではないとされています。小学1年生から適用できるとされていますが、ひらがな1文字の音読には半濁音・濁音・拗音が入っているので、1年生の1学期では難しい場合もあるかもしれません。その時は、2学期の終わりや3学期の終わりに再度施行してみて変化があるかどうかをみることになります。漢字単語については、2、3年生の課題では1年生で習う漢字を使い、4年生では2年生の漢字を使うというように、2学年下の配当漢字を使っています。その理由は、文部省が平成11（1999）年7月の「学習障害児に対する指導について（報告）」の中で、「実態把握のための基準」として「A．特異な学習困難があること　①国語又は算数（数学）（以下「国語等」という。）の基礎的能力に著しい遅れがある。この場合、著しい遅れとは、児童生徒の学年に応じ1〜2学年以上の遅れがあることを言う。小学校2、3年　1学年以上の遅れ　小4年以上又は中学　2学年以上の遅れ」としたことによります。

　この検査で注意しなければいけないことが2つあります。一つは、「正答・誤答」で点数をつけるため、「音読に時間がかかるけれど正答できる」というディスレクシアの特徴的な症状を、正答数という結果だけからは拾い上げることができないことです。ディスレクシアの音読の評価は、どのくらい時間がかかるかという点が重要なのです。もう一つは、漢字については2学年下の配当漢字を使用しているため、この検査で引っかかるということは、読みあるいは書きの問題がすでにかなり重度の状態にあることを示しているということです。言い換えれば、本来はもっと早く気づいて支援をしなければならないのに、気づいた時にはすでに2学年の遅れをきたしていたということになるのです。このような「通常の場合とのかけ離れの度合いを測る」という考え方は、「乖離モデル」といわれ、かけ離れ方が誰の目から見ても明らかになった時点で検出する方法であるということを知っておいてほしいと思います。

スクリーニングの後に必要なこと

　定型発達の子どもに比べて音読が遅いということが明らかになったら、引き続き詳しい検査を受けてください。文字の読み書きの問題は気づくことが早ければ早いほどよく、「相談するのが早すぎる」ということはありません。「そのうち他の子に追いつくだろう」という根拠のない気休めは、学習に苦労してい

る子どもにとって何の意味もありません。子どもの状態を正しくつかみ、その子の特徴を理解して支援していくことが大切です。

(石坂郁代)

[**文献**]

原恵子「学習障害」石田宏代、石坂郁代編『言語聴覚士のための言語発達障害学　第2版』医歯薬出版、2016年

小枝達也、関あゆみ、田中大介、内山仁志「RTI (response to intervention) を導入した特異的読字障害の早期発見と早期治療に関するコホート研究」『脳と発達』46巻、270-274頁、2014年

髙橋登「文字の知識と音韻意識」秦野悦子編『ことばの発達入門』大修館書店、2001年

特異的発達障害の臨床診断と治療指針作成に関する研究チーム編集『特異的発達障害診断・治療のための実践ガイドライン―わかりやすい診断手順と支援の実際』診断と治療社、2010年

宇野彰、春原則子、金子真人、Taeko N. Wydell『小学生の読み書きスクリーニング検査―発達性読み書き障害（発達性dyslexia）検出のために』インテルナ出版、2006年

第5章

読みの難しさを早期発見するために
(2)ディスレクシア簡易スクリーニング検査（ELC）

読み書きのつまずきを発見する

　小学校や中学校では、読み書きにつまずいている子どもの指導・支援が課題になっています。小中学校の現状については第10章で詳しく述べますが、まず、通常の学級の担任や教科指導の担当が、読み書きにつまずいている子どもに気づき、支援の必要性を認識することが大切です。
　読み書きのつまずき、特に音読の問題は、小学校低学年では目立ちますが、学年が上がるにつれて目立たなくなります。低学年では、授業中に教科書を音読する機会が多く、家庭学習としても音読の宿題が出されるため、周囲に気づかれやすいのですが、高学年になるにつれ、授業中に音読をする機会が少なくなり、読解中心に授業が進むので、音読のおかしさに気づかれにくくなるのです。
　また、ADHDやASDなどが合併している場合、学習面の問題は行動面の問題に隠れてしまい、見過ごされてしまうこともあります。筆者がある小学校を訪れた際の経験です。授業中に教室を抜け出し、別室で個別指導を受けていた4年生の子がいました。その学習の様子を観察し、もしやと思い、教科書の一節を音読してもらったところ、たどたどしい音読の様子から、読み書きの困難があることがわかりました。その場にいた学級担任は、初めて気づいたと驚い

ていました。知的には高いので学習面には特に問題がない、と思い込んでいたようです。この例からも、行動面の問題がある場合、背景要因として隠れているかもしれない学習面の問題もチェックする必要があるということがわかります。その子が教室に戻り、授業を受けるためには、まず読み書きのつまずきに対する支援が必要なのです。

ディスレクシア簡易スクリーニング検査（ELC）

　通常の学級の中には、さまざまな背景をもつ読み書きの困難がみられます。例えば、全般的な学習の遅れがある子どもと読み書きだけにつまずきのある子どもでは、指導・支援の方法が異なります。前者の場合、軽度な知的発達の遅れがある子どもや、環境的な要因でことばの習得が遅れている子どもなどが含まれますが、後者の場合、神経心理学的な脳の機能不全を背景とするディスレクシアである可能性が考えられます。そのような場合は、通常の学級での一斉指導では学ぶことが難しいことが予測され、特別な指導・支援が必要となります。

　音読・音韻処理能力簡易スクリーニング検査（Easy Literacy Check：ELC）は、ディスレクシアの兆候がみられる子どもをスクリーニングするためのアセスメントとして開発されました（安藤、2016；加藤他、2016）。学校では、通常の学級の担任や通級指導教室の担当、あるいは、スクールカウンセラーなどが連携しながら、ディスレクシアの疑いのある子どものための特別な指導・支援プログラムを検討するためのツールとして活用されることを目指しています。また、今後学校への配置が期待される心理や言語の専門家等にも活用されれば幸いです。

ELCの構成課題と検査法

　ELCは3つの課題で構成されています。第一は、短文音読課題で、これによって、子どもの音読特徴をとらえます。音読材料はストーリー性のある短い文章で、音読の速さと正確さを測るとともに、たどたどしい読みの様子や読み誤りの状況をチェックします。第二は、音韻操作課題で、音韻意識を評価します。この課題は、単語と非語（意味のない文字列の組み合わせ）を逆唱（逆さ

まに言うこと）させたり、単語を構成する1文字を削除させたりする課題です。第三は、単語・非語音読課題で、10個並んだ単語や非語をできるだけ速く音読させ、デコーディング能力（文字を音に変換する力）を評価します。

ELCは、PCで音声と画像によって提示されます。子どもはヘッドセットをつけてPCの前に腰かけ、画面に提示される文章を音読したり、聞こえてくる質問に答えたりします（写真5-2-1）。子どもの声はPC内に録音されますが、同時に、検査者も評価用紙に子どもの反応の様子を記録します。結果は、得点（正答数）と反応時間（課題が提示されてから子どもが言い終わるまでにかかった時間）で評価します。また、誤りの特徴を分析することによって、読み書きのつまずきの要因を仮説的にとらえ、指導・支援法の作成につなげます。

写真5-2-1　ELCの検査場面

ELCの採点法と分析

短文音読課題は、正確に音読した単語を1点として全体の得点を出します。短文Ⅰの満点は25点、短文Ⅱの満点は40点になります。音読にかかった時間も測定します。また、読み誤り方を一つずつチェックし、ディスレクシアの読みの特徴があるかないかをみていきます。単語をまとまりとして読めず1文字ずつ読むようなたどたどしい読み方、「みきは」を「キミハ」と読むような単語の音の置換、「ちらします」を「チラチラシマス」と読むような余分な音の付加、「いきました」を「イキマス」と読むような文末の勝手読み、「顔」を「アタマ」と読むような意味や形の類似する単語の読み誤り、「ジャンプ」を「ジャブン」と読むようなカタカナの読み誤り、「どうぶつえんへ」を「ドウブツエンニ」と読むような助詞の読み誤りなどを細かくみていきます。たどたどしい読み方やこのような読み誤りは、ディスレクシアによくみられる音読の特徴を示しています。

音韻操作課題では、単語の逆唱、非語の逆唱、単語の削除、非語の削除がそれぞれ4問ずつあります。反応時間は正答した問題の平均値として課題ごとに

算出します。そして、子どもの反応の様子を注意深く観察します。口の中でブツブツつぶやきながら質問を何度もリハーサル（繰り返して言うこと）したり、音の数だけ指を折って確かめながら声を出したり、机の上を手や指で叩きながら声を出したり、文字を思い起こしながら空書したり、といった様子は、音韻操作が困難であることを示しています。

単語・非語音読課題は、10問ずつあります。正確に音読した単語や非語の数が得点とされ、満点はそれぞれ10点になります。反応時間は、課題が提示されてから子どもが単語や非語を読み終えるまでの時間を測定します。単語のまとまりとして素早く正確に読めるかどうか、単語と非語の音読の仕方に差がないかなどの様子を観察します。定型発達の子どもではすらすらと読めるのが普通ですが、単語が逐字読みになる場合、デコーディングの力が弱いことを示しています。定型発達の子どもでも非語の音読は単語に比べて難しくなりますが、ディスレクシアの場合は特に困難度が高まります。

ELCの結果による指導・支援の手がかり——事例を通して

次に挙げる事例は、小学5年生の男子2名にELCを実施した結果から、指導・支援法について検討したものです（安藤他、2014）。Dさん、Eさんともに通常の学級に在籍しています。Dさんは、ADHDの診断を受けています。Eさんは、ディスレクシアの診断があり、通級指導教室を利用しています。2人のELCの結果は表5-2-1～3に示した通りです。標準値とは、通常の3年生の標準値を表しています。4年生以上の標準値はデータがないためです。

短文音読課題

短文音読課題の結果（表5-2-1）を比べると、DさんはEさんに比べて得点が低く、速度も遅いことがわかります。得点標準値と比べると、Dさんは短文Ⅰ、短文Ⅱともに-2SD以下のレベルにありますが、Eさんは短文Ⅰ、短文Ⅱともに標準域にあります。時間標準値と比べると、Dさんの短文Ⅰは標準域で-1SDレベルに近い値、短文Ⅱは-1SD以下のレベルにあり、Eさんの短文Ⅰは標準域で+1SDレベルに近い値、短文Ⅱは標準域にあります。この結果から、Dさんは音読の正確さが低く速度も遅いことがわかります。これに対してEさんは、音読の正確さも速度も3年生の標準値には届いていることがわかりま

表5-2-1 短文音読課題

	短文Ⅰ		短文Ⅱ	
	得点(/25)	時間(秒)	得点(/40)	時間(秒)
Dさん	18	33.3	26	72.6
Eさん	25	15.4	36	63.3
標準値(SD)	24.4(0.8)	25.0(9.3)	37.7(2.9)	45.3(22.4)

表5-2-2 音韻操作課題

	単語逆唱		非語逆唱		単語削除		非語削除	
	得点(/4)	時間(秒)	得点(/4)	時間(秒)	得点(/4)	時間(秒)	得点(/4)	時間(秒)
Dさん	3	3.7	2	1.0	2	1.1	3	2.6
Eさん	2	3.3	3	4.4	4	4.8	4	4.5
標準値(SD)	3.2(1.1)	3.2(3.2)	2.8(1.2)	3.9(4.5)	3.4(1.1)	2.3(3.3)	3.3(1.1)	2.8(4.6)

表5-2-3 単語・非語音読課題

	単語音読		非語音読	
	得点(/10)	時間(秒)	得点(/10)	時間(秒)
Dさん	10	9.8	7	30.1
Eさん	10	15.9	8	15.9
標準値(SD)	9.8(1.2)	10.7(6.0)	9.3(1.4)	23.4(8.5)

す。

　また、Dさんには、音の置換、付加、カタカナの読み誤り、助詞の読み誤りなど、ディスレクシアの誤読特徴が認められました。

音韻操作課題

　音韻操作課題の結果（表5-2-2）を比べると、DさんはEさんに比べ、速度は速いものの得点は低いという傾向がみられます。これに対して、Eさんは、ゆっくりではあるものの時間をかければできることがわかります。定型発達の子どもでも逆唱はワーキングメモリーが関連し、非語に比べて難しい課題であることが指摘されています。Eさんは削除課題では単語、非語ともに満点が取れていますが、Dさんは削除課題でも単語が2点、非語が3点という結果で、より重篤な問題をもつことが示されました。

３年生の標準値と比べ、Dさんの単語削除の得点２点とEさんの単語逆唱の得点２点は-1SD以下のレベルにあります。５年生でこの結果ですので、Dさん、Eさんともに音韻操作の弱さが疑われます。したがって、言語の専門家による精密な検査が必要であると考えられます。

単語・非語音読課題

　単語・非語音読課題（表5-2-3）では、Dさん、Eさんとも単語は満点ですが非語の得点が低い結果でした。定型発達の子どもでは、３年生でも非語は単語より難しく時間がかかりますが、得点は単語との差がそれほどありません。したがって、Dさん、Eさんの非語の音読の弱さは明らかです。

　また、Eさんは単語も非語も音読速度が変わらないのに対して、Dさんは非語の音読速度は単語の３倍になっていることから、非語の音読がきわめて困難であることがわかります。これらの結果から、Dさん、Eさんともにデコーディングの弱さが示されましたが、特にDさんの弱さが顕著に示されています。

指導・支援の手がかり

　ELCの３つの課題のうち、音読の特徴をとらえる短文音読課題の結果から、Dさんは音読の正確さが低く速度も遅いのに対し、Eさんは音読の正確さも速度も３年生の標準値には届いていること、さらに、Dさんにはディスレクシアの音読特徴が認められることがわかりました。次に、音韻意識を評価する音韻操作課題の結果から、Dさん、Eさんともに音韻操作の弱さが認められましたが、Eさんは、処理速度は遅いものの時間をかければできる可能性があり、Dさんはより重篤な困難をもつことが示されました。最後に、デコーディングの力を評価する単語・非語音読課題では、Dさん、Eさんともにデコーディングの弱さが認められましたが、特にDさんに顕著なことがわかりました。

　これらの結果から、指導・支援の手がかりを考えると、Dさんはディスレクシアの兆候が顕著であるのに対し、Eさんはディスレクシアというよりも処理速度全体が遅く、どちらかといえばスローラーナーが疑われ、もともとの診断名とは異なる結果となりました。

　したがって、Dさんはディスレクシアである可能性が高いことを認識し、音韻処理の弱さを補い、デコーディング能力を高める指導・支援を行うとともに、語彙や文法の知識を豊かにし、文脈や意味から読解が促進されるような読

み方略（本人に合った読み方）を指導・支援していくことが望まれます。一方、Eさんは、時間をかけてゆっくりとスモールステップで学習全般の基礎・基本という意味での読み書きの指導・支援を行い、経験を通して語彙や知識全般を積み上げていく方法がよいと考えられました。

　ELCの結果からこのような方向性が見出されましたが、WISCやKABCなどの心理検査［第6章参照］や視覚、聴覚、記憶など多様な認知機能や運動機能の評価の結果をもとに総合的に判断し、より効果的な指導・支援プログラムを作成・実行していくことが必要になります。

（安藤壽子）

［文献］
安藤壽子、瀬戸口裕二「ディスレクシア・スクリーニング検査（ELC：Easy Literacy Check）による音読・音韻評価―読み書き障害2事例の比較検討を通して」『日本教育心理学会第56回総会論文集』PB047、2014年
安藤壽子「小学校低学年における読み書き困難児のスクリーニング―ディスレクシア簡易スクリーニング検査（ELC）を用いて」『お茶の水女子大学人文科学研究』12巻、117-130頁、2016年
加藤醇子、安藤壽子、原惠子、縄手雅彦『ELC　読み書き困難児のための音読・音韻処理能力簡易スクリーニング検査』図書文化、2016年

第5章
読みの難しさを早期発見するために
(3)言語聴覚士による詳細な評価

　ELCなどのスクリーニング検査［第5章(2)参照］で読み書きの問題がある可能性が高いと判断されたら、より詳細な検査を行います。

　詳細な検査を行う目的は、スクリーニング検査で疑われた読み書きの問題の有無を確認すること、困難さの程度を判断すること、困難さの背景にあるものを明らかにする、あるいは、その手がかりを得ることです。これらすべては、指導の方針を立てるための重要な情報です。

　では、どのように検査するのでしょうか。第4章で述べたように、文字を学習するということは、文字と音の関係を学ぶことです。この学習に必要な能力は3つの観点から考えることができます。すなわち、(1)文字の形をとらえることに関する能力、(2)音に関する能力、そして、(3)文字と音の結びつき、その対応関係を学習する能力です。これらの3つの領域の能力を細かく調べて、読み書きの困難さの原因がどこにあるかを明らかにして、指導の方向性を考えます。さらに、この3領域の検査の他にも、言語能力に関する検査を行うことがあります。指導する際にどんな能力を活用できるか、情報を得るためです。

文字の形をとらえる能力に関する検査

　日本語には、ひらがな、カタカナ、漢字の3種類の文字があります。いずれの文字も複数の線で構成されています。文字を正しく認識するためには、いろ

いろな能力が必要です。ことばは文字を連ねて書かれています。まずは、連続した文字列から一つずつの文字を区別できることが必要です。アラビア語やタイ語などを見ても、どこまでが一つの単語のまとまりで、どれが1文字なのか、その言語を知らないものにはわかりません。どれもとても似ているように見えて、区別がつきません。日本語でも、似ている文字をきちんと見分ける力が必要です。文字を学び始めた子どもたちが「わ」「ね」「れ」や、「め」と「ぬ」を混同することがよくあります。漢字にいたっては、なおさらです。「王」と「玉」、「人」と「入」、「烏」と「烏」など、ほんの少しの形が違うだけですが、まったく別の意味の文字です。形を記憶する力も必要です。形を見分けることができても、どちらがどちらだったか覚えられなければ、学習ができません。形を見分ける時には、全体の形の中に特定の形（偏や旁などの単位）を見出すことができることも大切です。文字を書く時は、部分のパーツを合成して全体をつくることができる能力も必要です。文字を読む時は、他の文字と区別できるおおまかな判別でもよいですが、書くとなると、すべての画を正確に再現できなくてはなりません。読むより書くほうがより細部までの正確な記憶力を必要としますし、手で細かな文字を書く調整能力も必要ですので、より難しくなります。

　では、こうした能力をどのように検査するのでしょうか。文字の形に関する今まで述べてきたようなさまざまな能力を網羅して評価できる特定の検査はありません。文字に限定したものに限らず、一般的な視覚情報の処理能力の検査や、視覚情報処理を含む広範な目的でつくられた検査を用いることが多く行われています。特に文字の形のどのようなことに関する能力を調べたいのかがはっきりしていれば、それに合わせて検査者が独自に工夫することも時には必要になるでしょう。

　視覚情報処理を含む広範な目的でつくられた検査の例としては、WISC-III・IV［第6章(1)参照］があります（日本版WISC-III刊行委員会、1998；日本版WISC-IV刊行委員会、2010）。詳細な検査を受ける人のほとんどは、すでにWISC-III・IVで知的な力の評価を受けていると思います。WISC-III・IVは、多くの下位検査から構成されています。下位検査の「積木模様」は、赤・白に塗り分けられた積み木で、見本の図版に示された図形の模様をつくるものです。見本として示された図形の全体の形の中に、一つずつの積み木の形を見出し、組み合わせ方を考えなければなりません。また、WISC-IIIの「組合

せ」は、ボールや馬などの具体物が細かなパーツに分けられて提示され、それらのパーツから全体の姿を想像して、パーツを組み合わせる課題です。いずれも線で構成される文字とは異なりますが、部分と全体の関係を考えるという点では共通するものがあります。また、「記号探し」は、一列に並んでいる数個の無意味図形の一群の中に、特定の図形があるかないかを判断する課題です。視線を素早く動かして、効率よく処理すること、筆記具を使うことなどが関係しますが、形のわずかな違いを瞬時に判断する課題でもあります。これらの検査の結果から、形を分解したり合成したりする力、形を見分ける力などを読み取ることができます。K-ABC、KABC-II［第6章(2)参照］の「模様の構成」も、同じように考えることができます（松原他、1993；日本版KABC-II製作委員会、2013）。DN-CASという物事をやり遂げる能力（遂行能力といいます。計画を立て、注意を持続し、進行状況をモニターしながら、必要ならば計画を変更して、目的を達成する能力のことです）の検査があります（前川他、2007）。その中に「図形の認知」という評価があります。これは、小さな図形を見て、それがより大きな図形の中のどの部分であるかを見極める課題です。漢字は、偏や旁などに気がつくことができれば覚えやすくなります。偏や旁などの部分への気づきが弱いようなら、この課題を用いることができるかもしれません。

　形を書くことについて、形の模写や、形を記憶して思い出しながら再現して描く能力に関して、ベンダー・ゲシュタルト・テスト（高橋、1968）やレイの複雑図形検査（Rey, 1941；Osterrieth, 1944）がありますので、それらを使うこともできます。DTVPフロスティッグ視知覚発達検査（飯鉢他、1977）は、目と手の協応動作、形の模写、形の弁別、複雑な図形の中にターゲットとする図形を見出すことなどを評価できますが、適用年齢が7歳11ヵ月までと限られています。

音に関する評価

　文字の読み書き学習の基盤に、ことばが音の粒で構成されていることがわかり、その一つひとつの音がはっきり聞き分けられ、音の順序が明確に把握されることが必要であると述べました。これを音韻意識といいます。
　音に関する検査では、音韻意識の検査が不可欠です。日本語の文字学習で

は、音の粒の中でもモーラが重要ですから、音韻意識はモーラを単位とした操作課題を用いて評価します。よく用いられる課題には、単語からモーラを削除するモーラ削除課題や単語を逆から言う単語逆唱課題があります。評価には、実際にある単語と、単語らしく聞こえるけれど実在しない無意味な音列が用いられます。

　モーラ削除課題とは、提示された単語や無意味語から指定されたモーラを抜いて、残りがどうなるかを答えるものです。例えば、「『かめら』から『め』を取ったら？」という質問に答えるものです（この課題の正答は「から」）。単語逆唱課題は、提示された単語や無意味語の音の順序を逆さまにして言うものです。例えば、「『かめら』を逆さまから言うと？」という質問に対して答えを求めるようなものです（この課題の正答は「らめか」）。モーラ削除課題、単語逆唱課題ともに、正しくできるかということとともに、どれだけ速くできるかということが大切なので、課題の成否とともに反応時間を測ります。いずれの課題も、ことばを聞いて、頭の中でことばの音の組み合わせを分析して、どのくらい速く正確に操作できるかが重要なことです。ですから、単に課題ができた・できないということだけでなく、子どもが回答する様子をよく観察することも大切です。ことばを言いながら指を折ったり、空中や机の上に文字を書いたり、あるいは、机や膝を指で叩いたりして、いくつ音があるか、どの位置にどの音があるかを確認しようとする姿がみられたら、音を頭の中で考えたり操作したりすることが苦手・未熟である可能性があります。音韻意識の課題には、LCSA（大伴他、2012）の「音韻意識」課題がありますが、課題数が少なく、おおまかな判断には使えますが、より詳細な検査としては先に紹介したような課題のほうが適しています。この課題は言語聴覚士が専門的に行います。

　音韻意識に弱さがあると、気をつけていると日常生活の中でもその兆候がみられることがあります。長いことばを言い誤る、例えば、「エレベーター」を「エベレーター」、「とうもろこし」を「トウモコロシ」というような言い誤りは、幼児によくみられることですが、通常は年齢があがると徐々に減っていきます。こうした誤りが、学齢児になっても頻繁にみられる場合は要チェックです。また、人から話しかけられたことを聞き誤ったり、聞き返すことが多かったり、ということもあります。このような点について、子どもを注意深く観察し、保護者から情報を得ることも大切です。

　音を処理する力の弱さは、ものの名前がなかなか思い出せないという形で現

れることもあります。ドンピシャリの適切なことばがすぐに出てこず、「あれ、これ」などの指示語を多く使ったり、「こうやって」「こんな形の」などジェスチャーを伴って示そうとしたり、あるいは、「あの、あの、この間、お母さんと一緒にスーパーに行った時に買った、ラーメンみたいでフォークで食べるやつ」というようなまわりくどい表現をすることもあります。このような姿をみると、子どもの頭の中にそのモノ・人ははっきりと思い浮かんでいるのに、それに対することばがすぐに思い出せないのだとわかります。「スパゲッティのこと？」と言われれば、「そう、そう、スパゲッティ」とわかるので、ことば自体を知らないわけではありません。あたかもことばが、タンスに入っているのに、引き出しがなかなかうまく開かないかのようです。こうしたものの名前を言う能力（呼称能力といいます）を評価するのに、数個の数字、あるいは、絵などがランダムな順番で数行にわたって示されたものを子どもに見せて、端からできるだけ速く読み上げさせたり、名前を言わせたりする課題があります。これを rapid automatized naming（RAN）といいます。

　音を扱う苦手さは、耳で聞いた情報の記憶の悪さとして現れることもあります。「AとBとCとDを買ってきて」と言われても、いつも必ず一つ買い忘れてしまうとか、複数の指示を聞いても一つは抜けてしまって全部できないといった時は、耳で聞いた情報の記憶力が悪い可能性があります。こうした記憶力の評価には、WISC-III・IVの「数唱」、WISC-IVの「語音整列」、K-ABC、KABC-IIの「数唱」の結果が参考になります。WISCの「数唱」は、ランダムな順で言われた複数の数字を、そのまま復唱する課題（順唱）と、逆から言う課題（逆唱）からなっています。全体の成績はもちろんですが、順唱の成績と逆唱の成績に極端な差がないかどうかもチェックポイントです。逆唱のほうが音を記憶して操作するという要素がより強いです。

文字と音の対応関係を学習する能力の評価

　先にも述べましたが、文字を学習するということは、文字と音のペアを一つずつ学ぶということです。それぞれの文字と音の間には、何ら必然的なつながりはありません。そういうとよく「漢字は違いますね」といわれることがあります。例えば、山の形から「山」の文字ができたというように、ものと文字には形の類似という関係があるではないかといわれることがあります。しかし、

この場合も文字の形が山の形と関係しているということであって、なぜ「山」という文字が「やま」なり「さん」なりの「音」をもつかということとは関係がありません。文字の形と音の間の、この必然性のない偶然の結びつきともいえる関係を、私たちは理屈抜きで頭から丸覚えしているのです。実は、この関係は文字・音だけではなく、モノとその名称の関係も当てはまります。他の言語では「アップル」とか「ポム」といわれるものが、日本語ではなぜ「りんご」なのか、その理由は誰もわかりません。日本語を使う社会に生まれたら、何の疑いもなく、当然のこととして、甘酸っぱい赤い果物を「りんご」という音で呼んでいます。

こうした必然性のない文字・音の対応関係の学習能力の評価として、KABC-IIの「語の学習」を活用することができます。「語の学習」は、架空の魚・草・貝の絵に対して与えられた名称を覚える課題です。学習後すぐに確認する課題と、30分経ってから確認する課題の2つが用意されています。学習直後の課題だけでも、名称を覚えることの苦手さを見出すことができます。WISC-III・IVの「符号」は、処理速度指標の下位検査です。見本の無意味な図形と数字のペアにしたがって、図形に数字を対応させる課題です。文字と音という視覚刺激と音声刺激との対応と異なり、図形も数字もともに視覚刺激の対応関係を処理する課題なのですが、ディスレクシアの子どもの多くに、この検査での落ち込みがみられます。その落ち込みの背景には処理スピードの遅さがもちろんあるのですが、新しく与えられた対応関係の飲み込みの悪さが影響している可能性も考えられます。WISCの結果をみる時には「符号」の結果も注意してみてください。

その他の検査（語彙検査など）

第4章で述べたように、読み書きの学習は話しことばの土台のうえに発達します。話しことばの土台というのは、広範な言語能力を意味します。ことばを構成している一つひとつの音がわかり、単語の意味や、単語と単語の結びつき（の文法）に関する基本的な知識が獲得されていることです。これらの能力を用いてつくられた言語表現を文字で読み書くことになるのですから、全般的な言語能力の把握も重要です。特に語彙の知識は、デコーディングとも読解とも密接に関わります。文字を音に変換してデコーディングしても、語彙の知識が

なければ、音に換えたものが意味に結びつきません。また、語彙が豊富であれば、音に換えたものが語の単位にすぐにまとまり、理解が進み、読みやすくなります。

　ディスレクシアの評価の中に語彙検査を含めて行うことが望ましいと思います。語彙力の検査は、PVT-R絵画語い発達検査（上野他、2008）を用いることが一般的です。小学４年生までならば、LCSAの「語彙や定型句の知識」の検査を活用することもできます。標準抽象語理解力検査（宇野監修、2002）という検査もあります。本来は20〜60歳台の成人を対象とした検査なのですが、小学２年生から中学生までの参考データが掲載されています。教研式全国標準Reading-Test 読書力診断検査（福沢他、2009）を行っていれば、下位検査の「語彙力」の結果を参考にすることもできます。ただし、読書力検査の下位検査ですから、読んで解くことが前提で、読みの困難さがあれば、当然結果に影響することを考慮する必要があります。KABC-IIを行っていれば、下位検査の「表現語彙」と「理解語彙」の結果を参考にすることができます。

　言語理解力（単語だけでなく文章の意味など）の評価は、文字を介さない方法で行います。読みの困難さ（デコーディングの問題）があれば、読解に影響することは当然推測されることですので、文字の影響を受けない形で調べることが望ましいのです。LCSAの「文や文章の聴覚的理解」の下位検査や、KABC-IIの「なぞなぞ」は、問題文を聞かせて考えさせるものです。いずれも標準化された結果が得られますので、参考になります。

　　　　　　　　　　　　　　　　　　　　　　　　　　　　（原　惠子）

［文献］
Bender, L.（高橋省己日本版作成）『BGT　ベンダー・ゲシュタルト・テスト』三京房、1968年
Frostig, M.（飯鉢和子、鈴木陽子、茂木茂八日本版作成）『DTVPフロスティッグ視知覚発達検査』日本文化科学社、1977年
福沢周亮、平山祐一郎『全国標準Reading-Test読書力診断検査』図書文化、2009年
Kaufman, A.S., Kaufman, N.L.（松原達哉他訳）『K-ABC心理・教育アセスメントバッテリー』丸善出版、1993年
Kaufman, A.S., Kaufman, N.L.（日本版KABC-II製作委員会訳編）『日本版KABC-II』丸善出版、2013年
Naglieri, J.A, Das, J.P.（前川久男、中山健、岡崎慎治日本版作成）『日本版DN-CAS認知評価システム』日本文化科学社、2007年
大伴潔、林安紀子、橋本創一、池田一成、菅野敦『LCSA─学齢版言語・コミュニケーショ

ン発達スケール』学苑社、2012年
Osterrieth, P.A.: Le test de copie d'une figure complexe; contribution à l'étude de la perception et de la mémoire. *Archives de Psychologie* 30: 206-356, 1944.
Rey, A.: L'examen psychologique dans les cas d'encéphalopathie traumatique. (Les problems.). *Archives de Psychologie* 28: 215-285, 1941.
上野一彦、名越斉子、小貫悟『PVT-R絵画語い発達検査』日本文化科学社、2008年
宇野彰監修、春原則子、金子真人『標準 抽象語理解力検査』インテルナ出版、2002年
Wechsler, D.（日本版WISC-III刊行委員会）『WISC-III知能検査』日本文化科学社、1998年
Wechsler, D.（日本版WISC-IV刊行委員会）『WISC-IV知能検査』日本文化科学社、2010年

第5章
読みの難しさを早期発見するために
(4)視機能評価とは

視力と「見ること」の関係

　目の問題を考える時、誰もが思い浮かべるのは「視力」です。学校健診で視力が悪いと眼科に行くことを勧められますが、よい場合には目に何の問題もないと思い、それ以上、目のことについては問われることなく過ぎてしまいます。

　では、視力がよいと本当に「見ること」に問題がないのでしょうか？　米国や日本の学校で子どもたちに学習時や近業時の見え方・疲れ具合についてアンケートを配布して調べたところ、約3分の1の子どもたちは何らかの問題を抱えていることがわかりました（Powers et al., 2016）。アンケートの結果、見づらさを訴えていた子どもの中には視力に問題のない子どもも思いの他含まれていました。現在の学校健診では視力しか測定されないために、遠くを見る時の視力がよい場合には、顕著な斜視、アレルギーなど外見でわかる目の病気以外に眼科受診を勧めることがありません。つまり、アンケートを取るまで、本人も周囲も誰も見え方の問題に気づくことがありませんでした。子どもたちは目の疲れを訴えることもなく、また自分の目で見る以外に他の人と見え方を比べるということがないため、自分の見え方を基準に他の人も同じように見えていると思っています。ですから、「ものが2つに見えることがある？」と聞いて

表5-5-1　行動観察チェックリストと本人への質問内容

行動観察によるチェックリスト	本人への質問内容（9歳以上）
読んでいる時に頭を傾けたり、片目を閉じたりしている 本を近づけて読む 読んでいる時に小さい文字や単語を飛ばす 読書や手元の作業をあまりしたがらない 板書が遅いあるいは苦手な様子 書く時の空間のバランスが悪い 　（右／左上がり他） 算数の桁や行間違いがある 鉛筆の握り方がおかしい 決められた時間内に課題を終えることが困難	読んでいる時に目が疲れますか？ 頭が痛くなることがありますか？ 目が痛くなることがありますか？ 眠くなることがありますか？ 集中できなくなることがありますか？ 読んだ後、何が書いてあるか思い出せないことがありますか？ 見ているものが2つにだぶって見えることがありますか？ 読もうとしていることばや文字が動いたり、飛んだり、浮いたり、揺れて見えることがありますか？ 読むのが遅いと思いますか？ 読んでいる時に、文字がぼやけたり、またはっきり見えたりと変わって見えることがありますか？ 読んでいる場所がわからなくなることがありますか？ 同じ行やことばを何度も読み直すことがありますか？

みると、「うん、お母さん、時々2人だよ」と予期せぬ返事が戻ってくることもあります。子どもの場合は、行動をよく観察すると同時に、どのように見えているのかを具体的に聞くことも大切です。

　そこで、参考のために行動観察チェックリストと読書や近業をしている時の目の状態について本人に質問する内容を表5-5-1にいくつか挙げてみました。あてはまる項目が多ければ多いほど、またその頻度が高いほど精査が必要と思われます。

視覚情報の流れ

　さて、ものを見る時に実際どのような目の働きが必要なのか、考えてみましょう。
　外界からくる情報の80％は視覚から得ているといわれています。視覚情報は、基本的な目という器官を通してイメージ（像）を取り込むことに始まり、

図5-5-1　視覚情報の流れ

　次にそのイメージは視神経を通じて脳に情報として送られます。脳では送り込まれた像が何であるかを、今までの記憶や経験をもとに整理統合して意味づけをします。そして最後に、見たものに対しての反応が読んだり書いたりといういろいろな行動を通して行われます（図5-5-1）。

　ここでは、眼科で扱う入力系の「見る力」について簡単に説明します。

　入力系の視機能には、学習や読書時に欠かせない視力（近見）の他に屈折、調節、眼球運動、両眼視などがあります。ちなみに、米国や日本で視機能について学校健診を行った結果から、読みの苦手な子どもたちは問題のない子どもたちに比べ、視機能の問題を抱えている頻度が高いことが報告されています（Grisham et al., 2007；大嶋他、2013）。このように視機能評価や前述のアンケートが今後スクリーニングとして行われるようになると、眼科精査や視覚支援につながりやすくなるでしょう。

視力と屈折異常（眼鏡による矯正）

　視力とは、一定の距離でどのくらい細かくものが見分けられるかを表す単位です。学校健診では5mの距離にある視標を見分ける時の視力（遠見視力）を測定しています。この結果がA判定であっても、学習上読み書きにつまずきがみられる子どもの場合、眼科精査を促すことが必要です。それは、遠見視力が

よくとも、教科書を読んだり、ノートに書いたりという手元の作業をする時に使う視力（近見視力）が弱い場合も考えられるからです。

　また、視力検査とは別に、正視、遠視、近視、乱視といった目の屈折状態を知ることも大切です。視力検査の応答が困難な子どもや乳幼児の場合でも、他覚的に屈折値を測定することが可能です。この屈折値がわかると、子どもの見え方をある程度推測でき、早い段階でピント合わせに必要となる適切な眼鏡を処方することができます。

　発達障害の子どもたちは、定型発達の子どもたちに比べ、屈折異常（遠視、近視、乱視）の頻度が高いといわれています。特に強度屈折異常が認められる場合には、早い時期での適正な眼鏡装用が視機能の発達を促す第一の治療になり、視覚情報がより鮮明にきちんと入ることは、他の感覚系と作用しながら、心身の成長、発達を促進させることにつながります。眼鏡は大人と異なり、網膜に鮮明な像が送り込まれるための第一歩で、必ずしも装用直後からすぐに見えてくるわけではありません。鮮明な像を取り込むことによって、脳で認識する解像度を養います。屈折検査は視力検査の結果にかかわらず、一度は行うことが望ましい検査の一つです。

調節機能

　調節の働きは、距離に応じてピントを強めたり緩めたりしながら見たい像（イメージ）をはっきり見るための力です。遠くを見る時は調節を働かせていない状態ですが、近くを見る時にはピントを合わせるための力が必要になります。読書をする30cm程度の距離ではっきり見ようとするには、約3ディオプター（Diopter）の調節力が必要です。10歳の場合、平均12ディオプターの調節力があるといわれていますので、子どもでも近くを見る時にあまり意識せず楽に近くを見ることができます。調節力は年齢とともに低下し、40歳を過ぎる頃より、近くにピントを合わせることがだんだん困難になってきます。この状態が老視といわれるもので、歳をとれば誰もが経験するところです。しかし、若年であっても、遠視が潜んでいたり、調節の働きが弱かったりする場合には、ピントがなかなか合わずに目が疲れたり、はっきり見えないために見るのがいやになったりすることがあります。子どもは快適な状態というのを知らずにいるので、このような状態を訴えることもなく、発見することが難しくなります。

また、黒板を見てノートに写すなど、遠く・近くと自在に距離を変えながらピントを合わせていく切り替えの力を調節効率といいますが、この力がうまく働かずに授業中に見づらさの問題を抱えている場合もあります。最近、特にこの切り替えの力の弱い子どもをみる機会が多くなってきました。原因はまだ証明されてはいませんが、どうもスマートフォンやDSなどのゲーム機、PCの長時間使用も問題を引き起こす要因の一つと考えられます。近くを長時間見ているためにピントを緩める力が働きにくくなっていたり、不安定になっていたりする例をみかけます。また、スタミナ切れという、時間の経過とともに反応が鈍くなっていくタイプもみられます。

　このように調節の働きは、ピント合わせの精度のよさに加え、安定性と持続性も求められます。

眼球運動のコントロール

注視

　「じっと見つめる」ことですが、いわゆるにらめっこです。一点をどのくらい長い間、目を動かさずに見ていられるかという働きです。試しに鉛筆や指などを目の前から30cmほど離れたところに出して、目を動かさずにじっと見てもらいましょう。就学後であれば、10秒以上見続けられれば合格ラインです。一所懸命ものを見ようとしているにもかかわらず、持続できずに目が動いてしまうことがあります。また、無意識に目が動いた方向の視界に入ってきたものに興味が次から次へと移ってしまうような子どもがいます。一見、注意集中が困難なために見続けられないのではないかと思われがちですが、逆に、注視困難なために注意集中が困難であることも考えられるので、落ち着きがないという先入観をもたずに観察し、見極めることが大切です。

追視

　眼球運動は、滑動性追従性眼球運動（流れるように動くものを追いかける）と衝動性眼球運動（A点とB点と離れている2点をジャンプして追いかける）の2つに大きく分かれます。本を読む時に特に大事なのは、後者のジャンプしてものを追いかける動きです。この動きがぎこちなかったり、正確に追えていない場合に、行替えを見誤ったり、何度も同じことばや行を読み直したりして

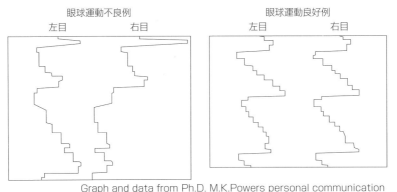

Graph and data from Ph.D. M.K.Powers personal communication

図5-5-2 読書時の眼球運動（横読み）

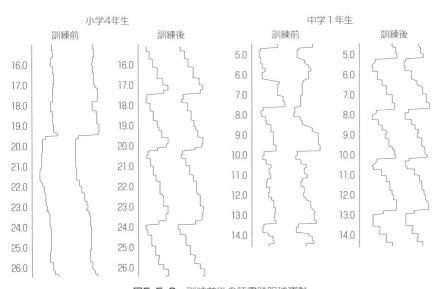

図5-5-3 訓練前後の読書時眼球運動

しまいます。眼球運動は、反応時間、正確性、安定性が問われます。さらに、本を読むという長時間の課題に際しては、よい状態が繰り返し再現できないと読みの問題につながります。図5-5-2は、読書時の目の動きを記録し、グラフに表したもので、図5-5-3は訓練前後を比較したものです。

輻輳（より目）

　ものを見る時、両方の目が同じ方向を向き、同時に動いていないと、それぞれの目から入る情報が異なり、頭の中で混乱してしまいます。近くを見る時には視線を合わせるために目を寄せる働き（輻輳、より目）が必要になります。これは両方の目が同時に内側を向く目の動きのことです。その反対に、より目の状態を緩めて外側に目を動かす働きのことを開散といいます。輻輳・開散は眼球運動の一つですが、それぞれが相反する方向に動くことによって成り立つ点で追視とは異なります。特にこの輻輳の力が弱いと、視力、追視、調節などの働きがよくても、手元の作業が疲れる、見るのがつらい、文字が２つに見えてしまうなどの問題が起こり、見る力の弱さにつながることがあります。実際に読書嫌い、読み困難な人の中に、輻輳の弱い人が多くみられています（Powers et al., 2015）。

両眼視機能

　眼球運動のコントロールにより視線を一つにして像を脳に送り込むわけですが、右目、左目から入った情報をそれぞれ重ね合わせて像を認識する作業が両眼視という働きです。

立体視
　右目、左目から入った情報がバランスよく統合、認識されることにより、遠近感、奥行きといった立体感を感じ取る力のことです。明らかな斜視がある場合には、視線を一つに合わせにくいために立体視を獲得することが困難です。また、視線が合っていても視覚情報が鮮明に入りにくい両眼の弱視や片方の視力が極端に弱い場合には、立体視がなかなかうまく働きません。しかし、斜視や弱視でもないのに立体視の力が弱い子どもたちもいるので、見る力の要素の一つとして行っておきたい検査です。

融像幅（視線を一つにする時のずれを補正する力）
　視線をいつもいつもきっちり合わせるということは、カメラや機器ではないので実際には困難です。それをある程度余裕をもって合わせてみようとする力の幅が融像幅です。この幅が狭いと、斜視など目の位置にずれがなくとも目を

動かすたびにわずかなずれが生じるなど、一瞬ものが2つに見えたり違和感を覚えたりすることがあります。視線を合わせるという物理的な目の筋力とともに、それぞれの目に入った情報をいかに同時に脳の中で認識、統合させて見るかという感覚系の力が両眼視には必要です。

ここまで述べてきたどの視機能も、読み書きだけでなく、スポーツや生活全般に大事な役割を果たしています。ものをはっきり見る（視力）、ものを見つめる（注視）、ものを追う（追視）、ピントを合わせる（調節）、視線を合わせる（輻輳）、両方の眼をチームワークよく働かせる（両眼視）、というすべてが効率よく働いた時、初めて「快適にものを見る」ということになるわけです。

視機能訓練について

視機能訓練は状況に応じていろいろな方法がありますが、理想的には個別の対応が望まれます。保護者の理解・協力度、家庭状況、子どもの生活、子どもの興味（マイブーム）を十分考慮したうえで計画を立て、何よりも「もっと見たい」「大変だけど楽しい」「頑張ったらできるかもしれない」と思えるようなモチベーションを上げる工夫が大切です。そのためには家庭のみならず、学校関係者の理解・協力が必要です。ちなみに、米国の学校や眼科で読みの苦手な子どもたちにPCによる視機能訓練プログラム（Gemstone Foundation〔www.eyesinconflict.com〕）を実施したところ、自覚症状の改善とともに視機能の改善がみられました。すべてがこのような訓練で解決するわけではありませんが、アセスメントをきちんと行ったうえで、それぞれの専門家と相談し、適切な支援計画を立てることが大切です。

視環境の整備

子ども自身の見る力を評価、支援していくことの他に、今の問題をできるだけ軽減するために見やすい環境を外的に整備することも支援の一つです。以下の項目について個々の見え方に応じた対策を検討しましょう。

・机と椅子の高さ
　椅子は足が宙に浮かず楽に地につくような高さが望ましい

写真5-5-1　リーディングスリット

写真5-5-2　配慮されたノート、サインペン、定規

　椅子の高さが決まったら、適正な姿勢が保てるような高さの机を用意する
・座席の配慮
・照明、採光、まぶしさ（教室全体の明るさ、机の上、黒板、ホワイトボード面など）
・教材の配慮
　文字サイズ・フォント、白黒反転、コントラスト、背景の単純化、色フィルターの使用
・補助具の使用
　リーディングスリット（写真5-5-1）、白黒反転定規（写真5-5-2）、分度器、罫線の太い／行間の広いノート、サインペン（写真5-5-2）、色マーカーなど

　視覚は、最初に説明したように（図5-5-1）、入力系に始まり視覚情報処理系（視覚認知、視知覚といった働き）にバトンタッチされ、見たものを認識し、最後に見たものに対して反応する出力系（読む、書く、目と手の協応など）の働きにつながります。現在、この情報処理系の評価（視知覚検査等）は主に臨床発達心理士などが行っていますので、眼科の視機能評価とこの評価を合わせて子どもたちの視覚支援につなげていくことが望まれます。
　視覚は目の働きだけでは発達していきません。脳の一部として働いているので、触覚、聴覚など五感の他にさらに重要な身体を感じる感覚（固有覚、体性覚、前庭覚など）と相互に作用しながら「ものを見る力」が養われます。子どもは動きながらいろいろなことを学んでいます。目、目と手、目と身体、目と手と身体とそれぞれを使ったさまざまな視経験が子どもたちの「見る力」の強

化につながります。

(守田好江)

[文献]

Borsting, E.J., Rouse, M.W., Mitchell, G.L. et al.: Validity and reliability of the revised convergence insufficiency symptom survey in children aged 9 to 18 years. *Optom Vis Sci* 80: 832-838, 2003.(関連ウェブサイト http://citt-art.com)

Grisham, D., Powers, M., Riles, P.: Visual skills of poor readers in high school. *Optometry* 78: 542-549, 2007.

Maples, W.C., Ficklin, T.W.: A preliminary study of the oculomotor skills of learning disabled, gifted and normal children. *J Optom Vis Dev* 20: 9-14, 1989.

三浦朋子、阪上由子、奥村智人他「発達障害児における視機能低下─小児科発達外来での出現頻度」『小児の精神と神経』49巻、141-147頁、2009年

大嶋有貴子、濱田恒一、神田真和他「読み困難を持つ児童を意識した眼科検診の取り組み」『眼科臨床紀要』5巻、266-270頁、2012年

大嶋有貴子、濱田恒一、庄司ふゆき他「読み困難を持つ児童を意識した学校健診の取り組み(第2報)」『眼科臨床紀要』6巻、223-228頁、2013年

大嶋有貴子、神田真和、濱田恒一他「パソコンを利用した視機能訓練の試み」『眼科臨床紀要』4巻、463-467頁、2011年

玉井浩監修、奥村智人、若宮英司編著『学習につまずく子どもの見る力─視力がよいのに見る力が弱い原因とその支援』明治図書出版、2010年

Palomo-Alvarez, C., Puell, M.C.: Accommodative function in school children with reading difficulties. *Graefes Arch Clin Exp Ophthalmol* 246: 1769-1774, 2008.

Powers, M.K., Morita, Y.: Prevalence of symptomatic non-strabismic binocualr problems in US and Japan schools. Advances in Strabismus: Proceedings of the Twelfth Meeting of the International Strabismological Association in Kyoto, Japan. (In press, 2016)

Powers, M.K., Morita, Y. et al.: Symptomatic reading-related vision problems and their relation to visual acuity. Presentation at College of Optometrist in Visual Development, Las Vegas, USA, 2015.

佐島毅『知的障害幼児の視機能評価に関する研究─屈折状態の評価と早期発見・早期支援』風間書房、2009年

Woodhouse, J.M., Pakeman, V.H., Saunders, K.J. et al.: Visual acuity and accommodation in infants and young children with Down's syndrome. *J Intellect Disabil Res* 40: 49-55, 1996.

RAVE-Oプログラム

　RAVE-O（レイヴ・オー）プログラム（米国Voyager Sopris Learning社）は、米国ボストンにあるタフツ大学読字・言語研究センター長メアリアン・ウルフ教授が開発した、ディスレクシアの子ども向けの指導プログラムです。RAVE-O Intervention ProgramはReading through Automaticity, Vocabulary, Engagement, and Orthographyの略称で、直訳すると、自動性（自動的・流暢に読む）、語彙、約束事（文法など読み書きに必要な決まり）、正字法（ことばを文字で正しく記述する際のルール）を通した読むための指導プログラムというような意味です。

　ウルフ博士は、神経学では有名なノーマン・ゲシュヴィント博士のお弟子さんで、ディスレクシア研究で著名な神経心理学者です。2007年横浜で開催された日本LD学会でも講演をされました。2008年日本語に翻訳された『プルーストとイカ』は一般の人たちにも読まれ、週刊誌にも書評が出ました。文字は人間がつくった情報手段です。それを処理するために、脳のさまざまな場所を使って、文字から意味を把握しています。その処理が高速になり、読みながら考えを膨らませるほどになれば、当然、脳自体も適応して変わってきたのかもしれません。言語文化によって、脳内での処理も異なっているのでしょう。

　RAVE-Oプログラムは、文字を処理するのに必要なすべての脳の部位を刺激するようにできているそうです。従来の指導プログラムでは、文字を処理するいくつかの脳の部位しか刺激されていない、とウルフ博士は述べています。神経心理学的に理に適った方法なのかもしれません。プログラムは、きわめてシステマティックにできています。子どもの記憶に残りやすい派手なキャラクターを用いたり、また、指導する側は、誰でも指導できるようセッションごとに使う単語ややり方が細かく決まっています。使用されている単語は、米国の子どもには馴染みやすくても、日本人には聞いたことがないような単語だったりするので、そのまま日本で使うには無理があります。音韻操作に困難さがある日本のディスレクシアの中学生で、アルファベットの指導に1年、フォニックスによる指導に1年かけ、そのうえでRAVE-Oによって単文の読みを習得し、他の文にも搬化（応用）して読めるようになった事例がありました。英語だけでなく、日本語でこのようなシステマティックな指導法が開発できないか、検討しています。

（加藤醇子）

第6章
発達の特徴を知るための心理検査
(1) WISC-IV 知能検査

心理検査とは
──なぜつらいの？（理由）と、どうしたらよいか？（支援）を考えるために

　心理検査は、医療・福祉・教育等のさまざまな領域において、主に心理の専門職もしくは専門的な訓練を受けた立場の者が、多くは「相談」または「支援」の場で行うものです。心理検査とは、相談者の訴えの背景にある特性（得意なことや苦手なこと、いわゆる発達の遅れや偏り）を見つけるためのものです（心理検査には「生まれ持った考える力を主にみる検査」と「生まれ持ったものと環境との関係で培われた人格や心の状態を主にみる検査」の２つに大きく分かれますが、本書ではディスレクシアに直接関係する前者について述べます。ただし、WISC-IVもKABC-IIも読み書きを直接検査するものではないことを知っておいてください）。

　相談開始時の主な訴えはさまざまですが、まず相談員はお話を伺います。例えば「学校に行きたくない」という訴えについて詳しく伺ううち、「実は友達とうまくいかない」「勉強もよくわからない」という状況がみえてくるとします。でも、なぜ友達とうまくいかないのか、勉強がわからないのか、つまり「なぜ」なのか、その理由は推測することしかできません。

　そこで、その「理由」を探すために、心理検査を実施します。その結果を、

家庭や学校での様子、生育歴（乳幼児期から現在までの発達の様子）などの情報、心理検査時の行動観察等の情報と総じて考えます。そうすることで、相談者にディスレクシアなどのLDやアスペルガー症候群（またはASD）、ADHD等の発達障害の特性があるか否か、あるとすればどれほどの重さか、この先医師や他の専門家の支援も必要か、今すぐできる支援は何か、といった最初の見立てを行うことができます。

　例えば先ほどの例で、特性がわかると、「アスペルガーの特性ゆえ他者の気持ちがわかりにくく、思ったことを何でも言うためトラブルが多く、友達の輪に入れなくなっていた」とか、「字の読み書きが大変だから、宿題が進まない、板書を写せない、だから勉強がわからなくなった」など、より具体的に理由がわかり、「担任が理解して受容し、トラブル時は仲介する、通級指導教室でグループSSTを受ける」「席を前方にして授業中は声がけする、通級指導教室で個別指導を受ける」など、対応も考えられます。心理検査はこうして、相談者が「つらい」理由を見つけ、具体的な支援につなげるためのものなのです。

WISC-IV 知能検査とは──世界で最も使われている知能検査

　WISC-IVは、1949年に米国のウェクスラー（Wechsler, D.）によってつくられた児童用知能検査WISC（Wechsler Intelligence Scale for Children）の改訂第4版です。適用年齢は5歳0ヵ月〜16歳11ヵ月まで、同シリーズの幼児用検査WPPSI（Wechsler Preschool and Primary Scale of Intelligence）、成人用検査WAIS-III（Wechsler Adult Intelligence Scale）も含めれば幼児（3歳10ヵ月）から老人（89歳）までの能力を測ることができます。また、WISC-IVは知能を「多種の知的能力の総体」ととらえ、知能指数だけでなく、多種の知的能力の強弱である「個人内差（ある人の中の強い力と弱い力の差）」を測定できるため、世界で最も多く使われている知能検査といわれています。

　心理検査には、知能検査以外に認知能力検査や発達検査などがあります。認知能力検査は、ある力を重点的に詳しく測ることを目的とし、発達検査は運動発達面などの項目もあり、発達全体を見渡すことを目的としています。結果、測れるものが限られたり、幅広くみられる代わりに各能力の詳細はみえにくかったり、ということがあります。善い悪いでなく、その検査の強みと限界とい

えます。

　知能検査は、「一般知能（g）」（考える力のおおもとになる力）があると考え、その力をできるだけ正確に測るために、知的な力を測るための検査をバランスよく採用してつくります。細心の注意と熟考を重ね、その時代の最先端の知能研究を反映してつくるのです。こうしてバランスと効率を重視してつくられているがゆえに、相談の最初に行う検査は知能検査であり、ここで落ちている分野が見つかれば、さらに詳しく調べる認知検査や言語検査などを行う、という流れになります。

WISC-IV知能検査の構成と基本的な読み取り方

WISC-IVの構成（図6-1-1）

　WISC-IVは、「下位検査」と呼ばれる、各10分前後で実施できるような検査が、15検査（必須の基本検査10検査と、必要に応じて実施する補助検査5検査から成る）集まってできています。例えば「**言語理解指標（VCI）**」は、「**類似**」「**単語**」「**理解**」の3つの基本検査と、「**知識**」「**語の推理**」の2つの補助検

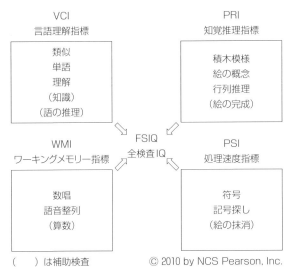

図6-1-1　WISC-IVの構成
（『日本版WISC-IV知能検査　実施・採点マニュアル』p.4、図1.1を日本文化科学社より許可を得て改変転載）

査から成り立っています。他の３つの指標も同様に、それぞれ３〜５個の下位検査から成り立っています。そして全検査IQ（FSIQ）はその４つの指標が集まってできています。

各指標の主な内容を以下に挙げます。

言語理解（VCI）：ことばを理解する力、ことばの知識、ことばによって考えたり推理したりする力

知覚推理（PRI）：目で見たものの形や位置を理解する力、形や位置を覚える力、いくつかの図形や物の関係や法則を見つける（考える）力

ワーキングメモリー（WMI）：聞いた情報を記憶に一時的にとどめて操作する力（聴覚的ワーキングメモリー）、注意力・集中力

処理速度（PSI）：目で見た情報を記憶に一時的にとどめる力（視覚性短期記憶）、目で見た情報を速く正確に処理する力、注意力・集中力、図や字を書く技能（器用さ）

基本的な読み取り方——全般的な知的水準をみる

WISC-IVの結果は、表6-1-1と図6-1-2をセットにした形で保護者に示されることが一般的です。

さて、この結果を読み取る時、最初にみるべき数字は「全検査IQ（FSIQ）」の合成得点です。表6-1-1では「全検査IQ（FSIQ）」は「合成得点90」とあります。これは、「実施した検査すべてから得られたIQ（知能指数）が90である」ということ、つまり、「全般的知的水準はIQ90である」ということを表していますが、より正確には「信頼区間（90％）85-96」をみます。これは、「90％の確率で、この検査を受けた人の知能指数は85〜96の範囲にある」という意味です。**この範囲で示された数値が、表6-1-1の事例の全般的な知的水準を表す数値になります。**合成得点すべてを、点である数字だけでなく、より正確に信頼区間（範囲）でみていこうという姿勢はWISC-IVでより重視され、図6-1-2にあるように、点だけでなく上下に範囲が示されるようになりました。同じ人が同じ検査を複数回受けても、まったく同じ数字が出ることはまれです。ですから、得点の数点レベルの上下は誤差の範囲ということと理解し、そこに惑わされず正しく実力を判断していこうという考えが背景にあります。

表6-1-1の「全検査IQ（FSIQ）」の「記述分類」に「平均の下〜平均」とあ

表6-1-1　5つの合成得点の表示例

	合成得点	パーセンタイル	信頼区間(90%)	記述分類
全検査IQ（FSIQ）	90	25	85-96	平均の下〜平均
言語理解（VCI）	91	27	85-99	平均の下〜平均
知覚推理（PRI）	100	50	93-107	平均
ワーキングメモリー（WMI）	79	8	74-88	低い〜平均の下
処理速度（PSI）	96	39	89-104	平均の下〜平均

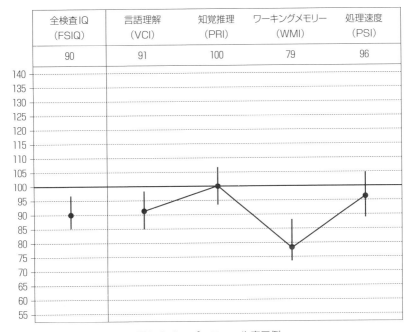

図6-1-2　プロフィール表示例

ります。「信頼区間（90%）85-96」は、同じ年齢の子どもたちの中で、平均の下〜平均の範囲にあるといえるという意味です。「記述分類」とは、ある合成得点が、同じ年齢の子どもたちの中でどれくらいの水準（レベル）なのか、ことばで表したものです。この「記述分類」と「理論上の割合」を表した図6-1-3をみれば、85が「平均の下」であり、90が「平均」であることがわかります。また、「平均」の範囲には同じ年齢の50%の人が入ること、「平均の下」「平均」「平均の上」を合わせると80%強の人が入ることがわかり、そこから外

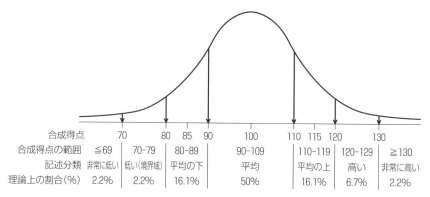

図6-1-3 合成得点の人数分布、および記述分類
（特別支援教育士資格認定協会編、2012、p.130、図8-2-2）

れるということがいかにまれであるかが、視覚的によくわかると思います。まれ＝通常の教育ではついていくことが難しい、ということです。この大変さを肌で感じるように理解しておくことが、結果を読み取るうえでとても重要なことです。

　表6-1-1の事例の場合、**全般的な知的水準はおおむね平均の範囲にある**ということで、「**全般的な知的遅れはない**」と判断します。

基本的な読み取り方──各指標の水準と発達の偏りをみる

　第二の段階として、4つの各指標の信頼区間と記述分類をみます。その4つの指標の間に統計上有意に（意味のある）差があれば、指標上での発達の偏りがみられると考えます。

　例えば表6-1-1の事例では、4つの指標を比べると、「**ワーキングメモリー（WMI）指標**」が他の3つの指標より統計上有意（15％水準）に低い、と検査者の資料には出ます（表6-1-1、図6-1-2には出ていません）。「統計上15％水準で有意に差がある」というのは、「2つの得点の間に差がない確率が15％」という意味で、「それくらいまれなことなので、その差は誤差の範囲でなく意味のある差と考えてよい」ということです。この結果、表6-1-1の事例では、「**ワーキングメモリー指標**」が他の3指標より低く、また**平均の範囲よりも低い**（信頼区間（90％）「74-88」と記述分類「低い～平均の下」より）と考えられます。そして、他の3指標に表される力は、年齢相応であるといえます。

補足ですが、他の情報（学校や家庭の様子、検査時の行動観察など）からは発達の偏りが推察されても、このような指標上での偏りが見受けられないこともあります。その場合は、さらに細かく下位検査の得点のばらつき（同じ指標内での下位検査間の得点差）や答えた内容の質までみていき、検査者（専門家）が慎重に判断します。

　保護者（非専門家）への結果報告書には、表6-1-1と図6-1-2の内容のみ示されることが一般的ですが、実際には、検査者は「下位検査ごとの得点」も算出しています。各指標に３〜５つの下位検査が属しており、例えば表6-1-1の事例でいえば、「**言語理解指標（VCI）合成得点90**」は「**類似、評価点８**」「**単語、評価点９**」「**理解、評価点９**」という下位検査３つの数字から得られています。検査者は、指標の数字だけでなく、この下位検査のばらつきの内容も含めて分析しています。指標間差がない場合だけでなく、指標に示される能力の詳しい理解のために、下位検査の内容は利用されているのです。検査者からの結果報告時、下位検査から得られる情報についても必要に応じて口頭で説明がありますので、メモ等されることをお勧めします（検査者は具体的な検査内容についてふれることはできませんが、下位検査の内容からわかる「能力」について伝えることは可能です）。

基本的な読み取り方のまとめ

　表6-1-1の事例は、「知的な遅れはない」けれども「発達の偏りが推察」され、その内容としては、「言語理解」「知覚推理」「処理速度」がおおむね年齢相応で（問題はない力）、「ワーキングメモリー」がおおむね平均より低く、落ちている（弱い力）といえます。

　知的な遅れがなくとも、発達の偏りがある（得意なことと苦手なことに差があること。特性があるともいいます）はさまざまな困難さの要因となります。ディスレクシアは、全般的な知的発達の遅れがなく、偏りが課題となるLDの一種です。

タイプ別プロフィール──読み書きの困難を示す人の典型的なプロフィール

　(1)日常会話に大きな問題がないにもかかわらず、読み書きに就学時または低学年時より困難が目立つためWISC-IVを実施し、(2)FSIQの遅れはなかっ

た、(3)しかし4つの指標の数値に統計上の差がみられた、と(1)(2)(3)の条件がそろったとします。いよいよ4つの指標の高さ・低さから、得意な分野と苦手な分野とを見つけ、ディスレクシアの疑いがあるか否か、あるとしたらだいたいどんなタイプなのか、検討する段階になります。

　ここでは、読み書きの困難を示す人にみられやすいプロフィール（4つの指標の数値を線で結んで描いたものを「プロフィール」といいます）をいくつか紹介します。このようにわかりやすく示すことの問題は、このパターンにあてはまらない人が見落とされることです。(1)(2)までがそろえばまずは疑い、(3)の偏りはあいまいでも、他の情報からディスレクシアの疑いが否定できなければ、言語の専門家へつなげることをお勧めします。精査の結果、違うことは問題ではなく、見落としてしまうことが問題なのです。

「知覚推理指標（PRI）」が落ちるタイプ （図6-1-4）

　「知覚推理指標（PRI）」が低い場合、中でも、下位検査の「**積木模様**」（「**絵の完成**」も伴う場合があります）が低い場合は、「目で見てものの形を正確に理解する力」や「形を覚える力」が落ちている可能性があります。線の向きや方向、細部の形の違いの区別がしづらいので、低学年次より漢字

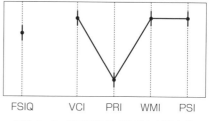

図6-1-4　「知覚推理（PRI）」が落ちるプロフィール例

学習に苦労があり、多くは幼児期からひらがなや数字のワークに困難さがみられます。例えば、なぞり練習をした直後でも見本と同じ字を書くことが難しい、練習しても字の形をすぐに忘れる、といったことが起きます。

　おおむねの対応としては、ことばを使って形の理解や記憶を補う方法です。字の線の方向や形を唱え歌にして覚える、「男→男は田んぼで力を使い働く→男は田で力」と意味を伴わせる、などです。

　こうした、得意な力を使って苦手な部分を補う学習方法は、本来はより精密かつオーダーメイドな精査や指導をしながら指導者が生み出していきます。効果的ですが、専門知識が必要です。通級指導教室や専門機関の個別指導で受けることができます。

「ワーキングメモリー指標（WMI）」が落ちるタイプ（図6-1-5）

「ワーキングメモリー」というのは、わかりやすくたとえるなら、その人が考える作業をしている間、使う材料（情報）を乗せておく作業台のようなものです。その作業台が小さいほど一度に乗せておける情報は少なく、作業台の大きさよりも情報が多ければ乗せていた情報がぽろぽろと落ちてしま

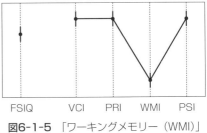

図6-1-5 「ワーキングメモリー（WMI）」が落ちるプロフィール例

います。「**ワーキングメモリー指標（WMI）**」が低いということは、注意集中の課題や認知的な課題から、この作業台が小さく、情報がこぼれてしまいやすいか、そもそも情報が作業台に乗りにくい、ということと考えられます。なかでも下位検査の「**数唱**」の「**逆唱**」と「**語音整列**」が低い場合はワーキングメモリーが低い可能性があります。字の「**読み書き**」の作業は、複雑で大量の情報処理を瞬時に行う作業です。作業台が小さければ、それだけ時間がかかったり、情報を落としてミスが増えたりします（WMIが低いと、忘れ物が多く、物の整理が苦手な子も多いです）。

対応としては、本人の作業台に一度にたくさん物が乗りすぎないように工夫することになります。静かで物がない環境で勉強する、指示は一つずつ出す、一つのことを終えてから次のことをする習慣をつけることは基本です。読み書きに関しては、まずは学習可能な範囲のものなら、効率的に練習して長期記憶（たとえるなら作業台を経て無事キャビネットにしまわれた記憶。一度ここに入れば簡単には消えにくいもので、ワーキングメモリーとは別種の記憶）へ定着させる、それが困難な題材は代わりのツール（読み上げソフトなど）を使う、漢字から意味だけ拾って読む、といったことも検討します。書く困難さへの補助ツールとしては、板書を写真に撮る、手書きでなくPCで字を入力する、などが代表的です。

「処理速度指標（PSI）」が落ちるタイプ（図6-1-6）

「**処理速度指標（PSI）**」は、単純な作業をどのくらい早く正確にできるかを表した指標で、先ほどの「ワーキングメモリー」は聴覚（聞く）の課題で、こちらは視覚（見る）バージョンです。また中でも「**符号**」は、「書く」作業を

行うので、「筆記技能（手先の器用さ）」が求められます。この指標のみ落ちている場合は、この「筆記技能（手先の器用さ）」に課題があることが多いです。または、視覚走査（目で対象物を円滑に追う力）の課題がある可能性や、「丁寧にかつ早く」という複数のタスクを同時に行う困難さがある

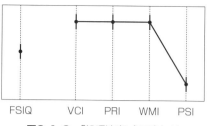

図6-1-6　「処理速度（PSI）」が落ちるプロフィール例

可能性もあります。いずれにしろ、感覚統合（体の五感の取り入れ、平衡感覚、力の入れ具合など、脳が体をコントロールする力）の課題が背景にあることが多いかもしれません。

　対応としては、体幹の力を養い、体のバランスをとる力を高めながら、日常生活で手先を使う経験（家事の手伝いや物をつくる遊び）を増やし、体と手先の動きを円滑にしていきます。そのうえで、十字リーダーつきの大きめのマスのノートや穴埋めのプリント教材を使うなどして、量を書くより、少なく正確に書く練習を積み上げます。WMIが落ちるタイプ同様、PCやデジタルカメラなど手書きの代替も検討します。また、複数のタスクを同時に行う困難さがあれば、集団行動に遅れがちで、急かされてもうまくできません。時間に余裕をもたせる、効率的なやり方を教えるなど、周囲の理解や支援が必要です。

「ワーキングメモリー指標（WMI）」「処理速度（PSI）」両方が落ちるタイプ
（図6-1-7）

　上記の併存です。「作業台が小さい」課題と、「手先の動き」の課題とが、併存していることになります。「読み」「書き」双方に、課題が出やすく、ディスレクシアに比較的多いタイプです。

　WISC-IVでは、「思考力」そのものは、「**言語理解指標（VCI）**」と「**知覚推理指標（PRI）**」の両指標により精度高く表されると考えられており、このタイプは、VCIとPRIは高いか平均

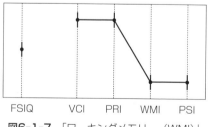

図6-1-7　「ワーキングメモリー（WMI）」「処理速度（PSI）」両方が落ちるプロフィール例

ですので、「思考力」は平均以上の力をもっています。しかし、「**全検査IQ（FSIQ）**」自体は、WMIとPSIの両指標の影響を受けて数値が落ちてしまいます。日常生活でも、その「思考力」の高さが「読み書き」の苦手さなどの影響から学業に反映されにくく、本人も、自分は勉強ができないので頭が悪いと思い込んでいることも多いです。

このような人の思考力を正確に把握していこうという考えが強まり、日本でもある基準をクリアすれば、VCIとPRIから「**GAI（一般的能力指標）**」、WMIとPSIから「**CPI（認知熟達度指標）**」という指標を算出できるようになりました。このタイプの人の思考力は、算出可能なら「**GAI**」により、できなくともVCI・PRIから妥当に把握し、本人はじめ保護者や学校にも理解してもらう必要があります。

ディスレクシアやその他のLDと間違えやすいパターンについて

特に大きな偏りがなく、FSIQが平均の範囲より低い（IQでいうと80台前半くらいか、それより低い）場合は、ディスレクシアをはじめとするLDというより、全般的に知的遅れがある、と考えるほうが妥当になります。特に中学校以降は、学年相応の学習の補習をするだけでなく、本人に合った「生きる力」としての学力（小学4年生までの学力）を中心に身につけていく方向性も大切です。

WISC-IVと読みの検査でディスレクシアの可能性を発見する努力を
―発見があり、支援がある

以上のように、WISC-IVの結果は、他の情報と合わせることで、相談者のもつ困難さの正体を見極め（例えば「アスペルガー（ASD）ではないか」「ディスレクシアではないか」またはいくつか併存する、などという可能性を示し）、次にどの分野の専門家につながり、どのような精査（詳しい検査）をすればよさそうか、おおむね当たりをつけることができます。例えばディスレクシアの可能性が高いなら、精査により、具体的にどんなつまずきがあるのか、どんな指導をすると改善するのか、というところを詳しく調べる段階に入ります。まずは読み書き自体のレベルの検査、そして視覚運動や認知面に課題がありそうなら視覚系の精査、音韻に課題がありそうなら音韻系の精査……といっ

たように。

　ここでディスレクシアの可能性の発見がなければ、しかるべき専門家（言語聴覚士、ことばの教室の先生）につながり、精査や支援を受けることにもつながりません。ディスレクシアであることがわからず何年か過ごし、ひとり勉強のつらさを抱え、周囲に努力不足と扱われ自信を失い、二次障害を抱える人も（思春期以降不登校やひきこもりになることも）少なくありません。このWISC-IV実施段階で、ディスレクシアがありそうか否か、他の特性も含めて発見することが重要です。

　相談開始時には、困難さに飲み込まれ混乱していた相談者が、道を見つけ、一歩踏みだす希望と勇気をもてるようお手伝いする――それがWISC-IVを使用する心理職の専門性だと考えます。

（中村（金岡）水帆子）

［文献］
アウレリオ・プリフィテラ、ドナルド・H・サクロフスキー、ローレンス・G・ワイス編（上野一彦監訳）『WISC-IVの臨床的利用と解釈』日本文化科学社、2012年
安住ゆう子編著『子どもの発達が気になるときに読む心理検査入門―特性にあわせた支援のために』合同出版、2014年
ドーン・P・フラナガン、ヴィンセント・C・アルフォンソ編（上野一彦、名越斉子監訳）『エッセンシャルズ新しいLDの判断』日本文化科学社、2013年
ドーン・P・フラナガン、アラン・S・カウフマン（上野一彦監訳）『エッセンシャルズWISC-IVによる心理アセスメント』日本文化科学社、2014年
日本版WISC-IV刊行委員会「日本版WISC-IV　テクニカルレポート」2011年～（www.nichibun.co.jp/kobetsu/technicalreport/）
　――上野一彦「＃1　日本版WISC-IVの改訂経緯と特徴」2011年
　――上野一彦「＃2　実施・報告の使用責任と所見の書き方」2011年
　――上野一彦「＃4　保護者など非専門家にWISC-IVの結果をどこまで報告できるか―換算アシスタントの出力レポートに関連して」
　――前川久男監修、日本文化科学社テスト編集部「＃6　WISC-IV換算アシスタント（Ver.1.0）の基本機能と利用方法」2013年
　――大六一志「＃11　GAI, CPIの概要と活用」2014年
　――松田修「＃12　WISC-IVの解釈と報告で使う心理統計用語」2015年
特別支援教育士資格認定協会編、上野一彦、宮本信也、柘植雅義責任編集『特別支援教育の理論と実践　第2版　Ⅰ　概論・アセスメント』金剛出版、2012年
上野一彦、松田修、小林玄、木下智子『日本版WISC-IVによる発達障害のアセスメント―代表的な指標パターンの解釈と事例紹介』日本文化科学社、2015年

Wechsler, D.（日本版WISC-IV刊行委員会訳編）『日本版WISC-IV知能検査　実施・採点マニュアル』日本文化科学社、2010年
Wechsler, D.（日本版WISC-IV刊行委員会訳編）『日本版WISC-IV知能検査　理論・解釈マニュアル』日本文化科学社、2010年
Wechsler, D.（日本版WISC-IV刊行委員会訳編）『日本版WISC-IV知能検査　補助マニュアル』日本文化科学社、2014年

第6章
発達の特徴を知るための心理検査
(2)日本版KABC-II

日本版KABC-IIとは

　日本版KABC-IIは、検査結果を指導に反映する目的で作成された心理検査です。その対象年齢は2歳6ヵ月～18歳11ヵ月と幅広い層に対応しています。検査の特徴として、以下の点が挙げられます。

認知処理様式を多面的にアセスメントする（継次・同時・計画・学習）
　ルリアの神経心理学の考え方に基づき、カウフマンは子どもの認知処理様式を「継次処理様式」「同時処理様式」という2つの種類から測定するK-ABCという心理教育アセスメントバッテリーを開発しました（Kaufman, 1983）。その後改訂されたKABC-IIでは、さらに課題を解決するための方略決定や課題遂行過程のフィードバックに関する能力を測る「計画尺度」、新たな学習を保持する能力を測る「学習尺度」を加えて、子どもの認知特性を多面的に測っています。

「認知総合尺度」と「習得総合尺度」を比較する
　日本版KABC-IIは、認知処理様式のアセスメントとしての「認知総合尺度」と、認知処理過程を通して学習した知識や技能の程度を示す「習得総合尺

度」の標準得点を比較することで、子どもが自分のもつ力を十分に活かして学習したことを習得しているかを測ることができます。また、認知検査は知能検査として、習得検査は学力検査として別々に活用することもできます。

「行動観察チェック表」を用いて子どもの特徴的なマイナス要因とプラス要因を知る（表6-2-1）

検査結果のみならず、検査中の子どもの様子を知ることで、さらに多くの支援の手立てを考えることができます。例えば計画尺度の「物語の完成」の評価点が同じ子どもでも、その誤り方に着目する必要があります。絵カードを並べる時に、ことばでは話の順を正しく表現しながらも衝動的にカードの操作を誤ったのか、考える様子もなくまったく違う順番で並べたのかでは、指導の中で配慮することが異なります。前者であれば、課題の途中で振り返る力を養う必要がありますし、後者であれば、課題の考え方や手順を事前に教える必要があります。そのように検査中の行動を丁寧にみていくことで、より確かな指導を行うことができます。

カウフマンモデルとCHCモデルの2つの理論モデルに基づく解釈（表6-2-2）

日本版KABC-Ⅱの「カウフマンモデル」は、先に述べたルリアの神経心理学的モデルに基づく「継次」「同時」「計画」「学習」からなる認知総合尺度と「語彙」「読み」「書き」「算数」からなる習得総合尺度によって子どもの認知と習得の力を測ることができます。

一方、同じ下位検査を心理測定学に基づいた「CHCモデル」でも測ることができます。CHC理論に基づくCHCモデルは、知能を3段階の能力の層からなるととらえています。まず、第3階層を一般能力（g）、その下の第2階層を10の広範的能力、第1階層はさらに細分化された約70の限定的能力に整理されています。その中の第2階層の広範的能力は「長期記憶と検索（Glr）」「短期記憶（Gsm）」「視覚処理（Gv）」「流動性推理（Gf）」「結晶性能力（Gc）」「読み書き（Grw）」「量的知識（Gq）」「聴覚処理（Ga）」「処理速度（Gs）」「判断・反応の時間または速さ（Gt）」ですが、KABC-Ⅱは「聴覚処理」「処理速度」「判断・反応の時間または速さ」を除く7つの能力を測定することができます。

表6-2-1　行動観察チェック表

		M1 語の学習	M2 顔さがし	M3 物語の完成	M4 数唱	M5 絵の統合	M6 語の学習遅延	M7 近道探し	M8 模様の構成	M9 語の配列	M10 パターン推理	M11 手の動作
マイナス要因	注意が持続できない											
	衝動的に誤った反応をしてしまう											
	固執性が強い											
	確信がもてない場面で反応をためらう											
	制限時間を気にする											
	その他の要因											
プラス要因	忍耐強く取り組む											
	いろいろと試してみる											
	集中力が高い											
	方略やアイディアなどを言語化する											
	その他の要因											

		A1 表現語彙	A2 数的推論	A3 なぞなぞ	A4 計算	A5 ことばの読み	A6 ことばの書き	A7 文の理解	A8 文の構成	A9 理解語彙
マイナス要因	注意が維持できない									
	衝動的に誤った反応をしてしまう									
	確信がもてない場面で反応をためらう									
	取り組みが非協力的である									
	頻繁に教示を繰り返すよう求める									
	教示の理解が難しい									
	失敗を予期している									
	左から右へ、または右から左へ行うことを何度も教示する必要がある									
	何度も答えを訂正する									
	その他の要因									
プラス要因	忍耐強く取り組む									
	注意深く反応する／正答か否かを確かめている									
	自信をもって課題に取り組む									
	集中力が高い									
	方略やアイディアを言語化する									
	その他の要因									

表6-2-2 カウフマンモデルとCHCモデル

	下位検査		カウフマンモデル		CHCモデル	
認知尺度	数唱	継次尺度	提示された聴覚情報や視覚情報を時間軸に沿って、順番に処理する能力		短期記憶(Gsm)	情報を取り入れ保持し数秒以内に使用する力
	語の配列					
	手の動作					
	顔さがし	同時尺度	提示される複数の視覚情報を空間的に統合して処理する能力。関連性を軸にして処理をする能力		視覚処理(Gv)	視覚的なパターンを知覚し、記憶し、操作し、そして考える力(「絵の統合」は除く)
	絵の統合					
	近道探し					
	模様の構成					
	物語の完成	計画尺度	提示された課題を解決するための方略決定や課題遂行過程のフィードバック能力		流動性推理(Gf)	演繹や帰納などの推理能力を使って新奇な課題を解く力
	パターン推理					
	語の学習	学習尺度	新たな情報を効率よく学習し、保持する能力		長期記憶と検索(Glr)	学習した情報を記憶し、効率よく検索する力
	語の学習遅延					
習得尺度	表現語彙	語彙尺度	現在獲得している語彙量や意味理解などについての習得度		結晶性能力(Gc)	その人の属する文化によって獲得された知識の幅や深さ
	なぞなぞ					
	理解語彙					
	ことばの読み	読み尺度	学習指導要領に基づく文字の読みや文章読解に関する習得度		読み書き(Grw)	ことばを読み、文を理解する力
	文の理解					
	ことばの書き	書き尺度	学習指導要領に基づく書字や作文に関する習得度			ことばを書き、文を構成する力
	文の構成					
	数的推論	算数尺度	学習指導要領に基づく計算スキルや文章問題の解決に関する習得度		量的知識(Gq)	計算し数学的に推論する力
	計算					

日本版KABC-Ⅱの構成

　認知尺度には4つの尺度「継次」「同時」「計画」「学習」があります。各尺度が測っているものは以下の通りです。
　継次尺度(下位検査：数唱、語の配列、手の動作)：部分から全体へまとめあげる過程で部分同士を時間的、系列的に処理する能力を測っています。それは、作業をする時にはじめから順序立てて緻密に処理する力です。車のカーナビでいうと、時間軸に沿って情報を提供する「音声ガイド」のようなものであ

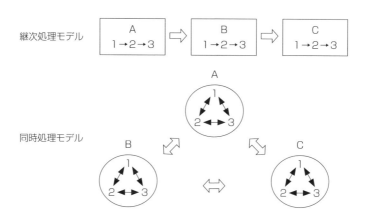

図6-2-1 継次処理モデルと同時処理モデル（熊谷他、2005）

り、年号を覚える時に最初の数字から順番に覚えていく力ともいえます（図6-2-1）。

　同時尺度（下位検査：顔さがし、絵の統合、近道探し、模様の構成）：全体の中の部分を意識し、空間的に統合して関連性をもたせて処理する能力を測ります。ある程度ポイントを押さえて物事をおおまかに処理する力です。視覚的に全体をみることができるカーナビの「地図情報」にたとえられ、ジグゾーパズルを組み合わせる時に発揮される力です（図6-2-1）。

　計画尺度（下位検査：物語の完成、パターン推理）：提示された課題を解決するための方略の決定や遂行、フィードバック能力を測ります。この力を促進するためには方略を言語化することが有効といわれています。

　学習尺度（下位検査：語の学習、語の学習遅延）：新たな情報を効率よく学習し保持する能力を測定しています。この力は認知処理過程と習得をつなぐものといえます。

　継次尺度と同時尺度で測る継次処理と同時処理の力は、通常はバランスよく発達していきます。また、それぞれの尺度で測ることができる力は独立しているのではなく、お互いに関連性をもっています。計画尺度で測ることができる力は、課題に対して継次処理と同時処理のどちらの力を適用するかに関与し、学習尺度は継次・同時・計画の３つの能力を活用してどれくらい課題を遂行できるかを測っています。このようにいろいろな力が統合されて子どもたちは学

習したことを習得していきます。しかし、発達障害のある子どもたちの中には認知能力にアンバランスさが表れることがあります。その認知処理過程のどこにつまずきがあるのか、支援に使うことができる強い力は何なのかを日本版KABC-Ⅱで知ることができます。

　もう一つの尺度である習得尺度には「語彙」「読み」「書き」「算数」があります。各尺度は以下のことを測っています。
　語彙尺度（下位検査：表現語彙、なぞなぞ、理解語彙）：現在獲得している語彙量や意味理解などについての習得度を測っています。
　読み尺度（下位検査：ことばの読み、文の理解）：学習指導要領に基づく文字の読みや文章読解に関する習得度を測っています。
　書き尺度（下位検査：ことばの書き、文の構成）：学習指導要領に基づく書字や作文に関する習得度を測っています。
　算数尺度（下位検査：数的推論、計算）：学習指導要領に基づく計算スキルや文章問題の解決に関する習得度を測っています。

　認知総合尺度の標準得点が高いのに、また、ことばを聞いて考えて答える「なぞなぞ」が年齢レベルにできるのに、「ことばの読み」や「ことばの書き」がかなり低い場合は、ディスレクシアの可能性を考え、音韻意識やデコーディングを別途調べることが大事です。

日本版KABC-Ⅱの結果から指導方法を考える

　はじめに認知総合尺度と習得総合尺度の標準得点を比較することで、子どもがもっている力を上手に使って学習がなされているかを知ります。次に、認知の力の中で継次処理能力が強いのか、同時処理能力が強いのかを知り、さらに計画尺度や学習尺度の標準得点の高低を考慮した学習法を提案します。指導のうえで一番大切なことは、積極的に強い認知処理様式を活用する「長所活用型の指導」を行うことです。
　子どもの認知処理様式に合わない指導は、指導の効果が上がらないばかりか、子どもの失敗体験を増やしてしまうことにもなりかねません。指導者はいつでも課題の難易度だけではなく子どもの得意な方略を活かした指導法を見つ

けることが大事です。

継次尺度と同時尺度に有意な差がある場合（表6-2-3）

　継次処理優位の子どもには「継次型指導方略」で指導します。この指導は段階的に順序性を重視した教え方であり「部分から全体へ」という方向性をもっています。手立てとしては聴覚的・言語的手がかりや時間的・分析的要因を考慮することが有効です（図6-2-2）。

　同時処理優位の子どもに有効な「同時型指導方略」では、全体を踏まえ「全体から部分へ」という方向性で、関連性を踏まえた教え方を基本とします。手立てとして視覚的・運動的手がかりを重視したり、空間的・統合的要因を考慮したりすることが大切です（図6-2-3）。

計画尺度が高い場合・低い場合

　計画尺度が高い場合はその力を活かした指導を考えます。どのように学習す

表6-2-3　子どもの認知特性を活かした指導例

	指導の方略	特殊音節を含む単語を読む	漢字を書く	読解
継次型指導方略	段階的な教え方	「し」と「しゃ」の音の違いを意識させる →「し」…「や」から「し」「や」⇒「しゃ」というように段階的に間を縮めて拗音の音と文字の構成を知る	「たて」「よこ」などの言葉や書き順を番号を使って意識させる →漢字の部分に着目させて「漢字の足し算」を作る（図6-2-2）	段落ごとに読み聞かせをしたり、読み上げソフトを使ったりして聴覚的情報から話の内容を理解する →時系列に沿ってわかったことをまとめる
	部分から全体へ			
	順序性の重視			
	聴覚的・言語的手がかりを使用			
	時間的・分析的な方法を基本に			
同時型指導方略	全体を踏まえた教え方	拗音を含む単語カードと絵カードをマッチングさせる →いろいろな単語から同じ拗音を探して「しゃ」をまとめて大きな○で表して読む練習をする	絵カードから漢字の意味を理解する →漢字の全体的特徴をとらえてから部分に分けたパズルにする（図6-2-3）	挿絵や写真などの視覚情報から話のおおまかなところをつかんだり、予想させたりする →事前に語句の意味を知ってから本文を読む
	全体から部分へ			
	関連性を重視			
	視覚的・運動的手がかりを使用			
	空間的・統合的な関係を基本に			

「『土』書いて『ノ』、『チョン』『ななめかぎ』で考える」のようにことばにして覚える

図6-2-2　継次処理優位の子どもの漢字指導例

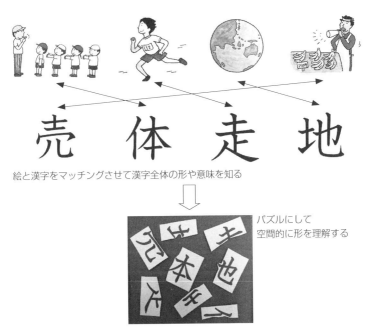

図6-2-3　同時処理優位の子どもの漢字指導例

るのか、言語化したり操作したりする過程を意識させることが大事です。この時、検査の中でどのような方略を使っていたのかを記入した「行動観察チェック表」（表6-2-1）が役に立ちます。言語化しながら記憶するのか、指を動かし空に書くようにして記憶するのかをチェックして、それを指導の中で活かすことができます。しかし、計画尺度が高い子どもでも、学習や生活の中では誤った方略に固執することや、必要に応じて振り返りができずに行き当たりばったりになることがあります。その場合には「課題をどのようにして行ったか」

「課題を始める前にどんな計画を立てたか」「別のやり方はないか」「どんなやり方が効果的だったか」を振り返りながら学習を進めることで課題解決の方略を意識化させます。

一方、計画尺度が低い場合には「自分で考えてごらん」と投げかけるよりも、具体的に方略や考え方を示して学習を進めることが有効です。

学習尺度が高い場合・低い場合

学習尺度が高い場合には「ことば」と「絵」を関連づけて提示する対連合学習や視覚・聴覚・触覚などいろいろな感覚を組み合わせて使った学習（多感覚法）が有効です。

学習尺度が低い場合には、学習したことを記憶したり検索したりすることが苦手であると考えられるので、早い段階で学習したことを再生し記憶を強化する必要があります。記憶の方略として、継次処理優位の子どもはことばで繰り返して覚える方法、同時処理優位の子どもは学習したこと同士を関連づけて記憶する方法があります。子どもそれぞれの得意な方略で記憶しやすい方法を見つけることが大事です。

その他

検査時の様子（行動観察チェック表〔表6-2-1〕）から、マイナス要因に対しては指導の際に配慮すべきことを、プラス要因からは積極的に活用すべき点を知り、それに対応した指導を組み立てます。また、日本版KABC-IIは「カウフマンモデル」で解釈して指導方略を見出すことができると同時に、「CHCモデル」から子どもの実態を把握することができます。現在、WISC-IVを含め多くの心理検査がCHC理論から解釈できるので、日本版KABC-IIの「CHCモデル」の解釈と他の検査とテストバッテリーを組むことで、さらに深く解釈することができます。

（山内まどか）

［文献］
Kaufman, A.S., L. Kaufman, N.L.（日本版KABC-II製作委員会訳編）『日本版KABC-II』丸善出版、2013年
Kaufman, A.S.他（藤田和弘、石隈利紀、服部環、青山真二、熊谷恵子、小野純平監修）『エ

ッセンシャルズ―KABC-Ⅱによる心理アセスメントの要点』丸善出版、2014年
藤田和弘、青山真二、熊谷恵子編著『長所活用型指導で子どもが変わる　認知処理様式を生かす国語・算数・作業学習の指導方略』図書文化社、1998年
藤田和弘、熊谷恵子、柘植雅義、三浦光哉、星井純子『長所活用型指導で子どもが変わる Part3　認知処理様式を生かす各教科・ソーシャルスキルの指導』図書文化社、2008年
海津亜希子『個別の指導計画作成ハンドブック―LD等、学習のつまずきへのハイクオリティーな支援』日本文化科学社、2007年
熊谷恵子、青山真二編著『長所活用型指導で子どもが変わる Part2　国語・算数・遊び・日常生活のつまずきの指導』図書文化社、2000年
熊谷恵子、高畑芳美、小林玄編著『長所活用型指導で子どもが変わる Part4　認知処理様式を生かす遊び・生活・行事の支援』図書文化社、2005年
熊谷恵子「子どもの学習を支えるアセスメント―長所活用型指導の実際」『発達』131号、28-33頁、2012年
山田充『意味からおぼえる漢字イラストカード２年生　上』かもがわ出版、2008年

故リ・クアンユウ元シンガポール首相とシンガポールの取り組み

　シンガポールは東京23区ほどの大きさの国で、1891〜1941年英国の植民地となり、英国の文化的影響を今も色濃く残しています。その後、残念ながら、日本軍に占領され、非常な苦難を味わったそうです。1963年にマレーシアの一州として英国から独立し、さらに1965年マレーシアからも分離独立し、リ・クアンユウ氏（1923-2015）が首相となりました。国内には、英国の文化、中国、インド、マレーシア、中東などの文化地域があり、モザイクのようです。しかし、国家として政治的にも安定し、経済的にも発展していることは皆さんもご存知の通りです。公用語は、英語、中国語、マレー語、タミル語が認定されていますが、学校では英語が使われています。「唾を吐く」「ガムを噛む」「ハトに餌をやる」ことが禁止されており、入国の時、慌ててガムを隠した記憶があります。この罰則を決めたことで、リ・クアンユウ元首相はイグ・ノーベル賞（人を笑わせ考えさせる賞）を受賞したそうです。彼は、1996年自身のディスレクシアをカミングアウトし、NPOによるディスレクシア支援活動に私財を投じました。

　ちょうどその3年前、1993年にシンガポールディスレクシア協会（DAS：Dyslexia Association of Singapore http://www.das.org.sg）が非営利団体として、Helping Dyslexic People Achieveを使命として活動を開始し、12名の子どもに先生1名で治療教育を行っていました。今は2300名以上の生徒が10ヵ所以上のセンターに通い、180名のスタッフがいます。各センターは、学校の敷地の中にあったり、ショッピングセンターの最上階に政府の支援で場所を提供されていたりします。むろん、心理士、言語聴覚士、作業療法士、教師などの専門職が働き、評価や指導を行い、英語だけでなく中国語やマレーシア語の指導もしています。

　このような多言語の国家や、インドネシアなど数千の島々からなり、島によって異なる言語を使用する地域では、評価の基準となる心理検査や読み書きの言語評価などの標準化（統計的基準の作成）という作業はきわめて困難です。ディスレクシアの判断が難しい場合もあるのではないかと想定されます。　　（加藤醇子）

第7章
読み書きに難しさがある子どもの事例と指導の実際
(1)小学校低学年

　ここでは、小学校低学年のディスレクシアの子どもの事例をもとに、読みの困難さの様子とその子への指導について紹介します。
　Fさんとは、小学1年生の3学期（年齢7歳）に初めて会いました。サッカーの好きな元気な男の子です。
　これまでの発達の様子をみると、妊娠中に特別な問題はなく、妊娠40週で、体重3150gで誕生しました。出生時にも特に問題はありませんでした。その後も発達は順調でした。定頸（首のすわり）3ヵ月、始歩1歳0ヵ月、始語1歳0ヵ月、2語文1歳10ヵ月で、運動の発達や言語の発達にも大きな問題はありませんでした。
　4歳の時に、保育園で先生が「給食が終わったら、みんなで着替え袋をもってホールに行ってね」のように集団内でいくつかの内容がある指示を出すと、一度ではよく理解できなくて、個別の声がけが必要なことが多いこと、よくお話しはするけれど、時々なかなかことばが出てこないため、「うんとさ、うんとさ、こんなにでかくてさ、角があってさ、灰色しててさ（動物のサイのこと）」のようなジェスチャー交じりの説明的な表現が、他の子どもより目立つことなどを指摘され、専門機関での相談を勧められました。
　地域の相談センターで検査を受けましたが、知的な問題はありませんでした。保育園では、○○レンジャー遊びなど身体を動かす遊びに夢中になり、絵本を読む姿はほとんどみられませんでした。本の読み聞かせは、好んで聞きま

したが、「この字、何て読むの？」とか「この字、ここにもあるね」など、就学前の子どもによくみられる文字への関心はまったく示しませんでした。家庭でも、特に文字指導はせず、「男の子は、外で元気に遊んでいればいい。学校に入って、勉強する環境に入ったら、大丈夫、ちゃんとやれるだろう」と何も心配していませんでした。

　その元気なＦさんが、小学校に入学して半年過ぎた冬休み前の担任との面談でのことです。母親は、担任の先生より、Ｆさんの文字の学習が心配であると告げられました。文字を見てもすぐに読めない、単語を見ると１文字ずつたどたどしく読んで、単語としてのまとまりがつかめないように思う、というのです。音読の宿題は毎日出ていました。夕食をつくりながら聞いていると、それなりにすらすらと読めていましたので、母はひどく驚いて、「本当かしら？」と思いました。帰宅してすぐに、絵本をＦさんに読ませてみたところ、今まで聞いていた教科書の音読は何だったのかしらと思うほど、たどたどしい読み方でした。その読み方を見ていて、母は、そういえば、算数のテストの文章題でとんでもない答えを出していることが多いことも気になり出しました。母は、文章題の誤りが多いことには気がついていたのですが、家で母が問題を読み上げて考えさせようとすると、Ｆさんはすぐに正解を言えました。算数の計算は得意でしたので、ケアレスミスだと思っていたそうです。しかし、このことも、文章題を読むことが難しくて、問題文をほとんど読まずに、出てくる数字を適当に組み合わせて答えを書いていたとしたら、納得できることでした。母がＦさんに本や教科書を読んで聞かせて内容について質問すると、口頭でなら的確に答えられ、理解できていることがわかりました。

　３学期に、担任の先生から紹介された相談機関で知能検査（WISC-IV）を受けました。その結果、知的には平均レベル（FSIQ100）でした。小学１年生の３学期でのＦさんの読み書きの力は、ひらがなは自分の名前に含まれる文字かどうかはわかっていましたが、個々の文字は読めず、文字を名前の正しい配列に並べることもできませんでした。

　言語聴覚士が、Ｆさんのことばの音の粒の意識（音韻意識）を調べました。絵カードを見て名称を言うことは難なくできました。１音ずつ手を叩きながら言ったり、並べられたタイルを一つずつ指さしながら言ったりすることもできました。しかし、「『うし』を逆さまから言うと？」とか「『あたま』から『た』を取ると？」などの単語逆唱課題やモーラ削除課題は、タイルを使って

何度説明しても理解できませんでした。音韻意識は5歳レベルに達していないと判断されました。数字と絵などがたくさん並んだものを読み上げたり、名称を次々に言ったりする課題（RAN）を行ったところ、反応時間が小学1年生の平均の2倍以上もかかりました。一方、単語の理解の力は年齢相当でした。複数の数字を聞いて復唱する課題（WISC-IVの「数唱」）の成績は8（平均は10）で、耳で聞いたことを記憶する力には弱さが認められました。Fさんは、小学2年生の時、かけ算九九の暗記でとても苦労しました。

　形をとらえることに関しては、WISC-IVの「積木模様」の結果をみると、標準的な結果でした。また、丸やひし形、ユニオンジャックなどの図形の模写もできていました。

　以上のことから、Fさんは音韻の問題が原因のディスレクシア、それも重いディスレクシアと診断されました。

指導開始にあたって

　Fさんに限らず、どの子どもの指導を始めるにあたっても、その子についていろいろな角度から情報を集めて、全体像をとらえたうえで、指導の方針や方法を考えることが大切です。子どもの全体像というのは、学年、WISC-III・IVのような知的能力をみる検査結果から得られる全般的な知的な力をはじめ、能力に偏りがあるか（高い能力と低い能力の差が大きいかどうか）、強い能力は何か、読みの他に弱い能力は何か、読みの問題の重さの程度、読み以外の言語の力（例えば、語彙力、言語理解力、聴覚的な記憶力、新しいことばを学習する能力、言語で表現する力など）はどのくらいか、どんなことに興味・関心をもっているのか、将来の進路についてどんな希望があるのか、子ども自身は自分の読みの問題をどう考えているのか、などからとらえられます。

　また、家族や子どもを取り巻く環境についての情報も重要です。子どもの読みの問題を家族はどうとらえて、どう接しているのか、学級担任は読みの問題をどの程度把握し、理解しているのか、子どもとクラスメートとの関係はどうか、学校ではどのような支援が受けられるのか（担任や学習支援員による個別対応が可能か、通級指導教室での指導を受けられるかなど）、授業中の子どもの様子などの情報も貴重です。子どもが使っている教科書に目を通して、学習内容やどの程度の読みの力が必要とされているか（例えば、どの学年でどの漢

字を学習することになっているか、どのような語彙が使用されているか、1頁の文章の量、活字の大きさなど）などを知っておくことも大切です。子どもの興味・関心や将来の希望がわかれば、教材の題材選択に活かして、学習へのモチベーションを高めることができます。

　子どもは、ほとんどの場合、読みの困難さを自覚し、クラスメートと比較して、自分の読みが劣ることを知っています。自分の読めない姿をさらしたくないという思いをもっています。そうした思いを、子どもみずから語ることはあまりありません。子どもの思いを推測し、それに寄り添って、少しずつでも向上していることが実感できるように配慮して、子どもの自己有能感を支えることを考えます。読みの指導は、多くの場合、長期間にわたります。学業以外の子どもの得意なことなど、情報を家庭・学校と共有しながら、子どもの自尊感情を大切にして、関わりを続けます。

低学年の読み指導の目的

　ディスレクシアの指導の目標は、個々の子どもの状況によって異なりますが、Fさんのような低学年では、デコーディングの改善に焦点を当てることが多いと思います。たどたどしい逐字読みでは、読んだものが意味に結びつきにくいので、流暢に正確に読めるようにすることを目指します。

　高学年では、どの科目でも、読み書きの分量が増え、より高度な力を求められます。例えば、社会や理科での新聞づくりが、どの学校でもさかんに行われていますが、そのためには、教科書以外の資料を読んでまとめることが必要です。ディスレクシアの子どもは、正確に読むことはできるようになりますが、読むスピードの向上は緩やかで、他の子どもとのスピードの差が、高学年になるほど大きくなりがちです。ですから、高学年では、デコーディングのスピードの改善を目指すよりも、代替手段を活用して、情報入手を確実にすることに比重が置かれることが増えます。タブレットや読み上げソフトをはじめとするさまざまなICT活用の習得などです。

ひらがな単文字の読みの指導

　ディスレクシアの子どもへの読みの指導といっても、読みの困難さの程度に

よって指導介入のレベルや方法は異なります。Fさんのように、低学年で読みの困難さが重く、ひらがな単文字の学習でつまずく場合は、単文字の学習から始めます。読み障害が軽く、高学年になって漢字の学習のつまずきで気づかれるような場合は、漢字の熟語と文章の読みから指導を開始することもあります。

ここでは、読みの困難さがとても重い場合の指導について述べます。

Fさんの指導は、まず、ひらがなを1文字ずつ覚えることから始まりました。読みの問題のない子どもたちは、いともたやすく「あ」という文字が[a]という音をもつことを覚えることができます。しかし、Fさんは、「これ、何て読むんだっけ？」「あ、あ、あ、あって、どう書くんだっけ？」と1文字の読み書きにつまずきました。

皆さんはひらがな1文字の学習は難なくこなされたでしょうから、「あ」は[a]と読むということがどうして難しいのか、なかなか理解しにくいかもしれません。ひらがな1文字の学習は、「あ」という形をした文字が、[a]という音をもつという必然性のない関係を丸覚えすることです。必然性のない2つのものの関係を覚えるということでは、元素記号や数学の無理数（$\sqrt{2}$、$\sqrt{3}$など）などの学習も似ています。元素の周期表（H、He、Li、Be、B、C、N……）を「水兵リーベ僕の船」として覚えたり、「一夜一夜に人見頃」（$\sqrt{2}$ = 1.41421356……）、「人並みにおごれや」（$\sqrt{3}$ = 1.7320508）と唱えたりしたことはありませんか。こうした語呂合わせというのは、記号や数字の羅列の音から意味あるフレーズをつくって覚える方法です。私たちは丸覚えしにくい時に、このように意味を活用します。Fさんのように、文字と音の関係をそのまま覚えにくい子どもにも、意味を活用することが指導のポイントとなります。

キーワード法

Fさんのように、文字と音の関係を覚えにくい子どもは、通常なら、文字と音を結ぶルート上には何の障壁もなく自由に行き来できるのに、あたかもそのルート上に扉があって、開けるのに手間取ってしまうという状態になぞらえることができます。キーワード法は、「意味」という鍵で扉を開きやすくするものです。

Fさんは、音韻意識は未熟でしたが、絵カードを見て、一番最初の音は何

か、答えることはできました。また、「[a]のつくことばは？」と尋ねると答えることができました。ここで、Fさんが答えたものが、「あ」という文字を覚えるキーワード（文字と音と仲介する「意味」をもつ単語）となります。Fさんは、[a]に対して、「あいす」を挙げました。指導者側が考えたものではなく、子どもが選んだということが大切なのです。子どもが考えたものが、鍵穴にぴったりはまる鍵になります。

「あ」に対して「あいす」、「い」に対して「いちご」などとキーワードが決まれば、それぞれ文字のカードと絵のカードを用意します。絵を見て「あいすの『あ』」と言いながら、文字「あ」カードと対応させます。2つのカードを並べて、今度は文字「あ」カードを見て、「『あ』、あいすの『あ』」と言います。少ないカードから始めて、確実に絵と文字カードが対応できるようにします。その後で、絵に対して「あいすの」までを心の中でつぶやいて、語頭音「あ」を声に出して、文字「あ」と対応させましょう。絵と文字の対応を繰り返すことで、文字「あ」と音[a]が「あいす」を鍵として、しっかりと結びついて定着します。

絵カードに子どもが絵を描いたり、色を塗ったりすれば、楽しみながら学習できます。視覚、聴覚だけでなくいろいろな感覚を使うことで、より印象に残り、効果的です。視覚、聴覚以外に、運動感覚、触覚、嗅覚などいろいろな感覚を活用すること（多感覚法）は、ディスレクシア指導で有効であるといわれています。

単語、文の読み書き指導

読みの問題がなければ、子どもは「この字、何て読むの？」と周囲の大人に聞きながら絵本をポツリポツリと読んでいたなと思っていると、いつの間にか、すらすら読めるようになっていて驚かされる、ということがあります。1文字を読み始めたら、あれよあれよという間に、単語、文へと一気に読む力が発達します。

しかし、ディスレクシアが重い場合、ひらがな1文字は読めるようになっても、2文字の単語を読むのに苦労するということが起こります。1文字ずつならすらすら読めるのに、2文字組み合わせたものが読めないというのは、とても不思議なことに思えます。2文字の単語を読むということは、1文字ずつ音

に換えて（デコーディング）得られた２つの音を、その単語にふさわしい特定の抑揚をつけた音のまとまりにまとめあげることです。１＋１は、バラバラなものが集まった２ではなく、新しい１つのまとまり（単語）になるのです。読みを覚えたての幼い子どもが、ポツリポツリと逐字読みを繰り返しているうちに、なめらかさが増し、「か………い…………も…………の、か………い………も………の、か……い……も……の、か…い…も…の、あっ、かいものだ」と、自分の知っていることばであることに気づく姿を目にすることがあります。連続した音が適切な抑揚を伴ってまとまった時に、はじめて意味と結びついて理解されるのです。単語の読みでつまずく時は、つまずいたところから丁寧に指導することが必要です。

　もし２文字の単語が難しければ、語頭音を同じくする２文字の単語をまとめて読む練習から始めます。１回の指導で、10語を指導するとします。あお、かさ、くつ、いす、うし……などの、語頭も語尾もそれぞれ異なる文字からなる単語10語より、あお、あか、あき、あさ、あし……など語頭文字が同一の10語のほうが、読み（デコーディング）の負担は軽くなります。低学年の子どもでもよくわかる単語を１枚のカードに１語ずつ記し、その単語にふさわしい抑揚をつけて読めるようになるまで、何回か繰り返して読ませます。

　読む（デコーディング）だけでなく、語彙や統語など言語的な広がりを考えて指導します。単にカードを見て読むだけでなく、「赤いもの３つ言ってみて」「赤い果物といえば？」「赤の他にどんな色がある？」「秋の次の季節は？」など、クイズのようなやりとりを入れることで、語の意味が理解されているか確認できますし、単調になりがちな指導に変化をつけることができます。指導している単語からことばを広げることになり、子どもが答えたことばは２語文、３語文を作成する時に用いることができます。

　２文字の単語が流暢に読めるようになったら、３文字の単語に進みます。３文字単語の指導も同様に行います。

　単語をめぐってのやりとりの中で、子どもから出てきたことばを用いて、「いちごの　いろ」など、簡単ななぞなぞの問題をつくることができます。なぞなぞの問題文をカードに記し、答えの単語カードとともに裏返しに並べて、神経衰弱のゲームをしながら読み練習をすることもできます。勝敗がかかると、子どものモチベーションはぐっと高まります。２文字や３文字の単語の読みの練習をしている子どもにとって、語連鎖や句の記された問題カードを読む

ことは、難しいのではと思われるかもしれませんが、子ども自身が表現したことばは読みやすいことが多いものです。しかも、練習課題以外のものが読めたこと、単語以上の長いものが読めたことは、子どもにとってうれしく、自信になり、もっとやりたいという意欲につながります。もし難しいようなら、指導者が読みにくいものを代わりに読むなど手助けすればよいでしょう。

　単語から次の段階の語連鎖には、いつ進めたらよいのでしょうか。ここに示しているのは、読むことが大変困難な場合の指導の進め方の例です。子どもによっては、２文字単語から始める必要はないかもしれませんし、２文字単語が流暢になったら、一気に語連鎖に進める場合もあるかもしれません。先ほど紹介したなぞなぞの神経衰弱ゲームでの問題文の読み方の様子から、語連鎖に進んでもよさそうかどうか手がかりが得られます。また、子どもの答えを語連鎖にして書き（例えば「いちごは　あかい」「とまとは　あかい」「ぽすとは　あかい」など）読ませてみるのもよいでしょう。あるいは、すでに学習した単語を接続詞「と」でつなげて「〜と〜」として読んだり、既習語を用いていろいろな２語文をつくったりする活動を取り入れることもできます。「あか」のカードに対して、複数の名詞を記したカードから、「あか」に適する語を選んで（「いえ」「いろ」「くつ」「はな」など）語連鎖をつくらせてみるのもよいでしょう。このように、ターゲットレベルの指導の中に、時々少し先の内容を取り入れて、次の段階への移行の時期を探り、語連鎖・文の読みに進めます。

　初期のデコーディングの指導で大切なことは、１つのレベル（例えば２文字単語）に十分時間をとって習熟させることです。２文字単語が数語流暢に読めるようになったら、２文字の単語はもうＯＫと判断して、３文字単語へ、そして、４文字単語へと急ぐようなことはしません。先ほども述べたように、１文字読めることと、２文字の単語を単語として読めることには質的な違いがあります。どんな２文字・２音の組み合わせであっても、どのような抑揚をもつものであっても即座に処理できる力が育って、初めて３つのものが処理できるようになります。しかし、ずっと１文字ずつ慎重に増やさなくてはならないというわけでもありません。複数の音を扱う土台が築かれたら、一挙に、かなり多くの音を扱えるようになるようです。その時期は、子ども一人ひとり異なります。ですから、丁寧に様子をみて指導を進めることになるのです。複数の音を扱うことは、文章を読みこなす基盤です。基盤は、焦らずじっくりと堅固に育てたいものです。

語連鎖・文の指導

　語連鎖・単文レベル以降の指導では、読む分量が徐々に多くなり、正確に読めること（デコーディングの正確さ）はもちろん大切ですが、読んだものを理解すること、読解が重要になります。読解の教材は市販のものがたくさんあります。ディスレクシアの子どもたちは、デコーディングの問題をもつため、そのデコーディングの力に合わせた学年レベルの（学年を下げた）読解の教材を用いて指導をすればよい、と思われるかもしれませんが、それは適切ではありません。

　ディスレクシアの子どもたちは、知的な発達は問題がありませんから、学年相当の学習内容は理解できますし、興味もあります。しかし、読み（デコーディング）の問題があるので、学年相当の教材を読むことが困難です。彼らは、読むことが苦手ですから、なるべく読むことを避けたいと思っています。文字で埋まっている頁は、手に取る意欲さえわかないということがあります。彼らが、一目見て、これなら取り組めそう、これなら読んでみようと思わせる形で、テキストを提示する配慮が必要です。さまざまの工夫が考えられます。教材の漢字にふりがなをふる、文節ごとにスラッシュを入れるなどの補助や、3行だけ見えるように厚紙をくり抜いたもの（リーディングスリットなど）を当てて、行を飛ばして読まないようにすることなどが提案されています。教材そのものを打ち直して、子どもと相談しながら、読みやすいフォントの種類、文字の大きさ、分かち書きの程度、余白の取り方、行間の広さ、1頁に示す分量等々を決めることで、その子にとって見やすく読みやすいものができます。国語の教科書は、小学2年生の後半からは、分かち書きでない表記になります。読みの問題がないと、分かち書きは読みにくいと感じますが、ディスレクシアの子どもにとっては、高学年になっても分かち書きのものが読みやすいようです。

　初めての読み教材は、まず大人が読み聞かせると、子どもたちはおおまかな内容を理解することができます。内容のイメージがあると、ずいぶん読みやすくなるようです。こうしたことも、彼らの意味理解のよさを活かす工夫といえましょう。

　読みの指導と同時に、語彙の指導に力を入れることが重要です。語彙を豊富

にもっていれば、読みながら単語のまとまりが見出しやすくなりますし、読んだものが理解しやすくなります。語彙は、デコーディングにも読解にも重要な役割を果たします。多くの語彙、特に学習で用いるような抽象度の高い語彙は、読むことを通して得ることがほとんどです。読むことに困難があると、読むことを通して語彙を広げることが難しくなります。ですから、意識して語彙の指導を行う必要があるのです。語彙の指導では、辞書に書かれているような意味を教えるだけではなく、子どもが必要な時にその語をすぐに用いることができるように、すぐに取り出せて、使えることを目標とします。

ひらがなの学習の様子

では、Fさんはどのように読みが進んだでしょうか。Fさんは、小学1年生の3学期からひらがなをキーワード法で指導することを始めました。月2回の指導で、約半年かけて、小学2年生の1学期の終わりに、ひらがな1文字を見て即座に読める程度になりました。しかし、その時点で、1文字ならすらすらと読めるひらがな2文字で構成される単語の読みは困難でした。そこで、その後数ヵ月かけて、2文字単語の読みを語頭が「あ」のものから始めて「よ」のものまで、ついで3文字単語の読みを同じく「あ」で始まるものから指導しました。その間には、流暢に読めるようになった2、3文字の単語を組み合わせた2語連鎖の読みも取り入れました。

3文字単語が流暢に読めるようになった頃（小2の3学期）、それまで指導では扱わなかった4文字単語、5文字単語、さらには4～5文節の単文が、流暢に読めるようになりました。単語を読む経験をじっくり重ねることで、複数の文字や音を扱う能力が十分に成熟し、能力に質的な変容が起こったかのように感じられました。

指導では、読むことに重点を置きました。ひらがなを書くことは、特に指導したわけではありませんが、Fさんから、なぞなぞカードや2語文を自分から書きたいと言うことが増えました。書けたということはFさんにとって、とてもうれしいことのようでした。単語を繰り返して書いて練習させることなど一切しませんでしたが、ひらがなの書きは、小学2年生には読みの能力とほぼ同程度になっていました。

漢字の指導

　Fさんの指導では、小学2年生の2学期から漢字の指導を始めました。しかし、Fさんにとって漢字の学習はひらがな以上に困難でした。

　ひらがなは全部で約110です。しかし、漢字は、はるかに数が多く、小学校の6年間では1000文字以上を学ぶことになっています。数の多さに加えて、漢字は文字と音の対応が、仮名文字よりはるかに複雑です。1文字で複数の読み方をもつものがほとんどです。漢字は1文字が語を表し、他の漢字と組み合わさって熟語になると、新たな意味をもつ語となります。小学3年生の後半から熟語の学習が増えますが、熟語の多くは抽象的な意味をもちます。

　漢字は形が複雑ですから、読み、書きの指導が必要ですが、Fさんのエネルギーと時間は限りがあります。読めなければ書けないし、生活のなかでの必要性を考えると、書ける漢字を増やすことより、読める漢字・熟語を増やすことが役立ちますので、読みにより比重を置いて指導しました。書くことは、読むことより難しいことです。すべての画を正確に書けなければなりませんし、筆記具をうまくコントロールするなど、読みには関係しない能力が必要とされます。

　学校でよく使用される漢字ドリルは、漢字や熟語を何度も書かせたり、ふりがなをつけさせたりする形式のものが多いように思います。このような単なる繰り返しの学習は、ディスレクシアの子どもには向きません。また、熟語を個々の漢字に分割して（例えば、「道路の」「どう（道）」と「理科」の「り（理）」を合わせて「どうり（道理）」のように）教えることも適切ではありません。ディスレクシアの子どもは、単語の音を分解したり操作したりすることの弱さ（音韻意識の弱さ）があるので、このような音の割り算や足し算のようなことは、とても難しいことなのです。

　ディスレクシアの子どもたちの漢字の指導でも、意味の活用がポイントです。漢字や熟語を文や句の中に埋め込んで、文脈の意味情報を活用して学習させることが有効です。低学年での漢字学習は「花」「月」「水」など、子どもたちが意味も音の形もよく知っていることばを表す漢字を学ぶのですが、中学年以上になると、「皮肉」「指定」（各々小学2、3年生配当の漢字の組み合わせ）など、初めて耳にする熟語を学ぶことになり、ことばの音の形と意味と漢

字の三者をまとめて学習しなくてはなりません。音と文字の対応だけでは、ひらがなと同様に学習しにくいので、例文の中で意味と結びつけて、三者をまとめて学習できるようにします。例えば「指定」という熟語を指導する時には、「３年生の席は指定されています」「先生が指定した問題をとく」「配たつの時間を指定する」のような形で読ませます。このような句や文の中で読み書きすることで、意味が活性化され、学習されやすくなると考えられます。文字として漢字を教えるというより、ことばを教えるという姿勢が大切です。

漢字の学習の様子

　Ｆさんの漢字の学習は、ひらがな以上に困難でした。漢字の学習は先述したような方法で行いました。小２の３学期末で小１の漢字の読みが78％、小４の３学期で小２の漢字の読みが75％、小３の読みは35％、小５の３学期で小３の漢字の読みが68％という結果でした。２年ほど遅れて学習が進んだということになります。

　Ｆさんは、学校では、試験は読み上げてもらい口頭で答える形式で行ってきました。しかし、高学年になると、Ｆさん自身がクラスメートと異なる形で試験を受けることに抵抗を示し、皆と同じようにしてほしいと言いました。そこで、皆と同じ形式での試験を行うことにしましたが、なかなか厳しい状況です。

（原　惠子）

第**7**章
読み書きに難しさがある子どもの事例と指導の実際
(2)小学校高学年

小学校高学年の読み書き指導・支援で大切にしたいこと

　読み書きにつまずきのある子どもの指導・支援は、子どもの成長に伴って変容していきます。それは、一般的に子どもの教育を考えるうえで重要な視点であると同時に、読み書きにつまずく子どもたちにとっては、将来の自立と社会参加を目指し、生活年齢や発達年齢にふさわしい指導・支援が求められるからです。
　したがって、指導・支援者にとって大切なことは、一人ひとりの子どもをリスペクトすることから出発し、子どものもっているよさや潜在的な可能性を引き出し、自己実現につなげるための指導・支援を実践するということです。言い換えれば、子どもを取り巻く周囲の大人たちは、自分が子どもを育てる社会の中での指導・支援チームの一員であることを自覚し、それぞれの役割や責任を誠実に果たすことではないかと思います。
　小学校高学年になると、ほとんどの子どもが読み書きのつまずきを自覚しています。そして、学習全般に遅れが生じているために、自信をなくし、自尊感情が低下し始めています。ADHDやASDなどが合併する場合、情緒発達や社会性の発達にも遅れが生じ、学習面だけでなく生活面でも失敗経験を積み重ねるために、いわゆる二次障害を引き起こすことも珍しくありません。最近、学

校現場を訪ねて気になることは、学習や生活、対人関係につまずきを抱え、思春期の自分探しと重なって、悩み苦しむ小学校高学年の子どもや中学生が目立つことです。

　こうした小学校高学年の子どもたちへの読み書きの指導・支援は、「学ぶことは楽しい」という実感を味わわせ、学習に進んで取り組もうとする態度を引き出すことから始めます。そのため、どこまでできてどこからできないのか、きめ細かな実態把握が必要ですが、実際には、指導・支援を進めながら模索していくことになるかもしれません。アセスメントと指導・支援が循環し、修正しながら進んでいくということになります。そこで最も大切にしたいことは、子どもを肯定的に受け止め、全体像をとらえ、10年後（成人する頃）の姿を視野に入れながら計画を立てることです。そして、1年後の目標（長期目標）、四半期先のゴール（短期目標）を決めたうえで、具体的な取り組み目標をスモールステップにおろします。また、今必要なこと、今頑張れることを、子どもと一緒に選ぶという姿勢が必要であると思います。もちろん、先の見えないことのほうが多いので、PDCAサイクル（計画・実行・評価・修正）を繰り返すことになりますが、細切れに子どもを見るのではなく、子どもの全体像をライフステージの中でとらえる、という視点を忘れないようにしたいものです。そのためには、保護者との密接な連携と子どもとの開かれた関係が欠かせないものになります。子どもの心と体の成長を常にキャッチできるよう、保護者とも子どもとも語り合うことです。

　もう一つ重要なことは、子ども同士の関係性を大切にする、ということです。これは実際の指導・支援の経験の中から実感として得られたものです。次に述べるリテラシー教室では、少人数グループでの指導・支援を通して、子どもは子ども同士、仲間とのかかわりの中で成長する、ということに改めて気づかされました。安心して学べる居場所ができれば、子どもたちは自信を回復し、主体的に学べるようになります。同時に、保護者も、子どもの変容をともに喜び合い励まし合いながら、笑顔がみられるようになり、それが子どもへの関わりにも影響し、よい循環が生まれます。

ディスレクシアのためのリテラシー教室

　筆者らが行っているディスレクシアのためのリテラシー教室シニアグループ

（小学校高学年グループ）での取り組みと事例を取り上げ、小学校高学年の読み書き指導・支援の実際について述べたいと思います（安藤、2016）。

目的

ディスレクシアのためのリテラシー教室は、子どもたちが、自分に合った学習方法を身につけ、学習（読み書き）への意欲を取り戻すとともに、読み書きの基礎・基本を身につけ、仲間とともに学び合うことの喜びを感じながら、進んで学習に取り組む態度を育てることを目的としています。

特にシニアグループの子どもたちは、読み書きに対する拒否感が強く、学習意欲をなくしています。このような子どもたちが小学校を卒業し、中学校に進むための学習のベースを整えることが第一の目標になります。子どもたちが興味・関心をもって取り組めるような学習テーマを見つけ出し、多感覚を活用した楽しいプログラムを工夫し、子どもたちが学ぶことの楽しさやわかる喜びを感じ、「自分もできるかもしれない」という感覚をもつようになることを目指しています。

重点

次のような方針を重点化して指導・支援を行っています。
・文字や単語を正確かつ流暢に読もうとする態度を育てる
・語彙、文法、言語的知識の習得を進め、読み（音読・読解）を促進させる
・「読み書き」の基礎を高めるとともに「聞く・話す」活動を取り入れ、トータルな言語力の向上を図る
・読むことで得られた情報を活用したり、知識を深めようとしたりする意欲を育てる

方法

指導回数は月2回（隔週土曜日）、指導時間は90分、少人数グループ（2～6名）で行います。小人数グループでの学習を基本に、個別プログラムを取り入れた学習を進めています。指導者は、教師、臨床心理士、言語聴覚士、学習ボランティアで構成され、毎回3～4名が担当しています。

アセスメント

　医療による診断の結果、臨床心理士による心理検査や言語聴覚士による言語評価に関する情報を収集し、ELC［第5章(2)参照］などのアセスメントの結果をもとに、一人ひとりの読み書きの実態とつまずきの要因となっている認知的特性、さらに心理・情緒面や社会性の発達などを把握し、指導・支援プログラムにつなげます。そして、アセスメントと指導・支援を繰り返し、効果を検証しながら、プログラムを修正していきます。

題材の選定

　音読・読解用のテキストを作成するにあたっては、まず、子どもたちの興味・関心を引き出せるようなテーマを選びます。電車が好きな子、深海魚に詳しい子、理科の実験が得意な子、子どもの興味・関心に合わせて多様な領域から選びます。季節の出来事や社会事象をニュースや子ども新聞の記事から拾い集めて編集したり、小学校高学年用の科学読み物や物語、該当学年の国語教科書から引用したり、さまざまなジャンルから話題を探し、教材化します。その際、教材選択で気をつけていることは、子どもの読み書きレベルに合わせて内容の質を下げない、子どもの発達年齢に合った知的好奇心を満足させるようなテーマや内容を選択する、ということです。そのうえで、子どもたちが読みやすいように、次のような表記法の工夫をします。

教材・教具の工夫

　音読・読解用のテキストのフォントは教科書体を使うことが多く、24ポイント程度の大きさで、表記は横書き、分かち書きにし、ふりがなをふります。紙面に十分な余裕をもたせ、読解の手がかりとなる挿絵や図表も豊富に載せるようにします。漢字カードは、72ポイントの大きな文字で作成し、表記は縦書きにします。

　また、テキストには、挿絵、図、表など、視覚的な手がかりを豊富に載せ、内容の理解が進むよう工夫します。そして、ワークシートは、書きやすいように大きさやマス目、罫線などを工夫し、シンプルで精選されたことばを使用し、シートを順番に埋めていくことによって子どもたちが楽に内容を読み取れるようなキューを配置します。つまり、子どもの思考プロセスに沿ってガイドするような構造化・焦点化されたシートづくりをします。

そして、子ども1人に1台ずつタブレット端末を用意し、インターネットにつなげられる環境をつくっています。子どもたちには、漢字辞典や国語辞典の使い方も教えますが、漢字アプリを使って筆順や意味を調べることもできますし、音声入力でことばの意味を調べることもできます。また、動画サイトや画像にアクセスし、自分のもっている知識を深めたり、新たな知識を得たりすることもできます。テキストに書かれている内容をあらかじめ調べておくことで、音読や読解がスムーズになります。

　読むこと以上に書いたりまとめたりすることが苦手な子どもが多いのですが、プレゼンテーションソフトを使えば、書くことに楽しく取り組むようになります。テンプレートを活用すれば、画像にキャプションをつけ、出来栄えのよい作品に仕上げることができます。キーボード操作は苦手でも、ローマ字表などをそばに置いて1文字ずつ確認しながら時間をかけてスライドを作成する姿もみられます。できあがったプレゼンテーションを子ども同士で発表させると、はじめは恥ずかしがっていた子どもも次第に慣れてきます。こうした自信が学校での学習活動に反映されている様子が、子どものことばから感じ取れます。小集団での学びの効果といえるでしょう。

　こうしたICT活用能力を身につけておくことは、すべての子どもにとって生涯にわたり学び続ける力を育てるために必要な能力ですが、特に読み書きにつまずく子どもにとってはなくてはならない大切な支援ツールだと思います。

プログラム展開

　毎回のプログラムは、子どもたちの集中力が持続するよう緩急をつけた変化のある構成にするとともに、見通しをもって取り組めるよう、流れを次のようにパターン化しています。プログラムの例を表7-2-1に、実際の様子を写真7-2-1に示します。

事例・Gさん

　小学校高学年のGさんは、いつも体のどこかが動いているような落ち着かない印象がありました。ところが、課題を与えるとあっという間に解いてしまう利発さがあり、信頼関係ができれば心優しくシャイな面もみせてくれる魅力的な子どもです。Gさんは、優秀な知的レベルにありながら読み書きが苦手で、

表7-2-1　リテラシー教室のプログラムの例

ウォーミングアップ（15分）
・挨拶と本日の予定
・ゲーム化したクイズなど（語彙や文字を題材に）

課題1（30分）
○テキストの音読・読解
　(1)表題から内容を想像し話し合う（グループ）
　(2)範読を聞いて粗筋や要点を理解する（グループ）
　(3)単語カードで語彙や文法的知識を確認する（グループ）
　(4)段落ごとに子ども（と先生）が音読する（個別）
　(5)ワークシートのキューを手がかりに内容を読み取る（個別）
　(6)まとめ（感想を述べ合うなど）（グループ）

課題2（30分）
○語彙や文法、文字（漢字、カタカナ、ローマ字）の学習
　(1)クイズ形式やゲーム感覚を取り入れたカードやワークシート（グループ）
　(2)グループをさらに分けて競争させ、学び合いや高め合いを促す（グループ）
　(3)一人ひとりの課題によってメニューを分け、個別化する（個別）
　(4)まとめ（お互いの学習を見合うなど）（グループ）

クールダウン（15分）
・振り返りシート
・次回の予定

写真7-2-1　プログラムに取り組む子どもの様子

文字を読もうとするだけで大変なエネルギーが必要でした。ましてや書くことに関しては拒否的で、「書くことは一切しない」と決めているようでした。

そんなGさんの読み書きへの拒否感を軽減させ、負担なく学べる方法を身につけさせることによって、学習に対する自信を取り戻し、主体的に取り組んでほしいと考えました。

プロフィール

学年・性別：小学5年生、男子

診断名：発達性ディスレクシア、ADHD

主訴：漢字やカタカナの読み書きが困難である。

学習面：読み書きが困難で、ひらがなやカタカナがすらすら読めない。文章の音読では、読み飛ばしや逐字読みになる。漢字語は意味から見当をつけて読む。書字には抵抗感が強く、自分の名前も書こうとしない。興味・関心のある分野、特に科学的な知識は豊富で、難しい概念も自分のことばで説明できる。

行動面：多動でよく動き回り、衝動性が高い。好きなことにはよく集中する。気分にムラがあり、周囲に合わせた行動や集団参加が難しい。人の気持ちを思いやり、優しく接することができる。友達とゲームをして遊ぶことが好き。身の回りの整理整頓ができず、忘れ物が多い。学習の遅れから自信を喪失し始めている。

生育歴・教育歴

幼児期：年少から落ち着きがなく飛び出しや迷子があるため、目が離せなかった。ことばの理解が早く、よくしゃべった。幼稚園では特に問題を指摘されず、療育は特に受けていない。

小学校低学年：1年生の夏に学級担任に読み書きのつまずきを指摘された。保護者は指摘されるまで読み書きの問題に気づかなかった。ひらめきがあり、学習能力は高いと思っていた。通常の学級に在籍しながら、取り出し指導を受けた。通級指導教室（ことばの教室）を利用した結果、語彙力が伸び、単語のまとまりとして文章が読めるようになった。

小学校中学年：ADHDの症状が強くなった。好奇心が強く、さまざまなことに興味をもつ反面、衝動性が高く、多動でこだわりが目立つようになった。学校では、取り出しで試験を受け、問題を読んでもらう（7〜8割の成績がと

れる)、ノートに書くことは免除、などの配慮を得た。

保護者の希望

学習面の改善：漢字やカタカナの読み書きに取り組み、親しい人に手紙やメモが書けるようになってほしい。かけ算九九を覚え、割り算の意味や解き方を理解してほしい。

友達との交流：リテラシー教室で、少人数グループの仲間との交流を楽しんでほしい。

臨床心理士によるWISC-IIIの結果（小学2年生時）

FIQ116（VIQ118、PIQ111）、VC120、PQ124、FD100、PS78で、プロフィールは図7-2-1の通りである。Gさんは全般的な知能はきわめて高いものの、偏りがあり、聴覚的短期記憶、視覚的短期記憶がともに弱く、見通しをもって効率的に処理し、要領よく作業することが難しいため、言語的知識や論理的思考力に優れ、視覚的長期記憶が強いにもかかわらず、もっている高い能力を発揮できにくい特性があると考えられる。

言語聴覚士による言語評価と所見（小学2年生時）

読み書きの実態について：ひらがな文の音読・読解では、音読が不正確で5

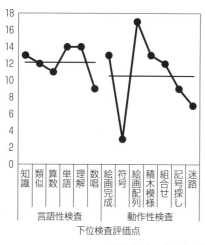
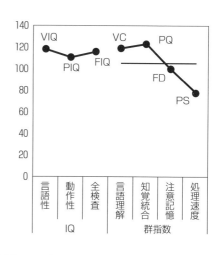

図7-2-1　GさんのWISC-IIIのプロフィール

〜6行読み飛ばした。PVT-R絵画語い発達検査の結果、語彙年齢は高く（評価点13）、高い言語力を使って意味を手がかりに内容を読み取った。ひらがなの書き取りは単語レベルだった。漢字の書き取りは拒否した。

音韻検査の結果について：モーラ削除課題の結果、単語、非語ともにきわめて低く、音韻意識の発達は就学前レベルにある。ELCの単語・非語音読課題の結果、有意味語、非語ともに誤りが多く速度が遅い。高頻度語は読めるが、非語は読めない。デコーディングの問題が大きく、流暢性が低く、重度のディスレクシアに相当する。意味の理解は良好で、文脈情報が読解を助けている。

まとめると、語彙は豊富で意味理解は優れているにもかかわらず、音韻意識、デコーディング能力が低く、読み書きレベルがきわめて低いことがわかった。

ELCの結果

言語聴覚士の所見と一致し、以下のような結果となった。

短文音読課題：たどたどしい読み、ディスレクシアの誤読特徴が顕著にみられた。

音韻操作課題：削除は時間がかかったが全問正解。逆唱の正解は4問中単語1、非語0だった。

単語・非語音読課題：非語は正解が10問中4問、逐字読みで48.5秒かかった。

長期目標

自分自身の認知特性に合った学習スタイルを身につけるとともに、読み書きへの負担を軽減させるためのスキルを高めることによって、学習に対する自信を取り戻し、目当てをもって主体的に学習に取り組めるようになる。

短期目標

・教科学習に必要な基本的語彙を中心に、単語のまとまりを意識しながら音読する。

・語彙力の伸長と文法的知識の習得を促進し、読解力を向上させる。

・タブレット端末を活用し、読み書きの負担を軽減させるためのスキルをアップする。

留意点
- 安心して自己表現できる受容的な場をつくり、学びへの意欲と自信を回復させる。
- 学習のベースとなるスタディスキルを身につけさせ、自己学習力を高める。
- 友達や先生との関わりを通し、ソーシャルスキルの育成を意識して指導する。
- 自己と向き合い自己理解を深められるよう、Gさんにわかりやすい言語表現で伝える。

指導例(「カビはどうして生えるの？」〔丹野、2010〕)
(1)「梅雨」をテーマに話し合う(グループ)
- 文章の概要を予測し、読みのめあてをつかむ
- 関連語彙(カタカナ語：ダニ、ノロなど、漢字語：雨戸、雨音など)を広げる(写真7-2-2)

(2)「カビ」についての知識を深める(グループ)
- 写真や絵を手がかりに、テキストに出てくる単語の読みと意味を理解する
- キーワード「生える」―「生」の読み方がたくさんあることを知る

(3)単語のまとまりを意識しながら、段落ごとに先生と交互読みで音読する(個別)

(4)2つの挿絵(カビの構造、カビの発育過程)から1つを選び、口頭で説明する(個別)

(5)口頭で説明した内容をもとにiPadを使って説明文を書く(個別)

(6)自分のつくったスライドを見せながら発表する(グループ)

「カビのはなし」と題された、Gさんが iPad で書いた作文では「カビは、始めに胞子をばらまいてパンにくっついてはつがします。次に、寄生して成長します。それから、菌糸の成長が始まって生殖細胞をつくり、胞子をとば

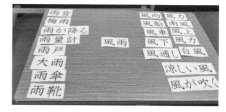

写真7-2-2 Gさんの関連語彙の拡充を図る

し、寄生して、どんどん増えていきます」と絵文字も添えられた。

Gさんの変容と課題

　Gさんの音読の様子はあまり変わっていません。読み始めは頑張ろうとするもののすぐに疲れてしまい、どこを読んでいるのかわからなくなったり、読むことを諦めてしまったり、という状況です。単語のまとまりを意識することが難しいようです。文脈のある文章では、流暢性が出てきて意味理解も進みます。「文だと読みやすい。きりがいいから」とそのわけを説明してくれました。

　語彙や文法的知識に関しては、拡充しています。興味・関心の高い課題には好奇心をもって積極的に取り組み、家庭でも科学館や博物館などの見学や体験を積極的に行っているので、知識は増え、言語理解や表現力は伸びていると思います。

　と同時に、社会的な事象、例えば「歩きスマホ」の問題や同年齢の子どもの意見文などを扱った教材文を媒介に、自己と向き合い、自分の気持ちや考えをことばで表現し、相手に伝えようとするようになりました。「むかつく」「うざい」「めんどくさい」などの投げやりにみえることばの裏に本当の気持ちが隠されていることに気づき始め、正しいことばに置き換える作業を通して、自己理解、他者理解が進みました。

　今後の課題は、教科学習に必要な基本的語彙の習得や文法的知識の獲得をさらに進め、学力を落とさないようにすること、自己学習力を身につけるためにタブレット端末の活用など、読み書きの負担を軽減させるための学習方略を身につけることであると思います。

（安藤壽子）

［文献］

丹野由夏「カビはどうして生えるの？」大山光春監修『なぜ？どうして？科学のお話　6年生』131-133頁、学研、2010年

安藤壽子「読み書きが苦手な子のためのアクティブ・リーディング―楽しく学ぶ『読み書き学習』ヒント集―科学研究費助成事業平成24年度（2012年度）基礎研究C（一般）（平成24年度～26年度）」『小学校低学年を対象とするリテラシー・アセスメントに基づく学習支援プログラムの開発　報告書』2016年

第7章
読み書きに難しさがある子どもの事例と指導の実際
(3)中学生・高校生

はじめに

　中学生になって初めてクリニックを受診する生徒について一般的にいえることが2つあります。一つは小学校の間はなんとかやってこられたけれど、中学生になると教科書の内容が高度化して読むことが大変になってどうしてよいかわからなくなる、もう一つは英語の学習につまずくということです。つまり、ディスレクシアにも重症度があり、重度の場合は小学校でのひらがなの読み（書き）につまずくのでそこでディスレクシアと気づかれますが、中等度の場合は漢字の読み（書き）の苦手さや英語での苦手さが出てきて初めてディスレクシアだと気づかれることもあるのだと考えることができます。一方、高校生はというと、自分の読みの苦手さには気づいていて、何とか今まで工夫したりやりすごしたりしてはきたけれど、大学受験を控えてこれからどうしていったらよいのか相談したい、あるいは「たぶんディスレクシアというものに相当すると思うけれど、確定診断が欲しい」など、今後の自分の生き方に関わる道を積極的に探すために受診することが多いです。
　ここでは、中学生で英語の指導をした1事例と、高校生になってからクリニックを受診し、その後大学受験に成功した2事例を紹介します。

中学生の事例

生育歴と中学1年生までの経過

　Hさんは2850gで生まれた男の子で現在中学生、3人きょうだいの一番上でしっかりしたお兄さんぶりを発揮しています。小さい頃は落ち着きがなく、幼稚園でもじっと座っていることが苦手でした。一方で、人とコミュニケーションすることは大好きでした。Hさんは小学1年生の時に、文字を覚えないという主訴でクリニックを受診しました。診察の結果、ADHDとディスレクシアを合併していることがわかりました。ADHDに対しては薬物治療が適用されました。

　小学1年生3学期のWISC-III（7歳2ヵ月時に実施）では、全検査IQ（FIQ）77、言語性IQ（VIQ）76、動作性IQ（PIQ）83で、知的には境界域といわれる値でしたが、この時はADHDの影響も大きかったと思われます。ディスレクシアの原因とされている音韻意識面・視覚的認知面には、両方ともに苦手さがありました。文字については読みより書きのほうが苦手で、ひらがな1文字が何とか書ける程度でした。そこで、まずは書字の指導を受けることになりました。その後小6まで、学校では言語面に関して通級指導教室による指導を受け、学校外で月1回程度の個別の書字指導を継続して受けました。小4時には漢字テストで6～7割得点できる程度にキャッチアップすることができ、小6時には国語の成績は全項目Aとなりました。

再評価

　中学校に入学後、英語と数学に苦手感が出てきたので、中1の2学期に再評価を行いました。WISC-III（13歳6ヵ月時に実施）では、全検査IQ（FIQ）111、言語性IQ（VIQ）105、動作性IQ（PIQ）115でした。音韻意識課題（音韻のワーキングメモリーをみる課題）では、無意味語3モーラの逆唱は困難であり、音韻意識の苦手さには中学生になっても明らかな改善は認められませんでした。

　読み書き評価については、1文字ずつの仮名文字の音読速度は小1の平均より遅いものの正確には読めており、文の音読速度は小6の平均レベルでした。漢字書字のレベルはおおむね小4程度で、小1時の評価同様、音読より書字の

ほうが苦手でした。読解力をみる教研式全国標準Reading-Test読書力診断検査では、読書力偏差値51、読解力は中１平均レベルであり、黙読して意味を理解することは良好と考えられました。抽象的な語彙の理解力や視覚的認知・視覚的記憶は平均の範囲内と思われました。

英語の評価

中１の教科書に出ている英単語の想起と書字に関して評価を行いました。例えば「本は英語で何と言いますか？」と尋ね、日本語の単語を英語で「ブック」と言ってもらった後、言えた単語だけつづりを書いてもらいました。英単語30語のうち、英語で言えた単語は29個、そのうち正しく書けた単語は19個でした。単語力は一定以上はあって口で言えますが、書くとなると正確に書けない状態でした。書字の例を表7-3-1に示します。

単語は、英語の音が想起できても、書く時には英語のつづりで書くのではなく、口頭で答えた音と類似したローマ字表記と英語のつづりの知識（子音が続くことがある、語尾は子音で終わることが多いなど）を組み合わせて書いていました。

表7-3-1　Hさんの英語書字の例

提示した日本語	口頭での答え	書字の誤り	正しい英単語
鳥	バード	bard	bird
果物	フルーツ	frut	fruit
牛乳	ミルク	melk	milk

英語の指導経過

英単語の音読（文字・音韻変換）については、文字のひとまとまりを的確に音に変換することを意識し始めて、徐々に長い単語の音読にも取り組めるようになりました。また、電子辞書を常に活用し、単語の意味を必ず確認してもらいました。その他にも授業対策として、新しい単元に入る時には、まず指導者が教科書を音読し、その意味の概略をQ&Aで確認しました。その後、もう１回１文ずつ指導者が音読する文を聞いて、わからない単語を言ってもらい、単語の音読をして意味を確認しました。以上のような指導を中３の３月まで継続しました。中３の３学期に再評価を行った結果、表7-3-2に示すように、初回評価時と比較して改善が認められました。

表7-3-2　Hさんの中3の3学期の再評価結果例

	提示した日本語	英単語	書字の結果
中1単語	鳥 鉛筆 学校	bird pencil school	正しく書ける
中3単語	言語 世界 木 例	language world tree example	正しく書ける rとlの区別ができる

まとめ

　小1から中3まで、Hさんのニーズに合わせて指導を続けた結果、長期的に改善が認められました。その要因は、常にHさんの状態を的確に評価し、それに基づいた指導を行った結果であると考えられます。しかし改善がみられたとはいえ、読み書きの力は定型発達の子どもに追いつくレベルに達することは困難でした。このような苦手さは一生涯の付き合いになるので、代替手段などを上手に利用して実用性を高めることも大切な目標です。

　さらに、家族や言語聴覚士など、障害を理解して支えてくれる人の存在は、ともすれば「どうせやってもできない（学習性無力感）」「自分はバカなんじゃないか（自尊心の低下）」と考えてしまいがちな気持ちを支える重要な存在です。Hさんも「こうすればできる」と思える（自己有能感・自己効力感）成功体験を積んだからこそ、最後には英語の成績は5段階評定の3に上がり、高校受験にチャレンジして公立高校に合格することができました。

高校生の事例・その1

受診の理由と評価結果

　Iさんは、高校3年生の4月にクリニックを受診しました。主訴は「LDかどうかみてほしい。もしそうなら、授業やテスト、入試でどのような配慮があるとよいのかを知りたい」とのことでした。まずはお話を伺った後、WAIS-Ⅲを行いました。結果は全検査（FIQ）IQ102、言語性IQ（VIQ）111、動作性IQ（PIQ）90で、知的には平均レベルでした。読み書きの評価の結果、音読の流暢性が低く（無意味語の音読速度は小3～4レベル）、漢字書字は小4レ

ベルであることがわかりました。教研式全国標準Reading-Test読書力診断検査中学校用の長文読解問題のみを施行して、中3の3学期として採点して読解力を評価したところ、読解力は5段階の3で中3の平均レベルでした。Iさんの漢字書字の特徴としては、「同音異字」の区別がつけられないということが目立ちました。「幸福」が書けずに「幸ふく」と書いた後、「『ふく』の部分が『服』なのか『複』なのか（服と複を書きながら）わからない」と言い、「興味」という熟語を正しく書いた後、「これでいいんですか？ 『きょうみ』という音だけ聞くと『共見、共味』という文字も浮かんできてしまい、実はどれが正しいかわからないんです」と教えてくれました。本当は「幸服」や「幸複」、「共見」や「共味」という単語は存在しませんが、それを見て判断することがなかなか難しいようでした。「だから、友達にメールしても、しょっちゅう『おまえ、漢字違ってたぜ』と言われちゃうんです」と笑っていました。

本人の思い

以上の結果を本人に伝えたところ、自分も最近ディスレクシアということを知ったので、まだ混乱しているところがあるけれど、これからどうしていったらよいのか知りたいとのことでした。また、自分の小さい頃からのことを振り返り、「そういえば、こんなことがあった……」と思い出しながら話してくれました。例えば「そういえば、いつもテストは時間切れになってしまって解き切れなかった」「中2の頃、自分はバカだからと言ったり、もうだめだ、もういやだと思っていた」などです。このようなエピソードは成人になってから検査を受けた人に共通してみられる訴えです（河野、2014）。

しかし、Iさんの素晴らしい点は、視点が未来を向いていたことです。何回か面談をするうちに、「父親と深く話すことができた」と打ち明けてくれたり、「ディスレクシアのことを友達にどう伝えていったらよいのか」「就職する時にはどのようなことを考えたらよいのか」「大学受験でよい方法はあるか」など、次々と質問をしてくれたりしました。

ICT機器の紹介と大学受験

担当の言語聴覚士は、そのようなIさんに必要なことは、ICT機器を活用し、自分で読み書きの代替手段を使いこなしていくスキルを身につけることだと考えました。そこで、PCの読み上げソフトでPDF化した本を読み上げるこ

とや、iPhoneを活用して読み書きをする方法を実際に見せながら説明しました。そして、大学受験は真正面から難しい試験にぶつかるのではなく、読み書きがあまりない入試方法を選んでうまく通り抜けることを勧めました。まずは大学に入学することが大切で、その後のことは大学の学生支援室などに相談しながら進めていけばよいと考えたからです。それを踏まえて、Iさんはある大学のAO入試に挑戦しました。それは「小論文を自宅で書いて提出する」「その小論文について面接を受ける」という入試で、その結果は見事に合格でした。

まとめ

　Iさんの成功のカギは、一つは自分自身を客観的に認識するメタ認識能力が優れており、自分のできることとできないことをしっかり把握していたことです。そのうえで、できないことにくよくよするというより、どうやったらうまくやれるのかという前向きな姿勢がもてることも、Iさんのギフト（神様からもらった贈り物）だったと思います。また、コミュニケーション能力が高くて友達も多いので、困った時にはすぐに友達に聞くなどして助けてもらえたことも大きかったと思います。友達に助けてもらうことを躊躇する人に出会うこともありますが、全部自分で抱え込んでしまうより、友達に助けてもらいながらやるほうが、長い目で見た結果としてはうまくいくようです。実際、Iさんは最初は友達にどう打ち明けようかと悩んでいたのですが、いざ打ち明けてみたら「そうか、おまえも大変なんだな」と言ってもらえ、その後は何もかもがいつも通りだったそうです。

高校生の事例・その2

受診の理由と評価結果

　Jさんは、大学受験に向けて診断書が欲しいとのことで、高校3年生の5月にクリニックを受診しました。英語と漢字が苦手で、週6日塾に通っても試験では10〜20点しかとれない、学校からは授業中の理解力と試験の結果が違いすぎるといわれていたそうです（中学校から私立に入学）。評価の結果、WAIS-Rでは全検査IQ（FIQ）98、言語性IQ（VIQ）101、動作性IQ（PIQ）92（「符号」の評価点は平均10のところ5）で、知的には平均レベルでした。

読み書きの評価の結果、音読の流暢性が低く（無意味語の音読速度は小1～2レベル）、漢字書字は小4レベルであることに加えて、抽象語の書き取りがやや困難であることがわかりました。教研式全国標準Reading-Test読書力診断検査中学校用の長文読解問題を中3の3学期として採点して読解力を評価したところ、読書力は5段階の3、偏差値46で中3の平均レベルでした。Jさんの特徴は、ことばの覚え間違いや読み間違いが多いということでした。母親の話では、スーパーで「よりどり3足1000円」と書いてあるのを「すごいね、よこどり3足1000円だって～、横取りしていいのかなぁ」と言ったり、「○○ちゃんすごいね、留年だって。アメリカだって」と言うのでよく聞いてみたら「留学」だったりしたそうです。

保護者の思い

Jさんの保護者は「小さい頃から本当に読み書きが苦手だったので、ずっと支えてきました」と話されました。その様子を、保護者ご自身の文章から引用します（ご本人の許諾をいただきました）。

「苦手さが、最初に気になったのは小学3年生の夏休み。友達と一緒に塾の夏期講習に参加した時でした。毎日、塾で習ったことを楽しく話してくれていましたし、宿題も私が問題を読んであげるとすらすらと解いていました。ですから、最後の日に受けたテストもほぼ満点が取れるものと思っていました。しかし、結果は悲惨なものでした。全国でほぼ最下位。入塾基準すら満たしていません。ビックリして手元にあったテスト問題をやらせてみると、満点を取ることができます。テスト中に寝てしまったのか、ふざけてちゃんと書かなかったのか、と思いました」

その頃、Jさんが書いた文章と絵は図7-3-1の通りです。一所懸命書き写したことがよくわかります。

中学進学後は、英語などでも読み書きに苦労しましたが、保護者が一貫して支え続けました。その支えを一言で言えば、「個性豊かな子育てを目指す」ということでしたが、その部分についても保護者の文章を引用します。

「少しさかのぼりますが、娘の描く絵は少し変わっています。小学1年生の時に学校で飼っている孔雀の絵を描きました。クラスの半分くらいの子は正面から綺麗に羽を広げている孔雀を描いています。残りの半分くらいの子は真横から見た尾がすーっと後ろに伸びている絵を描いていました。その中で1枚だ

図7-3-1　Jさんの書き写した詩（まどみちお「ひよこがうまれた」）と絵

け、そのどちらでもない絵がありました。娘の絵です。まるで、串に刺さった団子の絵です。どう見たら孔雀に見えるのか、頭をひねってしまいました。娘によると、それは孔雀を真上から見た絵なのだそうです。そういわれてみると見えなくもないのですが、やっぱり串に刺さった団子にしか見えません。でも、私はその絵がとても気に入りました。誰かの真似ではなく、自分の目で見たものを見えたように表現した絵がとてもいとおしく思えました。そして、そんな絵を描けたことをほめました。その後も、うまいわけではありませんが、他の子とはちょっと違う絵を自信をもって描いてくれました。

　この、個性を大切にしようという感覚は自分の高校時代に培われたものだと思っています。高校では、みんな苦手なことがあっても得意なことを活かしてキラキラと輝いていました。個性と個性がぶつかり合って、よりいっそう個性を引き立てます。どんな個性も否定しない空気もありました。おかげで、私は自信をもっていろいろなことにチャレンジすることができました。このような高校時代を送ることができたおかげで、ディスレクシアという素晴らしい個性を持って生まれたわが娘を楽しく育てることができたのだと思っています」

　このような子育てのおかげで伸び伸びと育ったJさんは、小さい頃からの夢である建築家を目指して、ある大学のAO入試を突破し、入学後は大学側と相談しながら必要な支援を受けて、大学生活を満喫しています。

まとめ

　Jさんの読み書きの状態は、決して軽くはありません。しかし、クリニックを初めて受診した時も、本人からは「とても困っていて大変です」という訴えはなく、必要な時は電子辞書で調べたりしながら、授業も何とかついていけると話していました。このような心持ちでいられる最大の理由は、保護者の広く大きく、また深い支えだと思います。「発達障害のある人の自己実現」に関するシンポジウムにおいても、幼児期から成人期まで共通し大切なことは「一番身近な人から認められること」「周囲の人が子どものよい面をとらえて肯定的に受け止めること」「ほめられて、子ども自身が自尊感情を高めること」という発表がありました（石坂、2016）。この事例からも、ディスレクシアがあったとしても、成長してから個性を発揮していくには、小さい頃からの周囲のサポートがとても大切であることを私たちは学ぶことができます。

（石坂郁代）

［文献］
河野俊寛「学齢期に読み書き困難のエピソードがある成人8例の読み書きの流暢性及び認知特性—後方視的研究」『LD研究』23巻、466-472頁、2014年
石坂郁代他「発達障害のある人の自己実現」『コミュニケーション障害学』33巻、34-59頁、2016年

第**7**章
読み書きに難しさがある子どもの事例と指導の実際
⑷中高生・大学生で特徴的な事例

大学を卒業し、企業に就労した事例

　日本では、ディスレクシアの存在が知られるようになってから、まだそれほど年月が経っていません。読み書きの問題に気づくのは、普通、小学校低学年ですから、この子どもたちがこの後どのような経路をたどって大人になるのかについては、あまり知られていません。筆者は小学校低学年から中学・高校・大学を卒業し就労するまでKさんを指導・観察しました。この事例を通して、ディスレクシアがどのように読み書きを学習し、成人期に至ったのかを述べたいと思います。

　Kさんは知的発達に遅れはなく（WISCの知能検査はいつも年齢相応かそれ以上の得点でした）、また社会性や落ち着きなどの行動面にも問題をもちませんでした。小学校通常学級1年3学期の時、ひらがなの読み書きが覚えられないとの訴えで医療機関を訪れました。当時は特別支援教育はまだなく、学校に相談できる人もいませんでした。教科書を読んでもらうと内容を理解し、先生の質問にも答え、算数は問題ありませんでした。

　知的な遅れはなく、読み書きのみ学習が遅れていたので、すぐにディスレクシアと診断され、外部指導機関で言語聴覚士による指導が始まりました。Kさんは音韻発達の遅れが大きく、ひらがながまだ読めませんでした。ひらがな46

文字の読みを半年かかって覚え、2、3語文の読み書き、短文の読み書きと、学習は着実に進みました。しかし、このような学習の達成には数年間にわたる歳月が必要でした。この間、学校では学年相応の学習内容が進められます。指導を受けにくるKさんの表情はいつも暗く、よく胃痛を訴えていました。

　小学校高学年になると学習内容が難しくなり、各教科書には抽象的な意味をもつ熟語が多くなります（例えば「貿易」「小数」）。これらの熟語は、多くがその単元で学習する内容のキーワードです。その読みを覚えられないAさんには、算数、理科、社会などの教科の学習にも遅れが大きくなり、期末試験の点数はどの教科も低下しました。教研式全国標準Reading-Test読書力診断検査で評価した読みの力は、小学6年生の時、小3レベルでした。6年生の社会や理科の教科書を小3レベルの読みの力で理解することはできません。読んでもらえば内容は理解するので、家族が教科書を読んで聞かせました。この間、自分を支えたのは、担任の先生が毎日放課後にかけてくれる一言だったと後になって述懐しています。自信喪失の毎日でしたが、「先生は僕のことを見てくれている」と思ったそうです。

　読みの力は中学生になってだいぶ向上しました。それでも中3の時、小5〜6レベルでした。中学からは書字にPCのワープロ機能を使いました。その頃、Kさんが書いた読後感想文を以下に抜粋して紹介します。

　「……この星野さんもちょっとした不注意でけい髄損傷という名前で首から下がマヒする怪我に死ぬ人がおおいのです。……しかもそのひとの絵が展覧会に出るし……この人をそういう方向に導いていたキリストの聖書、やはりここを読んでから変わったのだと僕は思います。その言葉は、すべて疲れた人、重荷を負う人は……」

　読書感想文の本ははじめは家族に読んでもらい、その後に自分で読んだそうです。子どもは小学1、2年生から文を書く経験を積みますが、ディスレクシアの子どもはその経験を積めないので、PCを与えられても、すぐには文法的に正しく、かつ整合性のある文章は書けません。でも、上述の読書感想文は中学生の感受性をよく表しています。この後、「土曜教室」（後述）で高校3年間PCで日記をつけ、正しい文章を書くようになりました。

　高校卒業の頃は、新聞の見出しを読んでは政治を批判したり、若者向きの冒険小説を飛ばし読みで楽しんだりしましたが、夏目漱石の『坊ちゃん』などの文芸作品や、学校で読むよう勧められた本多勝一の評論などは理解できないと

言って読みませんでした。

　大学は論文と面接だけの推薦入試で合格しました。入学後、英語はテキストのほとんどすべての単語を辞書で引いて内容を大雑把に理解して試験をパスしました（幸い1年間で読むテキストの頁数は数枚でした）。漢字も専門科目での用語は限られるので、覚えてしまいました。

　このように大学の学業を何とか切り抜け、就職したIT関連企業では、10年目の今、新入社員の研修を任されているそうです。

　特別支援教育がなく、何の配慮もない時代にKさんをここまで支えたのは何だったのでしょうか。もちろん、本人の努力が第一にありますが、その他のこととして、まずKさんがもっている問題を家族が小学校低学年からよく理解して、不適切なストレスを与えなかったこと、次に、よい指導者に出会えたことがあります。特に中学3年生以降、某大学の学生たちが主催する発達障害の子どもを集めた「土曜教室」で学習指導を受けるかたわら、キャンプその他さまざまな活動に参加したことがKさんに生きる力を与えたように思います。ハンディをもつ人たちには、机上の学習のみでなく、広い視野からの支援が必要です。特に思春期以降はその重要性が増します。

　今は特別支援教育が制度化され、毎日の授業はもちろんのこと、高校や大学受験の配慮があります。大学での英語の単位は、その国の歴史や文化を学ぶコースで代替することもあるようです。学校に通う間はつらいことが多いですが、自分の関心と学力に合う道を選んで、他の人たちと同じように青年期からの充実した人生を歩めることをKさんの事例は示しています。

自分が好きな科目で読み書きの学習が進んだ事例

　ディスレクシアのなかには、自分が興味をもつ科目または分野を中心にして読み書きの学習が進む例があります。Lさんは音韻発達の遅れが大きく、読み書きの学習は全体に大幅に遅れ、学年が進むほどに学級との差が開きましたが、理科や生物の勉強は小学校から好きでした。中学校では、理科と数学だけは学年相応の教科書を読んで理解し、成績も他の教科は学年平均を大幅に下回ったものの、理科は学年平均より上位でした（Lさんは第9章でも事例として取り上げています）。

　小学2年生のはじめにディスレクシアと診断され、小中学校を通して通級指

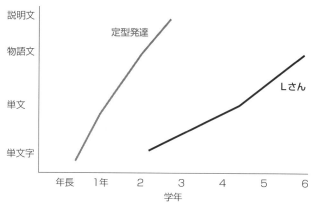

図7-4-1 Lさんの音読の発達（定型発達との比較）

導教室および外部指導機関で指導を受けました。WISC-III（8歳時）の成績はよく、知的発達の遅れは示唆されませんでした。音韻発達は小学2年生時、就学以前の年長のレベル、その後の音韻の発達速度も遅く、中学2年生になっても小学校低学年のレベルでした。当然、読み書きの学習も遅れました。図7-4-1に、単文字、単文、物語文、説明文に分けて、定型発達の子どもがそれぞれを音読できるようになるおよその学年と、Lさんの場合を示しました。例えば、物語文は定型発達の子どもは2年生で4、5頁を音読しますが、Lさんは6年生で、しかもやっと2、3頁が限度でした。

　Lさんに行った読み書きの指導内容とそれぞれの実施時期を表7-4-1に示しました。単語から始まり、2、3語文、数行の文章、長文と、読みと書字の学習を進めました。その成果が図7-4-1です。読みの指導に用いた文はLさんが好きな理科に関する内容でした。市販の教材には適切なものがないので、指導者が単語を選び、文をつくりました。5年生頃から、理科系と他の分野との音読に差がみられるようになりました。例えば、電気や天体についての内容の文はあまりつっかえることなく楽に読むのに、物語文はたとえ2、3年生の教科書でもつっかえつっかえ苦しそうに読むのです。本人の好きなテーマに沿って、少しずつ読みの教材としての難度（文の長さ、内容の難しさなど）を上げて、6年

表7-4-1 Lさんの指導内容とその実施時期

小2〜3年	単語の読み書き
小4〜5年	2、3語文の読み書き
小5〜6年	理科系の文章の音読、読解、作文（PC使用）

生には小学生低学年向きに編纂されたエジソンなど科学者の伝記を1回2、3頁を限度として、継続して読むようになりました。音読させると文末や語尾に誤りがあり、決して流暢な読みではありませんが、本人は内容に惹かれて読んだようです。中学生になると、黙読ができるようになりました。

　書くことは、初期は手書きでしたが、覚えているはずのひらがなを書くとなかなか文字を思い出せず、5年生よりPCを使いました。その理由は、言いたいことがたくさんあるのに文字を書くことがそれに追いつかず、イライラする様子がみられたためです。漢字が書けないのも、書くことから遠ざかった理由の一つと思われます。

　Lさんが示す読み書き学習の経緯は、ディスレクシアの子どもに読み書きを指導する際の重要な示唆を与えます。第一に、子どもが興味をもつことを指導の材料として取り上げることです。彼らがもつ読み書きの困難は持って生まれたものです。読むこと、書くことは苦手中の苦手であり、子どもの努力ややる気ではクリアできません。子どもは本来何かをやりたい気持ちをもち、達成感を求めます。子どもにとって最もつらいことをやらせるためには、どの子どもでももつこの気持ちに応えるより他はありません。そのためには、子ども自身が興味をもつテーマで指導を組み立てることです。第二に、書字が苦手な場合、PCを使って自分が言いたいことを早くから表現させることです。文を書く目的は、自分の気持ちや考えを表現することにあります。このためには手書きにこだわる必要はありません。PCを使うと漢字の書き方を覚えなくなるという危惧はあります。しかし、文を書く本来の目的と漢字を手で書くことのどちらが子どもにとって重要かを考えれば、おのずと答えは明らかでしょう。漢字を書くことはPCの使用とは別枠で、漢字習得のための学習時間を設ければよいわけです。

　中学3年生の修了時、学校の成績は図7-4-2のように、理科は学年平均を上回る成績でした。同じ頃、他領域の文を含む教研式全国標準Reading-Test読書力診断検査の成績は小6レベルでした。高校は中学と違い、多様な学びの選択肢があります。自分に合う高校

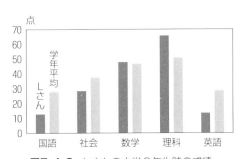

図7-4-2　Lさんの中学2年生時の成績

を選び、そこで自分がやりたいことを見つけることができれば、将来へ道がつながります。Lさんの理科への興味の高さは、高校卒業後、あるいはいったん就労した後に大学に進み、専門職をもつ可能性を秘めています。

ディスレクシアとASDが合併した事例

　ディスレクシアの子どもが他の発達障害を合わせ持つことは少なくありません。MさんはディスレクシアとASDを合わせ持った事例です。2つの障害を重ねてもつ時、子どもの複数の問題が互いに絡み合い、問題の把握が難しくなります。また、対応も難しくなります。

2つの発達障害が明らかになるまで
　Mさんは幼児期から多動が激しく、家族が片時も目を離すことのできない子どもでした。一方、ことばの発達は早く、新しい玩具の遊び方をすぐ覚えるなど、聡明な子どもでした。就学後、授業中ウロウロする、指示に従わない、友達とトラブルを起こす、集団行動がとれないなどの問題があり、小学3年生でASDと診断されています。学校では、活動の見通しをもつために教室にスケジュール表を掲示する、授業の課題内容や手順を箇条書きで示す、クラス全員で遊ぶ時間を時間割に組み入れる、道徳の時間を利用してお互いに認め合うことを学ぶ、などの細かい配慮がなされました。
　ひらがなは就学前に覚え、本を読むことの好きな子どもでした。教科の学習は問題なかったのですが、人が言ったことをすぐ忘れてしまう、作文は途中で何を書こうとしたのかわからなくなる、板書が間に合わない、漢字が書けないなどの問題点が徐々に出ました。中学に入ってからは、英語の音読とつづりが覚えられないという新たな問題が出てきました。高校2年生時、これらの問題への対処法を求めて、指導機関を受診し、ディスレクシアの診断を受けました。

高校2年生時の読み書きの状態
　この時の本人の訴えは次のようなものでした。
・耳で聞いたことを覚えていられない。特に課題や提出日などをすぐ忘れる。

・作文が書けない。途中で何を書いたのかわからなくなる。書くことを頭の中で順序立てることができず、同じことを繰り返し書いてしまう。PCだと書いたものが見やすく、書き直しもできるので、中学から文はPCで書いている。
・漢字は読めるが書けない。
・文を書く時、漢字を思い出していると、何を書くのかを忘れる。
・英単語の読みとつづりが覚えにくい。

　これらの問題について行った評価の結果の一部を記します。音読は速度も速く流暢で、読みには問題がないと思われました。しかし、作文は書いたり消したりで時間がかかり、文も短く、高校生としては未熟さがありました。PCで書くと、文の修正を繰り返すので時間はかかりましたが、1つの文が長く、文の連なりに整合性があり、内容、文体ともに高校2年生としては不足のない作文でした。英語は中1レベルの単語も読み誤りとつづりの誤りがあり（allを「アル」と読む、nightを"nite"と書くなど）、英文の音読もたどたどしくて、日本文の音読との差が顕著でした。

　次に、ASDとディスレクシアを合わせ持つMさんの読み書きで、これら2つの障害がどのように反映されているのかを、2つの視点からみてみましょう。

ひらがなと英語（アルファベット）の学習

　学習歴からは、ひらがなの学習が早かった（就学前）ことが示されています。高校2年生時の音読も流暢で、本をよく読むとのことでした。これは音韻に問題をもつディスレクシアとしては矛盾します。一方、ASDの子どもの多くはひらがなを早く習得することが知られています。Mさんのひらがな習得の速さはどう解釈したらよいのでしょう。

　ディスレクシアには、ひらがなと英語の両方に問題をもつ子どもと、ひらがなは問題なく英語のみ問題をもつ子どもの2タイプがあります［第9章参照］。なぜこの2タイプがあるかはまだよくわかっていませんが、その子どもがもつ音韻発達の遅れの程度と関係するようです。すなわち、遅れが比較的軽度だとひらがなは学習するが英語が遅れる、重度だとひらがなと英語の両方が遅れる、といった傾向があります。すると、Mさんの音韻の問題が比較的軽度であったということが考えられます。

こう考えると、Mさんがひらがなを早くから学習し、本をよく読むということはディスレクシアの診断と矛盾しません。ただ、Mさんは音韻発達にまったく問題がなかったのではなく、たとえ軽度でもその影響が作文と英語に表れています。

作文の学習
　Mさんが高学年になって以降、大きな学習の問題だったのが作文です。文を書いていると、途中でどこまで書いたかわからなくなると述べています。どうしてこのようなことが起こるかを理解するためには、記憶の問題を少し深く考える必要があります。

　人間が営む記憶にはいろいろな種類があります。電話番号を覚えるのも、昔のことを覚えているのもみな記憶です。しかし、例えば板書で、黒板の文を読んで、それを一時的に記憶に保持しながらノートに書く時、電話番号を覚えるのとは性質の違った記憶が働きます。これがワーキングメモリー（作動記憶）です。ワーキングメモリーとは、あることを一時的に記憶にとどめながら別の作業をする時に必要な記憶です。作文を書く時、前の文を覚えていなければ整合性のある文は書けません。Mさんはこのワーキングメモリーに弱さをもつと考えられます。

　私たちがことばや文を記憶する時、それは頭の中に音（音韻）の形で記憶されていることがわかっています。ですから、文を書く時に働くワーキングメモリーとは音韻の記憶なのです。Mさんがもつ音韻発達の弱さがワーキングメモリーの弱さとなって、作文の学習に表れているのです。これが、Mさんがディスレクシアと診断された所以です。

　Mさんはワーキングメモリーの弱さを補う学習法として、PCのワープロ機能を使いました。PCは手書きより楽に文字化でき、見直しと修正がきくので、ワーキングメモリーの負荷を大幅に軽減します。

Mさんが受けた支援
　最後に、Mさんが受けた学校での支援について述べます。Mさんは小学校で行き届いた支援を受けました。中学では、国語、英語の期末試験で時間延長を申請し、認められています。高校受験では、時間延長、PC使用の配慮を申請し、これも認められています。

Mさんは高校に入って、自分のことを友達に理解してもらうために、以下の内容についてクラスで発表しています（本人のメモ書きを筆者が改変）。

「僕にはみんなができるのに、できないことがあります。集合時間や場所、課題の提出日など、言われたことを忘れてしまいます。板書を写すことも苦手です。また、文章を書くことが苦手です。何を書こうとしているのかを忘れてしまうからです。でも、PCを使うと長い文章でも書くことができます。授業中やテストでPCやiPadを使うことを認めてください。僕はたくさん本を読んでいます。僕がみんなにできることは、本を紹介することです」

　小学校の時から、子どもたちが互いに認め合う環境で過ごしてきたことが、高校でみずからのことをクラスの友達に伝えようとする意志を育てたのでしょう。Mさんのこの勇気は貴重です。障害をもつ本人が、このような形で自分の苦手なことを友達に伝え、クラス全体がそれを認め受け入れることは、特別支援教育の一つの理想的な姿ではないかと思います。

（大石敬子）

国際ディスレクシア協会（IDA）

　国際ディスレクシア協会の本部は、米国ボルチモア市にあり、毎年10月か11月に、米国のどこかの都市で研究会が開催されます。米国以外の国も、ディスレクシアに取り組む機関がグローバルパートナーシップとして参加しています。会員には、教師、心理士、言語聴覚士、医師など専門職種の他、保護者や当事者もいます。ホテルを借り切って、3～6時間におよぶシンポジウムや講演、ポスター発表、学校見学などがあり、懇親会、多数の書籍の展示、各種ディスレクシアのプログラム、教材などの販売、ディスレクシアを受け入れている私立校の展示会場もあり、毎年、数千人が集まります。

　前身のオートン・ディスレクシア・ソサエティは、1930年頃、米国の神経科医サミュエル・トーリー・オートン博士が、米国に多数のディスレクシアの子どもがいることに気づいて、支援のために設立した機関です。オートンは、アンナ・ギリンガムと一緒に指導法を開発し、今でも音韻に特化したオートン・ギリンガム法として使われています。講習会もいろいろなところで行われています。

　1997年にオートン・ディスレクシア・ソサエティは、国際化を目指して、国際ディスレクシア協会と名称を変えました。2002年の定義では、ディスレクシアは神経生物学的な要因による特異的な学習障害であること、知的能力や教育に見合わない読みの困難さ、単語認識の正確さや流暢性に困難さがあること、デコーディング能力の障害、書字の困難さなどがあること、これらは音韻認識の障害の結果として生ずるとされています［第1章参照］。

（加藤醇子）

第8章
漢字指導の難しさと指導の方向性

はじめに

　ある小学2年生のディスレクシアの子どもは「虫」の読みを習ったのに、次の日には「カブトムシ」と読みました。「ムシ」という読み方が、大好きなかぶと虫を連想させ、漢字の読み方として記憶に残ったのでしょう。別の小学6年生のディスレクシアの子どもは「公園」を「ユウエンチ」と読みました。この子どもにとっては、「公園」の意味がいつも遊んでいる家の近くの遊園地と結びついたのかもしれません。

　「虫」や「公園」の意味を知っている私たちには、ディスレクシアの子どものこのような反応は不思議に思えますが、子どもにとって初めて見る漢字は無意味な図形に過ぎず、意味は知りません。読み方を教えられて、初めてその意味を知るのです。ディスレクシアの子どもはことばの音の認識や記憶がよくないことを本書で学んできました。読み方と意味を教えられたものの、音のほうは忘れて、意味だけが自分の経験と結びついて記憶に残ったのかもしれません。

ディスレクシアの子どもの漢字学習の姿

　ディスレクシアの子どもは、ひらがなの読み書きをなかなか覚えません。漢字はどうでしょうか。実はディスレクシアの子どもにとって、漢字はひらがな以上に学習が難しいのです。その様子を、「虫」を「カブトムシ」と読んだ小学2年生（Nさん）を例にとって述べます。

　Nさんがひらがな46文字の読みを覚えたのは1年生の終わりの頃でした。2年生の夏には「こいのぼり」「あめがふります」などの単語や短文が読めるようになったので、通級指導教室（以下、通級）の先生は漢字の指導を始めました。でも「山」や「川」ですらなかなか読みを覚えません。ひらがなの「あ」を「ア」と読むと何回教えても次の日には忘れるのと同じことが、漢字にも生じました。この過程でみられたのが「虫」を「カブトムシ」と読む誤りです。

　国語の授業では、教科書の文を1文ずつ順番に音読する課題が必ず行われます。通級の先生はNさんが恥ずかしい思いをしないよう、漢字にふりがなをふることを母親に提案しました。1年生の後期からは漢字を書く学習が始まりましたが、ほとんど毎日出される漢字の宿題はNさんにとっては泣きながらの苦行で、みかねた母親が先生にお願いして5文字の宿題を2文字に減らしてもらったり、母親が鉛筆で薄く書く文字をなぞったりして、提出していました。

　通級での指導で少しずつ読める漢字が増えましたが、学年レベルとはほど遠い状況でした。5年生になった時、Nさんが読める漢字は2年生で習う漢字の約半分、書くことは読みよりもいっそう難しく、1年生で習う漢字の6、7割でした。

　ディスレクシアの子どもにとって、どうしてこんなに漢字の読み書きが難しいのでしょう。ひらがなの読み書き困難の根底には、この子どもたちが音韻に問題をもつことがわかっています。では、漢字の難しさも同じ理由から生じるのでしょうか。漢字の読みとは、文字を音に変換すること（デコーディング）ですから、ひらがなのデコーディングに困難がある時、同じことが漢字の読みにも起こることは納得できます。でも、書くことはどうでしょう。漢字は一画ごとに順を追って書きますが、画は音を表しません。すると、音韻の問題と書くことは、あまり関係ないように思えます。漢字の字形は複雑だから、見るこ

とに問題があるのではと疑ってみたくなります。

　実は漢字がディスレクシアの子どもにとって、どうしてこんなに難しいのかのメカニズムは、まだよくわかっていません。今指摘できることは、漢字を書く難しさの背景には２つの問題がからみあって、それがディスレクシアの子どもに容易には越えがたい壁をつくっているということです。第一が漢字という記号がもつ特徴で、第二はディスレクシアの子ども自身がもつ記憶や認知の特徴です。その２つを検討したうえで、指導の方法を考えましょう。

漢字の特徴

　漢字はひらがなとは異なるいくつかの特徴をもちます。この特徴自体がディスレクシアの子どもにとって学習の壁となるのです。以下の４つの視点でそれらをみていきます。

漢字は文字数が多い

　普段私たちが読む新聞に、どれくらい漢字が使われているかご存知ですか？最近の『朝日新聞』の社会欄を調べると、仮名、漢字を含めた総文字数の35～50％が漢字でした。日本の書きことばではどうしてこれほど多くの漢字が使われるのでしょう。その理由の一つは、日本語話しことばの語彙の多くが、書きことばでは（仮名ではなく）漢字で表されるためです。「雨」や「花」に始まり、抽象的な意味の「社会」や「親切」などほとんどの語彙が漢字（それも多くが熟語）で表されます。ですから、子どもは語彙が増えるほど、膨大な数の漢字を覚えなければなりません。漢字の特徴として挙げられる一つが、漢字は「ことばの数だけある」という、数の多さです。子どもは小学校６年間に約1000字の漢字を学習します。Ｎさんが６年生の終わりまでに読みを学習した漢字は、このうちおよそ20～30％でした。

　文字数の多さは漢字を学ぶ大半の子どもにも大きな負担を与えますが、彼らは繰り返しの学習を通してこの壁を乗り越えます。でも、ディスレクシアの子どもにはたやすくは乗り越えられない壁です。

漢字は複数の読み方がある

　一つひとつの仮名文字は決まった音しか表しません。その意味で仮名文字と

音との関係は固定的です。漢字の大半は音と訓をはじめとする複数の読み方をもちます。そして、どの読み方を選ぶかは前後の文脈によって決まります。「上」は「つくえの上」では「ウエ」ですが、「さかを上がる」では「アガル」、「上下」では「ジョウ」です。「上」はもっと他にも読み方があります。

　子どもはこれら複数の読み方を長期記憶に登録して、どの読み方を選ぶのかを前後の文脈で判断します。文字数が多いうえに、そのほとんどが複数の読み方をもちますから、漢字の読みの学習はすべての子どもに相当の負担となります。でも、子どもたちはやはり繰り返しの学習で切り抜けます。

　ディスレクシアの子どもは音韻の発達に問題をもちます。語音に対する認識が鋭敏でないうえに音の記憶もよくないので、読み方がなかなか長期記憶に入りません。ひらがなの読みを覚えるのに苦労したNさんは、個々の漢字がもつ一つの読み方を覚えるのが精一杯で、とても複数の読み方は覚えられませんでした。5年生の時、複数の読みを知っている漢字は「車」や「空」などおよそ10文字でした。

　ディスレクシアの子どもにとってさらに難しいのは、文脈に照らしてどの読みを選ぶのかを見つけることです。ディスレクシアは一般に、複数の文字が連なった時、そこに語のまとまりを見つけることが苦手です。通常、子どもは学校に入った最初の1年間でこのスキルを身につけます。ディスレクシアの子どもに逐次読みが長く続くのは、文字を単語にまとめて読むスキルがなかなか獲得できないためです。遂次読みでは語のまとまりがなかなか見つからず、文脈に合わせた漢字の読み方の選択は難しくなります。

漢字は熟語をつくる

　漢字は意味を表します。ディスレクシアの子どもは話しことばの意味の理解にはあまり問題をもちませんから、漢字の音を覚えさえすれば意味の理解はそれほど難しくありません。ところが、漢字はいくつか合わさって熟語をつくり、新たな意味を創り出します。「家」は「人が住むところ」や「うち」を意味しますが、「家族」は「同じ家に住む親子きょうだい」という別の意味をつくります。熟語はそのほとんどが音読みとなるので、熟語に出会うたびに読み方と意味の両方を新たに学ばなければなりません。

　例えば、ディスレクシアの子どもは「かぞく」ということばは知っているのに、漢字の「家族」を見ても読めないので意味もわからないのです。高学年に

なるほど、学習で使う語彙の大半は熟語になります（「健康」「歴史」「政治」など）。ディスレクシアの子どもはこれらの熟語を読んでもらわない限り、意味はわかりません。

漢字は複雑な形をもつ

　漢字は複数の画や部首で構成されますが、１文字ごとに画数や部首の配置が決まっています。「口」は３画（たてせん、かくかぎ、よこせん）で、「休」はにんべんの偏と「木」という旁の２つの部首で構成されます。学校では、先生の手の動きに合わせて空書し、紙に書いて、漢字のパーツ（構成要素）とそれらを書く順番を覚えます。この作業を通して子どもは、それぞれの漢字がどんなパーツでできているのかを知ります。書き順はパーツの記憶を促します。さらにパーツを適切に配置するために、視空間認知や視空間ワーキングメモリーの働きが加わります。普段私たちは漢字を書く時は無意識ですが、その背景には複雑な脳の機能が働いています。漢字を書くとは、さまざまな脳の機能が同時に、また並行して働き合う複雑な作業であることがわかります。

　ディスレクシアの子どもは漢字を読むことも難しいのですが、書くことのほうがもっと難しいようです。中学生になって小学校レベルの漢字はほぼ読めるようになったけれど、書くことは覚えられず、作文はひらがなで書くディスレクシアの子どもに出会うことはまれではありません。なぜ彼らにとって漢字書字がこれほど難しいのか、そのメカニズムはまだよくわかっていません。

ディスレクシアの子どもがもつ認知の特徴

　彼らは音韻意識とその記憶に問題をもっています。この問題は英語圏や他の言語でも、また日本でも広く研究されており、ディスレクシアについての共通認識となっています。漢字の読み（音で表されます）の認識とその記憶が弱い時、読みを覚えられないということは頷けます。

　見ることに関しては、形が似た文字同士を見誤る、行を追えないなどの問題がディスレクシアの子どもによく観察され、眼科の検査報告書には彼らが眼球運動に問題をもつことがよく述べられています。ディスレクシアの子どもには複数の文字を同時に処理する能力に問題があることを指摘する研究報告もあります（関口他、2012）。これらの問題が漢字の読みと書きにどのように関係す

るかは今後さらに明らかにされていくと思われます。

指　導

　漢字を読む時は目で、書く時は手で……とまず思うように、読みと書字に使われる身体機能や認識機能はそれぞれ違います。ですから指導の仕方もまったく違ってきます。

読みの指導

　子どもは一度教えられれば「山」は「ヤマ」と読むことを覚えます。音が文字に貼りつくのです。だから文字を見れば、それに貼りついている音を即座に取り出せる（すなわち、音を思い出せる）のです。これが文字の読みです。ディスレクシアの子どもは、繰り返し教えられても文字に音が貼りつきません。私たちが誰でも漢字に音を貼りつける接着剤をもっているのに、彼らにはあたかもそれがないようです。

　ディスレクシアの子どもたちは、日常会話でたくさんのことばを話しています。でも、彼らにはこれらのことばを漢字に結びつけることは難しいようです。「ムシ」ということばは、子どもにとって最も馴染みのある語彙の一つですが、それが漢字の「虫」と即座に結びつくわけではないようです。

　すると彼らに必要な支援とは、目の前の漢字に、彼らがもっている語彙のなかから、その漢字にぴったりと当てはまる音を見つけて、それを漢字に貼りつけるスキルを学習させることです。彼らはすでに語彙をもっていますから、漢字を見て対応する音をたやすく選び出せばよいのです。

　初めて漢字の読みを学習する時、自分がもっているたくさんの語彙の海のなかからターゲットの語音（例えば「山」なら「ヤマ」）を見つけるより、少ない語彙（例えば5種類のことば）からその音を見つけるほうが楽だと思いませんか。「これから5つのことばを習います」と、図8-1のAのような5個のひらがな単語リストを読ませた後に、図8-1のBのような5つの漢字を見せて1つずつ読みを教えます。子どもはあらかじめ活性化されている5つの語音の中から各漢字に対応する語音を選んで記憶するほうが、不特定多数の語彙から探し出して覚えるより楽なはずです。ひらがなのリストを読んでおくという前段階を踏むと、音がすでに活性化されているので、それぞれの漢字に合った音が

貼りつきやすくなります。音韻に問題のあるディスレクシアの子どもには、このような指導の工夫が必要です。

学年が上がると、教科書に新しい熟語がどんどん増えます。例えば算数では「整数」「垂直」、社会では「国土」「消費者」（いずれも5年生）などの熟語が使われます。これらの多くは、その単元で学ぶ内容のキーワードです。漢字の読み方が覚えられなければ、意味も覚えず、その単元の学習が難しくなります。ディスレクシアの子どもにはこれらの熟語を図8-1の方式で、はじめひらがなで音を覚え、その後に漢字の読みを学習させることが必要です。

A	B
ふね くも たに あさ とり	舟 雲 谷 朝 鳥

図8-1 漢字の読みの指導

教科書に出るこれらの熟語は、子どものこれまでの語彙のレパートリーにはありません。ディスレクシアの子どもは語音の認識と記憶に弱さをもちます。新しいことばの音をあまり性能のよくない記憶装置に登録し、それを漢字に貼りつけるという作業を行うことは、彼らには負担です。そのために漢字を読む学習の前に、ひらがなでその語音に馴染んでおく必要があるのです。

この方法では、複数の読みをもつ漢字は、それぞれの読み方を互いに関連なく別々に覚えることになります。一定の段階に学習が進んだ時、同一漢字がもつ複数の音をまとめて認識させるステップが必要です。

また、この方法で学習した漢字の読みが、長期記憶にしっかりと登録されるとは限らないのも事実です。漢字は文字数が膨大なので、ひらがなのように同じ文字を見る頻度は高くありません。時々リハーサルする必要があります。ディスレクシアの子どもにとって語音を文字に貼りつけ、記憶することがいかに難しいかを示しています。

書字の指導

(1)漢字の構造

漢字の形は複雑な構造をもっています。その構造を子どもにどのように教えたらよいかが指導の要です。小学2年生の国語教科書には160種類の新しい漢字が出てきます。まず、それらの漢字がどのような構造をもっているのかを、2年の配当漢字でみてみましょう。

漢字の形は3段階でできています。一番低い段階（第一段階とします）は画です（たてせん、かくかぎ、よこせんなど）。すべての漢字は10種類の画のい

ずれかを組み合わせてできるといわれています（宮下他、2006）。画を組み合わせて漢字を書く時、それぞれの漢字には画を書く順番があり、学校ではそれを「書き順」として教えます。画自体は音も意味も表しません。

　第一段階より上にあるのが、第二段階の偏、旁、冠などと呼ばれる部首（パーツ）です。2年生で習う160種の漢字は39種のパーツで構成されています（村井、2011）。パーツは、例えば「にんべん」が人、「さんずい」は水に関連するなど、大雑把な意味をもちますが、その名称は書き方については何も示しません（例えば「にんべん」という名称は2画だなどということは何も語りません）。子どもたちは何の手がかりもなしに、もっぱら視覚的な形のイメージを頼りにパーツの書き方を覚えると思われます。これを助けるのが書き順です。

　第三段階にあるのが、私たちが実際に読み書きする漢字で、複数のパーツを組み合わせてつくられます。2年生は、これら39種のパーツをさまざまに組み合わせて160種の漢字を書くことを学ぶわけです。

　6年間に教えられる漢字（学習漢字）は1006字、これらを構成するパーツは全部で169種あります。子どもたちは、169種のパーツを組み合わせてつくられた1006種の漢字を覚えるわけです。漢字がパーツを単位に構成されるということは、それを書く時もパーツが単位になると考えることができます。

　漢字は音を表しますが、それは読み方を表す音であって、書く時の手がかりにはなりません。例えば「花」の読み方「ハナ」は、書くことに何の手がかりも与えません。

　教室での漢字の書字指導は、先生の空書から始まります。繰り返し、書き順を1、2、3……と番号順に唱えて、子どもはそれを模倣しながら書き方を覚えます。その後に同じ文字を繰り返し紙に書きます。空書と、紙に書くことの繰り返しで、子どもはその漢字の構成要素を学んでいくのではないかと思われます。すると、漢字の構成要素の最下段である画を順番にたどって書くことの練習が、漢字の書字を覚える基本となっていると考えられます。画を順にたどってパーツをつくり、さらにパーツを組み合わせて漢字をつくるという順番が漢字を書くプロセスのように思われます。

(2)ディスレクシアの子どもの漢字の書き方

　ディスレクシアの子どもに漢字の書き方を教えていて、気づくことが2つあります。彼らは漢字を模様のように書くことと、書き順を覚えないことです。

あたかも初めて見る図形を写すように書き、そこにパーツらしきものはありません。書き順についても、空書の繰り返しや画ごとに番号をふる方法ではなかなか覚えないので、端末画面で指をたどって書き順を覚えるソフトを使ってみますが、必ずしもすべてのディスレクシアの子どもに効果があるとは思えません。

　もう一度、定型発達の子どもの漢字書字の学習方法をまとめると、パーツごとに漢字の部品を完成させます。パーツには書き順があり、これは空書と繰り返し書くことで覚えるようです。パーツを書き足していく時は、パーツごとの空間的な位置関係の認識も必要です。子どもは個々のパーツを書きながら複数のパーツを適切に空間配置し、空間的まとまりをつくって1個の漢字となります。ディスレクシアの子どもが模様のように書くということは、漢字がパーツから成り立っていることに気づいていないことを示唆します。

(3)現在試みられている指導法の紹介

　学校教育でとられている書字の繰り返し学習は、ディスレクシアの子どもには学習の武器にはならないことは、彼らの指導に携わる多くの人が知っています。では、どんな方法があるのかは暗中模索ですが、それでもいくつかが提案されています。いずれも試みの段階ですが、その一部を紹介します。主に3タイプがあります。第一はパーツを基準に漢字の形態に気づかせるアプローチ、第二は漢字の形態を基準にグループ化するアプローチ、第三は漢字の形態を言語化するアプローチです。

(a)パーツを基準に漢字の形態に気づかせる

　最もよく行われるものとして、偏と旁を別々のカードに書いて、トランプの神経衰弱のようにパーツの相手を見つける方法です。ただ、これは偏や旁がない漢字、例えば「水」「田」などには使えません。パーツの認識を促す他の方法としては、パーツ同士やパーツと画を足し算させてターゲットの漢字をつくる方法などがあります（村井、2011）。「男」は「田＋力＝？」、「百」は「一＋ノ＋日＝？」などです。パーツごとに色を変える方法もあります。

　視覚的なイメージの豊かな、かつそれをことばで表現できる子どもは、自分なりに漢字を分解して、意味づけすることができます。湯澤ら（2013）はある子どもの例を示しています（図8-2）。「受」の文字を「3人の人がいて、机の下には長椅子があった」と表現しています。「机」はうかんむりからのイメージ、「長椅子」は部首の「又」からの連想と思われます。このように、自分な

うけつけに3にんの人がいて、つくえの下にはながいすがあった

指導者は漢字「受」を3つのパーツに分解して、漢字のストーリーをつくることを促し、それを絵に描かせた。右の文は子どもがつくったストーリーの内容。指導者が一緒に話し合いながらこの作業をすることが大切。

図8-2 漢字「受」の書き方を視覚情報を利用して学ぶ例（湯澤他、2013）

りの意味づけは長期記憶に入りやすく、とてもよい学習法といえます。ただ、視覚的にイメージすることができ、それをことばで表現する力がないと、この方法は成り立ちません。また湯澤ら（2013）は、指導者が子どもと一緒にパーツをどう分解するか、どう意味づけするかを話し合っていくことの重要性を指摘しています。

(b)漢字を形態の特徴でグループ化する

　同じパーツでできる漢字を集めると、これまではバラバラだった個々の漢字がグループ化されて覚えやすくなることがあります。例えば「道」も「近」もこれまではバラバラな関係のない文字だったのが、しんにょうという名称とそのなりたち（道を行く意味を表す）を知ると、読みでも書字でも手がかりとなり覚えやすくなります。筆者は、学校で習った漢字の半分くらいしか書けなかったディスレクシアの子どもに、偏の種類ごとに整理した漢字表をつくらせたところ、さんずいの字は何と何があると、その表を活用して漢字をグループ化して覚えるようになり、学習が進みました。

　漢字のグループ化を促進するためには、パーツの成り立ちを知ることを通して、その意味や名称を教えることが有効です。ただ、成り立ちや意味を理解するためには、ある程度の言語力が必要です。言語発達の遅れがある子どもには適しません。成り立ちと意味については伊東（2012）が参考になります。

(c)漢字の形態を言語化する

　漢字の中にはパーツを言語化しやすいものがあります。「空」を「ウ、ハ、エ」、「親」を「立って木を見る親」（学研、2003）などと言語化できます。この方法は書き順を覚える有力な手がかりとなります。ただ、言語化しにくい漢字もたくさんあります。無理に言語化するために意味的に整合性のない表現となることもあります。

　漢字の意味や形のイメージで言語化することも、子どもに書字の手がかりを提供します。「魚」を「田んぼに逃げた4匹のさかな」で覚えたり、「春」を

「3人が日なたでのんびり春だ」（学研、2003）などです。これらは子ども自身や指導者が簡単に思いつけるとは限りません。漢字を書く時の「となえうた」（宮下他、2010）が参考になることがあります。

　現在行われている漢字指導法をまとめると、「漢字のパーツに注目させる」「書く順序の手がかりにことばや意味を利用する」の2つの方法があります。文字の形態を分析的に見ることができない、また書き順を覚えることができないというディスレクシアの子どもの特徴に合った支援方法です。

　学校では、漢字は教科書に現れる順番に沿って教え、パーツの種類によってまとめて教えることはありません。意味やパーツの種類でグループ化したり、言語化しやすい漢字から教えるなどの指導法は、教科書に現れる順や、学年ごとに定められた配当漢字の枠組みからは外れます。むしろディスレクシアの子どもの漢字書字の指導は、教科書や学年ごとの配当漢字の縛りにとらわれないことが重要なポイントの一つではないかと思われます［なお、第6章(2)、第11章に漢字指導法の具体例が図と写真つきで紹介されています］。

おわりに

　漢字を書くことは、ディスレクシアの子どもに最も大きな困難を与えます。ディスレクシアの高校生で、漢字の読みは年齢相応ではないものの、中学レベルの漢字は読めるが、書くことは小学3、4年生レベルということはまれではありません。そのような学生に小学校の漢字の練習をさせることは、彼らの心理的抵抗を招き、自尊心を傷つけます。小学校高学年や中学生のディスレクシアの子どもに低学年の漢字を学ばせることは、現実的ではありません。

　文章を書く目的は、自分の考えを表現すること、またそれを人に伝えることにあります。するとPCでもこの目的は達成することができ、手書きにこだわる必要はなくなります。

　ディスレクシアの子どもは作文を書くことをいやがります。その理由の一つは、漢字が書けないことにあるように思われます。書かないので、文を書く練習を積めず、ますます書くことがいやになります。でも、彼らは何も考えていないわけではありません。話しことばでは、ディスレクシアではない子どもたちと同じようにさまざまな表現をします。PCで自分が考えていることを文字

にする学習は、彼らにいまだあまり試みられていない意味のある学習です。

　ここで問題になることは、いつ頃からPCを導入するのか、漢字を書く学習はどうするのかということです。筆者は小学3、4年生頃までは本章に述べたような指導法で漢字の書字を学習する、5年生頃からはPCで文を書く学習をすることがよいのではないかと考えます。ただ、学校の教室ではPCは使えないので、通級や家庭に限られます。これらのことについては、今後さまざまな立場からの議論が必要です。

（大石敬子）

［文献］
学研『漢字九九カード（2年）』学習研究社、2003年
伊東信夫『漢字なりたちブック—白川静文字学に学ぶ』太郎次郎社エディタス、2012年
宮下久夫、篠崎五六、伊東信夫、浅川満『漢字がたのしくなる本　1　101の基本漢字』太郎次郎社エディタス、2006年
村井敏宏『読み書きが苦手な子どもへの「漢字」支援ワーク』明治図書出版、2011年
関口貴裕、吉田有里「読み書き障害児の視覚的注意特性—読みの有効視野および視覚的注意スパンの検討」『LD研究』21巻、70-83頁、2012年
湯澤美紀、河村暁、湯澤正通編著『ワーキングメモリーと特別な支援——一人ひとりの学習のニーズに応える』北大路書房、2013年

第9章
英語学習の難しさの特徴と指導の実際

はじめに

　日本の学校でディスレクシアの子どもの存在が気づかれてから、まだあまり年月は経っていません。当初私たちがもったディスレクシアの理解は、ひらがなの読み書きの問題でした。その子どもたちも中学生になり、彼らがもつ難しさはひらがな、漢字だけではない、英語の学習はそれら以上に困難であるということに気づき始めました。

　教育行政は社会のグローバル化という波に乗って、英語教育の早期化の方向に進んでいます。2020年には小学5、6年生で英語が主要教科として位置づけられるということです。このような流れにもかかわらず、ディスレクシアの子どもの英語学習については指導法どころか、その実体すら明らかになっていません。

　英語学習の難しさは、中学に入って突然現れるわけではありません。そこには、小学校の間は表面に現れていなかった、読み書きの学習に関する基本的問題があるのです。これはひらがな、漢字の読み書きと深く関係し、英語単独の問題ではありません。

　はじめに2人のディスレクシアの子どもの英語学習の様子を紹介して、この問題の複雑さと深刻さを明らかにしてみたいと思います。第一例は、ひらがな

の読み書きには問題が顕在化しなかったものの、中学に入って英語の学習が困難でした。第二例は、小学校低学年からひらがな、漢字の学習が困難で、中学の英語も困難だった例です。

英語の学習が困難であったディスレクシア事例——2つのタイプ

Oさん

　Oさんは知的発達に遅れはなく、小学校就学まで何ら発達上の問題は示しませんでしたが、ひらがなを覚えたのは小学校に入ってからでした。ディスレクシアの子どもが誰でも苦労する1、2年生での国語教科書の音読は、Oさんにも母親にも大変だったという記憶はありません。ただ、本を読んでもらうのは好きなものの、自分からは読もうとはせず、漫画を見るのみでした。作文は書いても短く、母親の手助けが必要でした。低学年では目立った学習の遅れは気づかれませんでしたが、4年生以降、学習内容が難しくなると、読解、作文に遅れが現れました。しかし勘のよいOさんは、○×が多い学校のテストでは比較的よい点を取り、家族も先生も読み書きの問題には気づきませんでした。理科や生物が好きで、本人はそれなりに学習に自信と意欲をみせていました。ところが中学に入って、英語の勉強が進まず、テストもこれまで取ったことのないような低い点が続き、次第に学習からは遠ざかるようになり、学校を休みがちとなりました。中学の英語の授業は、アルファベットの読み書きができること、身近な英単語（I, you, dog, boy, thisなど）を聞いてわかることを前提として進められます。中学に入った時、Oさんには聞いてわかる単語は10語くらいでした。それらもつづりは読めず、書けませんでした。学校では、英語についての支援はなく、Oさん本人もどうして自分がこれほど英語が学習できないのかを理解できず、学習に対する意欲をなくしたと思われます。

　通っていた中学が進学率を誇る学校だったので、比較的緩やかな教育方針の学校へ転校した後は、学習にも前向きになりました。ただ、英語については学習がまったく進まなかったので、スクールカウンセラーの助言を受け、専門機関で検査を受けました。そこで受けた説明は「ディスレクシアがある。ただ、軽度なので、読み書きの問題が日本語にはあまり出ず、英語に強く出た」とのことで、「音韻性英語ディスレクシア」という診断を受けました。その後、外部の指導機関で指導を受け、中学3年生終了時までにはある程度学習が進みま

した。でも、それは学習の到達度でいうと、中学１年生前期のレベルでした。高校は受験科目に英語がない学校を選びました。

Lさん［第７章(4)参照］

　Lさんも知的発達に遅れはなく、感受性豊かな子どもでした。ひらがなが覚えられないことを主訴に１年生後期に医療機関を受診し、２年生のはじめにディスレクシアと診断されました。その後、通級指導教室の指導を受けて、ひらがなは覚え、単語、文の読み書きに進みました。ただ、声を出しての音読は、いつまでも逐字読みで、そばで見ていてもつらそうでした。６年生時には、好きな理科系の小学生低学年向きの本は内容を理解できるようになりました。学校の成績は、理科は４があるものの、他の教科は２が連なっていました。

　中学に入った時、アルファベットはおろか、ローマ字の読み書きも不完全でした。言えた単語はdog, cupの２語で、つづりを見せられても読めませんでした。外部指導機関で月２回、英語の指導を受け、中学２年生終了時、英語の語彙は50語くらい、I am a boy. You have a dog.などの限られた文は学習しましたが、１年生の教科書の会話文を主体とした文のほとんどは読むこともできず、意味もわかりませんでした。

　Oさん、Lさんとも知的発達、言語発達に遅れはありませんでしたが、２人に共通して中学で英語の学習が大幅に遅れました。いずれも小学５、６年生で外国人教師から会話の授業を受けていたにもかかわらず、中学に入った時の英語の語彙はそれぞれ10語と２語でした。また、２人とも中学校では週３コマの英語の授業を受け、外部でも指導を受けていましたが、中２、３年修了時の学習状況はきわめて限られていました。どうしてこのように英語の学習が大幅に遅れるのでしょう。

　また、Oさんは英語のみでしたが、Lさんは日本語と英語の両文字言語に学習の遅れがありました。Oさんが受けた「読み書きの問題が日本語にはあまり出ず、英語に強く出た」という説明は、どういうことなのでしょう。これらのことを理解するには、日本語と英語の文字体系の違い、すなわちこれら２つの言語では文字と音の仕組みが違うということを知らなければなりません。次にこのことを考えてみましょう。

文字と音の仕組み——ひらがなとアルファベットの違い

ひらがなの文字と音の関係

　日本語、英語を問わず、文字は話しことばの音の単位（粒）に基づいてつくられています。例えば「まり」ということばは「ま」と「り」という2つの文字で表されます。ひらがなが準拠する音の粒をモーラといいます。モーラは、私たちが俳句や和歌を詠う時に数える語音の単位です。日本語にはおよそ108種類の単位音があります。この数はひらがな清音46文字とそれらの濁音、半濁音、拗音などを合計した数と同じです。まとめると、ひらがなの学習とは108種類の音（語音の粒）を聞き分け、それぞれに対応する文字（ひらがな）を覚えることです。音の粒が大きければ対応する文字の単位も大きくなり、文字との対応関係が学習しやすくなります。日本語の話しことばは大きな音の粒からできているので、それに対応する文字を覚えることは、他の言語（例えば英語）より易しいといわれています。

　もう一つ、ひらがなの文字と音の関係で、ひらがなの学習を容易にさせていることがあります。それは音と文字の対応規則の性格です。「ア」という語音は文字「あ」以外とは対応せず、また文字「あ」は「ア」としか読みません。ですから、ひらがなは音と文字の間が一対一の固定的な対応関係をもつといえます。ただし例外があり、「オトーサン」は「おとうさん」と書きます。また助詞の「〜へ、〜は、〜を」は発音とは異なる文字を書きます。このように例外はあるものの、文字と音の対応関係が固定的であることは、仮名文字学習を容易にさせます。

アルファベットの文字と音の関係

　英語の話しことばの音の単位は音素です。音素は日本語のモーラに比べると音の単位としては粒が小さいのが特徴です［第4章参照］。例えば、ひらがな「か」が対応するモーラ音「カ」は日本語を母国語とする人は1つの音の粒として認識しますが、英語を母国語とする人はそこに2個の音素"k"と"a"があると認識します。同じ音がひらがななら1文字のところ、英語は2文字の組み合わせになります。

　さらに、アルファベットは文字と音の関係が固定的ではありません。ひらが

なは同一の文字に複数の読み方はありません。ところが英語は、例えば音素"k"は文字k、c、q（king, cake, quick）のいずれでも書き表すことができます。同じ音が複数の文字に対応するのです。文字と音の対応関係が不規則な単語もたくさんあります（例えば、know, sight, thoughなど）。これら文字と音に規則性がない単語は、つづりも読み方も丸ごと暗記するしかありません。英語にはこのような単語がたくさんあります。

　まとめると、ひらがなとアルファベットは文字と音の関係の仕組みが異なり、第一に、音の単位を粒にたとえると、ひらがなは粒のサイズが大きく、アルファベットは小さい、第二に、文字と音の対応がひらがなは規則的だが、アルファベットは不規則です。これらの違いをざっとみただけでも、ひらがなは仕組みが単純で覚えやすそうだが、アルファベットは難しそうに思えます。事実、ひらがなは英語やフランス語などに比べると学習しやすい文字だといわれています。

英語は外国語であるということ

　日本のディスレクシアの子どもにとって英語の学習が難しい理由として、前項で述べた文字の仕組みの違いの他に、もう一つ無視できないことがあります。それは、彼らには英語は母国語ではないことです。むろん、これは英語を勉強する日本のすべての中学生に共通しますが、ディスレクシアの子どもには「母国語ではない」ことに関して、音韻の障害に関係する特有の問題が生じます。

　通常、子どもが母国語の文字であるひらがなを覚える時、話しことばについてすでにどんなことを知っているでしょうか。第一に母国語の音に聞き慣れています。私たちは初めて聞く外国語の音はとらえどころがないように感じ、真似ができません。でも、母国語なら2歳の子どもでも音を真似て言います。第二に、日常会話に使われる語彙を知っています。おそらく数千語以上でしょう。第三に、さまざまな文の形（肯定文、疑問文、否定文、その他）や過去型や未来型などの言い表し方を話しことばを通して知っています。

　これら3点を、英語を学習する場合に置き換えて考えてみてください。もちろん、ディスレクシアかどうかを問わず、日本の中学生の大半にこれら3点は当てはまりません。中学1年生が英語の語彙を数千語も知っていることは通常

はありません。ただ、彼らは小学校ですでに行われている英語教育で英語の音にある程度親しんでいます。語彙も少しは学んでいます。文の形も易しいものは聞きかじっているでしょう。大半の中学生は、これらを土台として英語を学習することができます。

　ディスレクシアの子どもはどうでしょう。彼らを指導して強く感じることは、これら３点がいずれもほとんどゼロに近いのではないかということです。Ｏさんは中学２年生の時に言えた単語はbox, catなど10語でした。Ｌさんは２語でした。文はＯさんがMy name is……, This is a book.などを言えただけでした。２人ともABC……の系列すら終わりのほうは唱えることも書くことも誤りました。

　以下に音、語彙、文に分けて、英語の学習を始める時のディスレクシアの子どもがもつ問題をまとめます。

音について

　ディスレクシアの子どもは音韻発達の遅れをもっています。母国語でさえ、単語を構成する音の聞き取りがうまくできません。聞いた音を覚える記憶の力にも弱さがあります。これらを含めたことばの音に対する感度の低さが、ひらがなの学習を遅らせたのです。その具体的な姿をＬさんにみることができます。ひらがなにはあまり困難を示さなかったＯさんでさえ、英語の授業は「見知らぬ国に来たようだった」と述べています。私たちがアラビア語を聞かされて真似しなさいと言われたら戸惑うことを想像してみてください。

語彙について

　英語を母国語とする子どもはつづりcatを「キャット」と読めたら即座に意味がわかります。でも、日本の子どもは読み方を覚えても、それが何を意味するかは知りません。外国語の読みを学ぶということは、文字の読み方と同時に意味を学ぶことなのです。英語が母国語の環境にいる子どもがことばを覚え始めた時から蓄積している語彙が、日本の子どもにはありません。ディスレクシアかどうかを問わず、読みを学ぶと同時に意味を学ばなければならないことは、日本の子どもの英語学習に二重の負担がかかることを意味します。

文について

同じことは文についてもいえます。英語圏では子どもがいたずらをした時、まわりの人は「やってはいけない」と否定形でいうでしょう。すでに終わったことは過去形で、これからやることは未来形でいいます。子どもは2、3歳頃からこのような文の言いまわし方を日常会話を通して覚えます。外国語として英語を学ぶ時、文のつくり方、およびその背景にある文法を一つひとつ教えられて覚えなければなりません。これも日本の子どもには英語学習の負担を増します。

以上、日本の子どもが英語を外国語として学ぶ時に生じる難しさを述べました。これらはディスレクシアに限らず、すべての日本の子どもに当てはまります。ただ「ことば」を形にするのは音です。語彙や文はすべて音で表されます。音の認識とその記憶に問題をもつディスレクシアの子どもにとっては、これらの学習はディスレクシアをもたない子どもに比べ、数倍も難しくなるのです。

○さんとLさんの違いはどうして生じたか

音韻の発達はどのようにして評価するか

子どもの音韻の発達はどのようにしてわかるのでしょうか。その方法を述べる前に、もう一度、ディスレクシアの子どもが根底にもつ音韻の問題について復習しましょう。

第一に、話しことばに形を与えるのは音（語音）です。語音は風の音のように切れ目のない連続音ではなく、音節（またはモーラ、英語では音素）という単位をもちます。そして、ある概念（ことばの意味）を表すために、定められた音の種類と配列でこの単位音を組み合わせます。これが「ことば」です。すると「ことば」を理解したり話したりするためには、音の単位がわかり、音の種類、その配列などを敏感に認識すること（音韻の気づき）、それを記憶することなど、さまざまな脳の働きが必要です。第二に、読むためには音と文字の対応規則を覚え、目の前の文字を音に変換すること（デコーディング）も必要です。文のように長く連なった文字を読むためには、この変換をすばやく効率的に行う必要があります。ディスレクシアの子どもがもつ音韻の問題とは、こ

れら2つ（音韻の気づきと音への変換の容易さ）を包含した発達の遅れなのです。

　子どもの音韻の発達を評価する時は、この2つの側面を調べます。その方法として最も一般的な検査が、モーラ削除課題と単語・非語音読課題です。モーラ削除課題では、聞かされたことばからある音を抜いて復唱します（例えば、「みどり」から「ド」を抜く。答えは「ミリ」）。単語・非語音読課題は、一定数のひらがなを音読する時の速さを測ります［第5章(2)参照］。モーラ削除課題の刺激は音ですが、単語・非語音読課題は文字（ひらがな）です。モーラ削除課題は音への気づきの敏感さを評価するのに対し、単語・非語音読課題は文字を音に変換することの容易さと効率性を評価する検査といえます。

■ Oさん、Lさんの音韻評価の結果

　OさんとLさんに行ったこれら2種の検査結果は、興味深い違いを示しました。中学1年生時Oさんは、音韻の気づきを測るモーラ削除課題では小学2、3年に相当する成績で、音韻の発達は小学2、3年生レベルと考えられました。しかし、文字を音へ変換する容易さの評価（単語・非語音読課題）は比較的よく、小学6年生レベルでした。Oさんは音韻評価の2つの側面に発達の差を示しました。Lさんはやはり中学1年生時、モーラ削除課題は小1レベル、単語・非語音読課題は小1よりはややよいが、小2には達していないレベルでした。両検査とも小学校低学年のレベルでした。

　2人に共通して、音韻の気づきの敏感さは中学になっても小学校低学年の発達に過ぎませんでした。しかし、文字を音に変換することについては、Oさんは小6レベルであまり遅れはありませんでしたが、Lさんは大きな遅れをもっていました。この違いが2人にみられるひらがな、アルファベット間の学習差と関係するのかもしれません。すなわち、音韻の気づきと文字を音へ変換する容易さの両方が低い時、日本語と英語に学習の困難さが現れ、音韻の気づきのみが低く、音への変換がよい時、ひらがなの学習にはあまり問題が現れないようです。ただし、このことは多くの事例によって検証される必要があります。

　音韻発達にもいろいろな側面があり、どの側面が問題をもつかによって、異なる言語間で影響の受け方が違う可能性が示唆されたことは、読みの学習の複雑さを私たちに示しています。

英語の読み書き指導

　LDの子どもへの英語指導はいくつか試みられ、報告もされていますが、音韻に問題をもつディスレクシアの子どもへの英語の指導はいまだ報告がありません。以下は、筆者がOさん、Lさん、および他の音韻性ディスレクシアの子どもに行って、ある程度学習を進めることができた指導法です。学習の成果は子どもの学年相応レベルとはほど遠いものでしたが、それぞれの子どもには英語の勉強に多少の達成感をもたせることができたと思います。ここに述べる方法はまだ試みの段階ですが、そのいくつかを紹介します。

　ディスレクシアの子どもは読み書きは苦手ですが、言語発達には問題がない例が多く、特に意味の理解は優れています。以下に述べる指導法は、ことばや文字がもつ意味を手がかりに読み書きを学習する方法です。そのために、通常の学習法なら個々のアルファベット文字の読み書きをまずはじめに学習して、それから単語の学習に進みますが、ここでは単語の学習から始めます。

単語の学習

　Lさんは小学校で文字「あ」は「ア」と読むと何度教えられても覚えませんでした。それと同じことが英語の単語の学習でも生じました。例えばboyを聞くと復唱はでき、その数分後に言うこともできましたが、セッションの終わりには言えませんでした。あたかも音の痕跡が消えてしまったかのようでした。中学1年生のはじめに言えた語彙はdog, cupだけで、小学校で習った英語の音がほとんど記憶されていないと思われました。この状態を打開したのが、韻を踏む語を使って英語の語音を覚える方法です。

　韻を踏む語とは、語頭または語尾に同じ音をもつ語の組み合わせのことです。例えばpenとmenは語尾が同じ音ですから、互いに韻を踏みます。"pen, men"と続けて言ってみてください。"pen, cat"と言うより言いやすいと思いませんか。英語圏の子どもでは、韻の気づきは音韻の発達のなかで最も早く育つといわれ、子どもたちが最初に覚える歌は韻を踏む語で歌詞がつくられているそうです。

　OさんもLさんも、語尾に同じ音をもつ4語を1セットとし、これを唱えて各語の音を覚えました（図9-1）。penやmenを1語ずつ覚えるより、早く、か

```
pen  men  hen  ten
fan  pan  can  man
cat  bat  hat  rat
net  pet  wet  get
```

図9-1 単語の学習、韻を踏む語の例

つ楽に覚えました。同時に意味も学びました。この方法で6ヵ月間に2人とも50語近くの語彙を学習しました。この語彙の学習には、ことばの音を聞いて意味を言う、つづりを音読する、つづりを見て意味を言う、が含まれますが、つづりを書く学習は行っていません。後に述べますが、日本のディスレクシアの子どもにとってアルファベットで語のつづりを覚えることは、英語学習のなかで最も困難なことの一つなので、この学習は後回しです。

アルファベット文字の文字・音対応の学習

アルファベットは文字名とその文字が表す音（例えば、Aは大文字、小文字とも文字名は「エイ」、文字が表す音は「ア」）をもちます。文字名は比較的楽に覚えられますが、文字が表す音を覚えること（これが文字・音対応の学習です）は、英語の指導開始時、Oさんが少し知っているだけでした。

まず韻を踏む語で覚えた語彙を使って、例えばpenのはじめの音「プ」は文字pで書くことを教えました。すでに学習している語ですので、比較的楽に語頭音を取り出し、それに対応するアルファベットを覚えることができました。語頭音ができたら、同様に語尾音でも行いました。これを学習した50語すべてについて行い、アルファベットの文字・音対応を覚えました。この学習を通して、英単語を聞く時にこれまでより音に注意を払う様子がみられ、また規則語（dog, deskなど発音通りにつづる語）がつづれるようになりました。

文の学習

中学1年生の英語の教科書は会話文が主体で、I am Tom. This is my sister. などの文から始まります。これらの文を読み、ノートに書き、日本語に訳す学習を通して、文のつくり方、書き方を覚えます。英語の指導開始時、2人ともこのような簡単な文さえ、訳し方、文のつくり方、書き方、いずれもわかりませんでした。書くことによって文を覚えるこのような学習法は、つづりの学習がきわめて困難な2人には適しません。そこで、文の学習にはPCを使いました。目標の文（例えばThis is my sister.）をつくるのに必要な単語（my, is, sister, this）を含むいくつかの単語を画面上に単語プールとして登録します

（図9-2）。そして、単語プールから必要な単語をドラッグ＆ペーストして、画面に文をつくります。その後、文を音読します。2人はこの方法で肯定文、否定文などの基本文型を学習しました。単語が与えられていれば、どのような順で単語を並べるか、すなわち文の構成を学ぶことは、2人にと

```
I  You  He  She  We  This
am  is  are
my  your  his  her  our
mother  sister  brother
```

図9-2 文の学習、単語プールの例

ってそれほど困難でありませんでした。むしろ自分で画面上につくった文を音読することのほうが困難でした。彼らの読みの難しさは文の語数に比例し、2語文は楽に読めますが、Oさんは中3で5語文まで（例えばI sleep in a bed.は読めるが、I sleep in a big bed.は滞る）、Lさんは中2で4語文が限度でした。ディスレクシアの子どもの基本的な問題である文字を音に変換することの困難さがよく表れています。

一方、2人とも3人称単数現在の-s、複数の-sは比較的楽に学習しましたが、否定文、疑問文のつくり方では、I am Taro.→I am not Taro.／I run.→I do not run.など、notを挿入するだけか、doを使うかなど、文法の複雑さがLさんにとって越えがたい壁となっています。

つづりの学習

つづりはディスレクシアの子どもにとって、英語学習のなかで最も難しい課題と思われます。その理由は、英語ではつづりが文字・音対応の規則から外れる単語が多いからです。普通私たちは、文字を書く時、手がかりを音に求めます。ことばを話すことができて、かつ文字・音対応規則を知っていれば、音を頼りに文字をたやすく書くことができます。ひらがなが最も書きやすい文字といわれるのは、そのためです。

Oさん、LさんはPCを使いましたが、途中で手書きの学習を加えました。PCでつくった文はノートにも書かせました。それでも音・文字対応の不規則な単語は、単語プールを見ないと書けませんでした。

あるディスレクシアの大学生は、例えばbecauseを「ベカウス」、thinkを「テインク」など、自分流に音をつくって覚えていましたが、scoole (school)、nite (night) などと書くところをみると、自分流に音をつくる方法も万全ではないようです。この大学生は「漢字の書字も難しい。でも漢字は偏

や旁が手がかりになるが、英語は手がかりになるものがまったくない」と、つづりを覚える難しさを語っていました。現在のところ、「これぞ」と思うよい方法は見つかっていません。

おわりに

　韻を踏む語で英語の音を覚え、少数の単語を学び、それらを使って文をつくる学習は、膨大な時間がかかり、成果も限られたものです。Oさん、Lさんがおよそ1年半を費やした学習の成果は、ディスレクシアをもたない中学生が1年生のはじめの数ヵ月で学習する内容でした。しかし、英語の授業は何もわからず、我慢して座っているしかない2人にとっては達成感が得られるようで、指導には熱心に通いました。

　英語は進学を左右しますが、特別支援教育が普及した現在では、受験に際してさまざまな配慮が受けられます。また、大学のAO入試など、必ずしも英語を必要としない方法もあります。大学に入ってからは、必修科目の英語を、その国の文化や歴史を学ぶ科目で代替することもあるようです。

　音韻に問題をもつディスレクシアは英語の学習が困難なことに変わりありませんが、学習が不可能なわけではなく、「自分は英語を覚えられた」という充実感をもつことができます。また、英語を覚えられないことがもたらす社会的不利については、それを避けて、本来の自分の目標を達成する道を見つけることができるのです。

（大石敬子）

第10章
通常の学級での指導・支援

通常の学級の中で読み書きにつまずいている子ども

　文部科学省の全国調査（2012）から、通常の学級に在籍している子どもたちの2.4％が、知的な発達が標準であるにもかかわらず読みや書きにつまずいていることがわかっています。この調査の結果は、10年前（2002年）の全国調査の結果（2.5％）とほとんど変わっていません。2つの調査を比べてみると、2007年に新しい学校教育法が施行され、通常の学級の中で特別な指導・支援が必要な子どもたちに対する特別支援教育が行われるようになったにもかかわらず、読み書きにつまずいている子どもたちへの指導・支援がいまだに行き届いていないことがわかります（特別支援教育については後の項で述べます）。

　筆者が2001年に実施した小学生の単語の読みについての調査では、学年相応の読み能力が身についていない子どもは、低学年では3％程度ですが、4年生以上になると増加し、6年生では20％以上の子どもが十分な読み能力をもたずに卒業しています（安藤、2002）。この要因は、低学年から高学年へと学年が上がるにしたがって学習の困難度が増すこと、その結果、読み書きの苦手な子どもたちにとっては読みの学習がますます困難になることによるものと考えられます。例えば、「青」（あお）という漢字の読みは1年生で学び、「春」（はる）という漢字は2年生で学びます。そして3年生になると「春」を「しゅ

ん」と読み、6年生では「青春」（せいしゅん）が読めるようになります。具体的でイメージしやすい「あお」「はる」といった単語が、「立春」や「青春」といった抽象的で意味のとらえにくい単語として読めるようになることが求められるようになるのです。したがって、小学校低学年のうちにできるだけ早く読み書きに関わる基礎・基本を習得できるよう、一人ひとりの認知特性（その子にとってわかりやすい課題解決の仕方や得意な学習方法）に合ったきめ細かな指導・支援を行い、読みや書きのつまずきを予防することが大切です。

読み書きにつまずく子どもたちの多様な実態

一口に読みや書きにつまずく子どもたちといっても、子どもたちの実態は一様ではありません。一人ひとり異なる認知発達や情緒発達、対人関係や社会性の課題を抱えています。しかし、適切な指導・支援を考えるうえでは、ある程度の枠組みが必要になります。そこで、類型化してみると、(1)軽度の知的発達の遅れあるいは境界線知能により全般的な学習の遅れがある子どもたち、(2)ディスレクシアと診断される（あるいは可能性のある）子どもたち、(3)ASDやADHDなどの発達障害が合併している子どもたち、(4)言語学習を阻害する環境的要因をもつ子どもたちというタイプの違いが考えられ、指導・支援の方法も異なります（安藤、2016）。

まず、(1)全般的な学習の遅れがある子どもたちに対しては、一人ひとりの学習の進み具合に合わせて、読み書きだけでなく学習全般の基礎・基本をスモールステップで補う必要があります。一方、(2)ディスレクシアあるいはその可能性がある子どもたちでは、一般的な学習法では学ぶことが難しく、もっている力を引き出し伸ばすことが困難であるとされています。この2つのタイプの違いを的確に見分け、適切に指導・支援することが大切です。それは、ディスレクシアが脳の機能の不全を背景とする障害であることから由来しており、一人ひとり異なる認知特性に合わせた特別の指導・支援が必要であるからです。

(3)ADHDやASDなどの発達障害が合併している子どもたちは、学校生活への適応面で困難な課題をもつことが多く、まずは行動面の問題を改善するためのソーシャルスキルトレーニング（SST）が優先されます。ところが、その結果、学習面の問題が見落とされてしまうこともあります。その場合、時には、学習に対する不全感や失敗経験の積み重ねから生じるストレスが二次障害（本

来の障害特性ではないにもかかわらず、不適切な環境のために二次的に生じる障害）として行動面の問題に現れる可能性があります。読み書きのつまずきを見逃さず、学力全体が落ち込む前に学習のベースを底上げすることが大切です。学力向上は子どもたちの心理面の安定化を図り、学習への参加意欲を高め、行動面の適応もよくなることがしばしば報告されています。

(4)環境的要因をもつ子どもたちの問題は、今後の教育課題としてますます重要となる領域です。社会のグローバル化にともなって、外国につながる児童生徒（外国籍児童生徒や、日本国籍であっても帰国、重国籍、国際結婚などで日本語指導が必要な児童生徒）が増加し、特別な教育課程に基づく指導・支援が必要とされています。

このような読み書きにつまずく子どもたちの多様な実態をとらえ、つまずきの要因を正しく評価したうえで、個々の特性に応じた適切な指導および必要な支援を行うことが求められています。第5章(2)で述べたELCは、そのような背景からディスレクシアをスクリーニングするアセスメントとして開発されたものです。

一人ひとりの教育的ニーズに応じる特別支援教育

では、通常の学級に在籍する読み書きにつまずく子どもたちのために、学校ではどのような体制づくりが行われているのでしょうか。それは、支援を必要とする子どもたちのために制度化された特別支援教育です。そして、できるだけ多様な子どもたちがともに学び合う学校づくりを目指すインクルーシブ教育を実現する方向で特別支援教育が推進されています。

特別支援教育は、「障害のある幼児児童生徒の自立や社会参加に向けた主体的な取組を支援するという視点に立ち、幼児児童生徒一人一人の教育的ニーズを把握し、そのもてる力を高め、生活や学習上の困難を改善又は克服するため、適切な指導及び必要な支援を行う」という理念に基づいて、学校での学習や生活に支援を必要とするすべての子どもたちに対して行われるものとされています（文部科学省、2007）。具体的には、学校の中に校内委員会が組織され、校長によって指名された特別支援教育コーディネーターが中心となって校内の支援体制をつくります。また、地域の医療機関や福祉機関などとも連携しながら、支援を必要とする子どもの姿を幼少期までさかのぼって把握し、学校

を卒業した後も含めた将来の姿を思い描きながら、保護者と協力して個別の教育支援計画(長期的な視点で乳幼児期から学校卒業後までを通じて一貫して的確な支援を行うことを目的として策定される)や個別の指導計画(一人一人の教育的ニーズに対応して、指導目標や指導内容・方法、配慮事項などを示した計画)を立てて指導・支援を行います。

　読み書きにつまずく子どもたちは通常の学級の教育課程に則った学習方法では習得が難しいため、個別の指導計画を作成して低学年から特別な指導・支援を行っていく必要性があります。ところが、特別支援学校では個別の指導計画の作成が義務づけられているのに対して、小中学校では「必要に応じて個別の指導計画を作成すること」とされており(文部科学省、2007)、通常の学級では読み書きにつまずく子どもたちのための個別の指導計画の作成とそれに基づく指導・支援が試みられているものの、全国レベルでの組織的な取り組みには至っていないのが現状で、改善が求められます。

通常の学級をベースとする読み書きの指導・支援

　近年、通常の学級をベースとする読み書きの指導・支援の有効性が報告されています。特別支援教育の視点から教科教育を見直し、学習につまずく子どもだけでなく、すべての子どもにとってわかりやすい授業への改善を図ろうとする授業のユニバーサルデザイン(廣瀬、2011)、鳥取方式(関、2015)や多層指導モデルMIM(海津、2008)として提案されているRTI(Reaction To Intervention/Instruction)モデルによる読み指導プログラムです。RTIとは、効果的な指導を行い、子どもの反応に応じて指導の仕方を変えていきながら、子どものニーズを明らかにするモデルです(海津、2015)。鳥取方式では、小学校低学年を対象に、習得段階に合わせた評価を定期的に繰り返しながら、1層では通常の学級内の読み書き指導、2層では小集団や自習形式による解読(デコーディング)指導、3層では個別でのデコーディング指導あるいはデコーディング指導と語彙指導、というステップを踏んで読字支援プログラムが展開されます。

　こうした授業のユニバーサルデザインやRTIの考え方は、学校教育の中に取り入れられ、授業改善を目指した取り組みが多数みられるようになりました。筆者の関わる複数の小学校では、入学時のスタートカリキュラム(幼児教

育・保育から小学校教育へ、無理のない接続を図るために組まれる特別な教育課程）、低学年での定期的な読み書きのチェック、少人数指導やTT（ティームティーチング：一つの学級で複数の教師が連携して指導すること）を導入したきめ細かな指導・支援、中高学年では学年支援体制や専科性の導入など、授業改善のための学校体制づくりが成功し、学習状況調査の結果から学校全体の学力向上が達成された、結果として特別な指導・支援を必要とする子どもが減少した、などの報告があります。

　通常の学級での読み書きの指導・支援は、読み書きにつまずく子どもたちも参加できるような言語活動を積極的に取り入れ、学級全体の言語力を底上げするような手立てを考えることが望まれます。また、TTや学習支援員などによる個別的な支援が学級内にあることによって、自然な形で指導・支援が行われます。しかし、それでも通常の学級の中では十分に学べない子どもたちには、少人数グループでの学習や個別の取り出し指導など、子どもの実態に応じて取り入れます。さらに、通級指導教室の利用も勧める必要があるかもしれません。

通級指導教室などと連携した読み書きの指導・支援

　通級指導教室は、平成5（1993）年に制度化されて以来、利用生徒数が年々増え続け、通常の学級の一斉指導では学ぶことが難しい読み書き困難児童生徒も対象とされるようになりました。通級指導教室には、発達障害がある子どものためのソーシャルスキルや、構音や吃音など言語の改善を目的とする教室があり、通常の学級に在籍する児童生徒が定期的に（多くは週あたり半日～1日程度）通級しています。平成18（2006）年度には、注意欠陥多動性障害（行政的にはこの用語が用いられている）、学習障害が新たに通級指導の対象として学校教育法施行規則に規定され、読み書きにつまずく学習障害児の指導・支援も制度として認められるようになりました。

　最近では、通級指導教室担当教諭の研究会で、読み書き困難がある児童生徒のための効果的な指導プログラムはどのようなものか、通常の学級の担任とどのように連携して指導・支援を進めればよいのか、といった課題が取り上げられるようになりました。けれども、体系的・包括的な指導・支援プログラムが整備されているわけではなく、一人ひとりの認知発達や情緒発達、対人関係や

社会性の発達などの実態をアセスメントし、プランを立て、実行と修正を繰り返しながら手探りで指導・支援を行っているのが現状かと思われます。

図10-1（安藤、2013；2015）は、学習・生活に困難がある子どもたちのために、通常の学級をベースにしながらさまざまな特別支援教育の機能が連携し、途切れのない支援体制を整える仕組みを示しています。特別支援教育コーディネーターは校内での特別支援教育を推進し、学校全体の体制づくりを担っています。学校によって、特別支援教室あるいは学習ルーム、教育相談室などと呼ばれる取り出し指導などができる教室がある場合、その教室の管理・運営も行います。時には、学校に派遣されるスクールカウンセラーと連携し、学習面のアセスメントや心理面のカウンセリングも行われます。また、通常の学級での指導・支援について、学級担任や教科担当の教諭へのコンサルテーション（指導・支援の内容や方法についてアドバイスすること）も行います。

一方、通級指導教室の担当教諭は、通常の学級に巡回指導を行い、学級での子どもの様子を把握し、学級担任などへのコンサルテーションを行います。また、特別支援学校の特別支援教育コーディネーターも通常の学級や特別支援学級へのコンサルテーションを行うセンター的機能（学校の要請に応じて支援を必要とする幼児児童生徒のための個別の指導計画の作成や個別の教育支援計画の策定などへの援助や支援を行うこと）を担っています。

読み書きにつまずく子どもたちの指導・支援を考えるうえで、心理や言語の専門家との連携が重要ですが、実際には支援が得られる体制整備は不十分なの

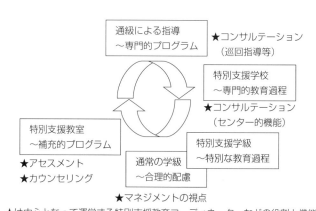

図10-1 通常の学級をベースとする連続的な支援システム（安藤、2015）

が現状です。読み書きのつまずきを低学年で発見し、学習のベースづくりを行い、個別の教育支援計画や個別の指導計画に基づいて組織的・継続的に指導・支援を行っていくために、通常の学級の担任あるいは教科担当の教諭のスキルアップを図ることと同時に、外部の専門家との連携、さらには、このような専門家の養成と学校への配置が求められています。

（安藤壽子）

[文献]
安藤壽子、太田昌孝「通常の学級における読み困難児の実態について」『学校教育学研究論集』6号、73-79頁、2002年
安藤壽子「特別支援教育コーディネーターの役割と資質—日本型支援教育コーディネーターモデルによる通常の学級をベースとする連続的な支援システムの構築に向けて」『LD研究』22巻、112-121頁、2013年
安藤壽子「特別支援教育の新たな視点と実践のポイント」天笠茂監修『子どもの心と体の健康を育む学校づくり』67-80頁、ぎょうせい、2015年
安藤壽子「小学校低学年における読み書き困難児のスクリーニング—ディスレクシア簡易スクリーニング検査（ELC）を用いて」『お茶の水女子大学人文科学研究』12巻、117-130頁、2016年
廣瀬由美子「通常の学級における教科教育と特別支援教育の融合—『授業のユニバーサルデザイン研究会』での実践」『現代のエスプリ』529号、56-64頁、2011年
海津亜希子、田沼実畝、平木こゆみ、伊藤由美、Sharon Vaughn「通常の学級における多層指導モデル（MIM）の効果—小学校1年生に対する特殊音節表記の読み書きの指導を通じて」『教育心理学研究』56巻、534-547頁、2008年
海津亜希子「教育講演　RTIとMIM」『LD研究』24巻、41-51頁、2015年
文部科学省「特別支援教育の推進について（通知）」2007年（http://www.mext.go.jp/b_menu/hakusho/nc/07050101.htm）
関あゆみ「鳥取大学方式の紹介」『LD研究』24巻、324-328頁、2015年

米国のNational Reading Panelとは

　1997年ランゲンバーグを長とする米国のNational Institute of Child Health and Human Development（NICHD：国立小児保健発達研究所）は、議会からの要請で、National Reading Panel（通称、NRPまたはThe Panel）への取り組みを始めました。要請は、科学的根拠に基づく評価や子どもの読み指導へのさまざまなアプローチの効果を求めるものでした。

　日本では、いまだに教育は経験と理念に基づいて行われたり発表されたりしていることが多いことを考えると、米国ではすでに19年も前に科学的根拠に基づく教育効果や評価が、しかも議会の要請で行われていたことに先進性を感じます。

　2000年4月にはTeaching Children to Read（子どもへの読み教育法）が発表されました。全米におよぶ大規模な研究成果で、8分野にわたる科学的根拠に基づく報告が掲載され、誰でも無料でウェブサイト（http://www.nichd.nih.gov/）からダウンロードして利用することができます。これだけの成果を、税金を使って国が主導して行い、国民に限らず、国際的にも広く自由に利用できるということは羨ましい限りです。

　The Panelの公開ヒアリングで繰り返し述べられたことは、保護者や当事者、読み指導を受けた子どもの役割の重要性、早期発見・早期対応の重要性、音素意識やフォニックスおよびクリアな読解に至る読み指導に使われるよい文章などの重要性、さまざまな読み指導の効果など科学的根拠に基づく情報の重要性、科学的根拠に基づく研究における結果の信頼性・再現性・妥当性の重要性、教師の役割・研究者との協力の重要性、The Panelによって伝わる情報内容の重要性などでした。さらに、研究すべきトピックスとして、アルファベットの音素意識やフォニックス指導、流暢性、読解では、語彙指導、テキストの読解指導、教師の準備や読解指導方略、教師への読み指導教育、読み指導におけるコンピュータ技術などが挙げられています。また、クラスルームでは、音素意識の指導やフォニックスの指導が読み能力を改善したか、レベルに基づく段階的読み指導（Guided Oral Reading Instruction）は流暢性や読解を改善したか、語彙指導や読解指導は読みの成績を改善したか、それらをどのようにすれば最も効果的に提供できるのか、子どもがひとりで読む量や読みへのモチベーションを高めているか、教師への読み指導法は効果があるかなども問われています。　　（加藤醇子）

第11章
通級指導教室での取り組み

通級指導教室とは

　通級指導教室(以下、通級)は、小学校や中学校の通常の学級に在籍する児童生徒に対して、その障害に応じた特別な指導を行う教室です。
　文部科学省(2006)によると、その指導対象は「言語障害、自閉症、情緒障害、弱視、難聴、学習障害(LD)、注意欠陥多動性障害(ADHD)、その他障害がある者で特別の教育課程による教育を行うことが適当なもの」であり、指導の目的は「障害による学習上または生活上の困難の改善・克服を目的とする。また、特に必要があるときは各教科の内容を補充するための特別な指導を行うことができる」とされています。
　現在、通級の設置数は増えつつありますが、すべての学校に設置されているわけではないので、自校にない場合には近隣の設置校に通うことになります(通級担当者が巡回している地域もあります)。指導の頻度は週1回～月1回、時間は1時間～1日と子どもの実態によってさまざまです。
　通級には、ディスレクシアの子どもたちも多く通っています。なかには読み書きだけではなくいろいろな困難さを抱えているために、根本の問題がみえにくくなることがあります。例えば、小学校低学年の時は教室を飛び出してしまうことや友達とのトラブルが多いことなど、行動上の問題のみに目が向いてし

図11-1 個別の指導計画の流れ（海津, 2007）

まい、子どもが一番つらいと思っている読み書きに対する支援が入らずに時間が過ぎてしまうことがあります。子どもがその時に一番苦戦しているところを考えながら、本当の原因は何なのか、今後何が必要になるのか、言語面・情緒面を含めて全体的なアセスメントをしていかなくてはなりません。

　通級では、アセスメント後にその結果をもとにして「個別の指導計画」を作成します。個別の指導計画とは、障害のある児童生徒の状態像に応じ、的確な指導・支援が提供できるよう、学校における教育課程を踏まえ、目標、指導・支援内容、評価の観点を含んだものとされています（図11-1）。たとえ障害の種別や発達段階が同じでも子ども一人ひとりの特性は違うので、個別の指導計画は指導において大切なツールになります。また、効果的な指導を行うためには、通級する子どもの在籍校や関係機関との連携は欠かせないものです。時には在籍校の特別支援教育コーディネーターの先生が連携の窓口となり、通級担当者が校内委員会に参加し、支援のあり方について一緒に話し合うこともあります。その他、連絡帳・学校訪問（授業参観・面談）での日常的な指導の情報交換はとても大事なことです。

通級指導教室での指導

　通級の指導は、保護者または本人の主訴を聞き取ることから始まります。その主訴に対してどのような支援が必要かを知るために、アセスメントをとります（表11-1）。その他、医療機関や療育機関の情報を得て、個別の指導計画を作成し、指導を開始します。

　Ｐさんは通常学級の小学４年生の男子です。絶えず体が動いて落ち着きはないのですが、興味があることには集中して取り組むことができます。保護者からは「読み書きが苦手。落ち着きがないことが心配」という話がありました。Ｐさんの願いは「漢字が書けるようになりたい」ということでした。その主訴を受けて、通級では指導の方針を立てるために以下の情報を得ました。

表11-1　通級での指導のためのアセスメント

- ・生育歴（保護者からの聞き取り）
  - 妊娠時・出産時の様子
  - 既往歴（聴力に関することを含めて）
  - 問題に気づいた時期と相談歴
  - 乳児期からの言語発達
    - 始語や二語文の時期、その後のことばの発達について
  - 乳児期の人との関わり
    - 人見知りや指さしはあったか、模倣はしたか、
    - 声かけへの反応はどうだったかなど
  - 幼児期の様子
    - どんな遊びを好んだか、友達との関わりはどうだったか、
    - こだわりや感覚の過敏さはなかったか
- ・入学後の様子（在籍校からの情報）
  - 行動の様子（注意集中、衝動性、友達との関わりなど）
  - 学習の様子（得意な教科や領域、苦手な教科や領域、作品など）
  - 学級全体の様子や学級担任の思いや願い
- ・通級でのアセスメント
  - 音韻課題やデコーディング課題
  - 読書力検査
  - PVT-R絵画語い発達検査
  - 読み書きの様子
  - 行動の様子
  - 心理検査　など

生育歴（乳児期から小学3年生までの様子）

　Pさんは乳児期の言語発達、身体的発達や人との関わり（人見知り・指さしなど）に大きな問題はありませんでした。幼児期はブロックや工作が好きで、説明書を見なくても実物を見ただけでつくることができました。じっとしていることが苦手で、絵本の読み聞かせはいやがりました。ことばを間違えて覚えている（「すべりだい」を「すびだい」など）ことが多いことや、話す時に語順が違っているために伝わりにくいことなど、いくつか気になるところがありました。それでも、おしゃべり好きで友達関係もよかったので、特に大きな心配はしていませんでした。

　小学校に入学後、1年生の後半から読み書きに苦戦し始めました。だんだんと学習への意欲がなくなり、家庭では宿題をさせるのにもひと苦労でした。学校では、2年生から3年生にかけて授業中の立ち歩きが増え、学習でできないことがあると大泣きするようになりました。3年生の学習では「読み書きが定

着しない。特に漢字は何回練習しても覚えられない。書き順がめちゃくちゃ。誤字脱字が多い。音読はかなりたどたどしい。『正方形』を『せいこうけい』と覚えていた」などが心配なこととして挙げられました。また「本人なりに一所懸命考えていると思うが、本質からずれたやり方に固執することがある」という話が担任の先生からありました。それでも、理科や社会、算数のように図や写真が多い教科はできることから、全体的に遅れているタイプではないと思うということでした。そして、3年生の終わりに担任と特別支援教育コーディネーターの先生が通級を勧め、4年生の4月から通級指導となりました。

通級での様子

通級では、読み書きについてさらに詳しいアセスメントをとりました。
PVT-R絵画語い発達検査：年齢相応の力
音韻課題：3音節有意味単語の逆唱に10秒以上かかった。無意味語では3問中3問とも誤答で、音の聞き誤りもあった。
単語の速読課題：無意味語の読みは平均より大きく下回った。
小学生の読み書きスクリーニング検査（STRAW）：漢字の読み2～3年用14／20、書き2～3年用9／20
その他：文の読みはたどたどしいが、語のまとまりを意識して読んだ。

このような結果から、通級では行動上の問題はあるものの、Pさんに合った学習の仕方を見つけて実践することが、学校生活の意欲につながるのではないかと考え、「読み書き」に焦点を当てた指導を開始することにしました。また、具体的な指導の手立てを知るために心理検査を行いました。

WISC-IV（図11-2）：全体的な知的水準は平均レベルでしたが、ワーキングメモリー指標の合成得点が他の指標の合成得点より有意に低い結果でした。知覚推理の下位検査では、考えをことばにしながら取り組みました。ワーキングメモリーの下位検査では、落ち着きなく動く様子がみられました。「数唱」では逆唱がとても苦手で、また「語音整列」ではひらがなの聞き誤りが多くみられました。処理速度の下位検査である「符号」では、形を記憶して写そうとしていましたが、なかなか思い出せずにかえって時間がかかってしまいました。

日本版KABC-II（図11-2）：認知総合尺度の結果も、WISC-IVと同様に知的に平均レベルでした。しかし、認知総合尺度に比べて習得総合尺度が有意に低いことから、Pさんは自分のもっている力を学習の中で十分に活かしきれて

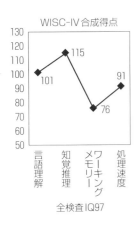
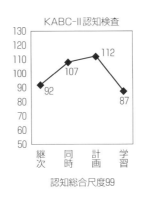
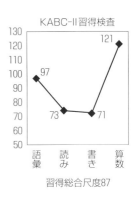

図11-2　Pさんの心理検査結果

いないと考えられました。特に読み尺度と書き尺度は認知総合尺度と比較して有意に低く、苦手であることがわかりました。認知検査の中では同時尺度と計画尺度が高い結果でした。計画尺度の下位検査の「物語の完成」では、はじめにカード全体を見て、そのストーリーをことばにしたり、一度カードを並べてから見直して修正したりしました。継次尺度の下位検査では、順番を誤ることが多くみられました。学習尺度の下位検査からは、学習したことの大部分を時間の経過とともに忘れてしまうことがわかりました。

　習得検査の中では語彙尺度と算数尺度が高い結果だったことから、語彙力や算数の力をもっていることがわかりました。苦手なのはやはり「読み書き」といえます。しかし、読み尺度の下位検査では、漢字が読めなくても文の前後関係から内容を推測して答える様子がみられました。書き尺度の下位検査は、途中で「無理……」と言って下を向いてしまいました。何となくその形にはなっているけど、線が足りなかったり偏や旁が違っていたりしました。

指導の配慮点と手立て

　上記から、Pさんが読み書きに苦戦する大きな原因は、音韻意識、語音弁別やデコーディングの弱さに起因していると考えられます。音韻意識や語音弁別の問題は、通級でのアセスメントや幼児期に「すべりだい」を「すびだい」と言っていたこと、学習の中で「正方形」を「せいこうけい」と覚えていたことなどからもいえます。デコーディングの弱さは音読の苦手さに表れています。

　また、PさんはKABC-IIの継次尺度の結果や検査時の様子、書き順を覚え

られないという学校の情報などから、継次処理能力は弱いといえます。そのために順序性を重視した指導は有効ではないと考えられます。WISC-IVの結果からはワーキングメモリーの弱さがあることがわかるので、聴覚的な記憶課題を軽減することが大事です。また、新しい情報を効率よく記憶しておくことの苦手さに対しては、Ｐさんの得意な学び方でできる宿題を用意すること、注意集中の苦手さに対しては興味・関心を大事にしながらも目標からずれないシンプルな教材を選定することが必要です。

　一方で、KABC-Ⅱの同時尺度の結果や、前後関係から文意を読み取ることができること、絵や写真の多い教科はできること、工作は実物（できあがり）を見てつくることができることなどから、同時処理能力は高いといえます。その力を活かして「課題は視覚的な手立てを用いる」「意味をとらえやすい熟語の学習から入る」「今まで習った漢字と新しい漢字の意味・形を関連づける」などの学習が有効です。また、PVT-R絵画語い発達検査の結果やWISC-IVの言語理解、KABC-Ⅱの語彙尺度の結果からわかる語彙力を活かし、学んだことを自分でことばにして確認し、定着を図ることが大事です。計画能力については、KABC-Ⅱの結果やWISC-IVの「絵の概念」「行列推理」の様子から強い力であるといえます。しかし「符号」での様子や本質からずれたやり方に固執してしまうことがあるという学校の情報から、その力をうまく活かせないことがあるかもしれません。そのため、学習の中では常に「何がよかったのか」「他によい方法がないか」を振り返らせる必要があります。

具体的指導（図11-3）

　漢字の学習は、(1)語の意味を知る→熟語を使った文づくりをする→熟語の分解と再構成をする（A）、(2)漢字を絵や紙粘土で表す（B）、→漢字の構成を考えパズルにする（C）、(3)覚え方を確認する、というように進めました。

　特に(3)では、Ｐさんのことばを大事にしながら、どう工夫したら覚えられるかを考えました。その次の回の確認で覚えられなかった漢字は、再度違うやり方で記憶する方法を一緒に考えました。

　宿題は、絵と漢字をマッチングすることや漢字の構成パズル、そして２～３個の漢字を２～３回繰り返して書く課題を出しました。

　１年後、Ｐさんは自由学習で漢字練習に取り組んだり、よい点を取ったことを笑顔で報告したりするようになりました。また、「できない」と下を向くこ

熟語の意味を調べる
学習した熟語をダミーを交えた単漢字カードにして再構成する

いろいろな素材で漢字を構成する
漢字を既習のパーツに分けてパズルをつくる

図11-3　Mさんへの具体的指導

となく、自分なりの学習の仕方で取り組めるようになりました。

学び方の違う子どもたちへのそれぞれの指導

　一口に文字の読み書きが苦手といっても、その原因や指導に活かせる強い力はさまざまです。そのため、通級では子どもたち一人ひとりの特性に応じた指導が必要になります。

継次処理能力が強いQさん

　Qさん（小学3年生、男子）は、KABC-IIの結果から継次処理能力の強さをもっていることがわかりました。WISC-IVでは、知覚推理や処理速度の合成得点は低いものの言語理解やワーキングメモリーの合成得点は高いというプロフィールでした。漢字については、その形を見て線のつながりを見分けることがとても苦手でした。Qさんの読み書きの苦手さの原因は、音韻意識の弱さとデコーディングの苦手さ、そして視知覚の問題が考えられました。指導では、継次処理能力の高さを活かし、漢字を部分に分けたカードを重ねていく活動（図11-4のA）を取り入れました。順序性の理解がよいQさんは自信をもって取り組むことができました。特に「ノ書いて棒、点書いて横縦、横横、住む！」と調子のよいリズムに乗せて覚えることは得意でした。また、担当が漢字の一部を提示し、漢字の中からそれを見つけるクイズは楽しんで活動するこ

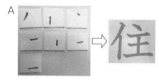 

A 漢字を書き順の通りのパーツに分けてトレーシングペーパーに書き、声に出しながら重ねていく

B 「ななめかぎ」を探す

図11-4　Qさんへの指導の工夫

とができました（図11-4のB）。書き順の法則（左から右・上から下）を知ることもQさんにとって漢字が学びやすくなる手立てでした。

語彙を増やすことから読む力につなげることができたRさん

「音読や読解が苦手」というRさん（小学2年生、男子）は、WISC-IVで知覚推理の合成得点はかなり高かったものの、言語理解とワーキングメモリーの合成得点が低いという結果でした。通級で行ったデコーディング課題では、有意味単語も拾い読みでした。Rさんは、文を読む前の力として音韻意識やデコーディングの弱さと語彙力に課題がありました。そのため指導では、文を読む前にそのことに関して知っていることを担当と一緒に話しながら内容のおおまかなところをつかんだり、図鑑で調べて具体的なイメージをもったりする活動をしました。また、文中に出てくる読みにくい語や大事なことばを事前にカードにして意味調べをしたり、早く読む練習をしたりしました。その後に本文の読解に入ることで、文が単なる文字の羅列ではなく「語」として浮き立ってくるので読みやすく理解しやすいようでした。その他、文節ごとにスラッシュを入れることもRさんには有効な手立てとなりました。今は文を読んで「知っていることば」と「知らないことば」に分ける課題を継続していますが、この学習をすることでことばに対する意識が高まるようでした。

学校との連携

学校との連携は、毎回の指導の様子を伝える連絡帳や授業参観・担任面談などを通して行われます。特に授業参観後の担任の先生との話し合いは大切です。先生がどんなところに指導の難しさを感じているのかを聞きながら、子どもの困難さに合わせた手立てについて話し合います。具体的には「読み書きの

量への配慮をどうするか」「わかりやすい板書の仕方について」「テストは読んであげることや、ふりがなをふることで理解が深まるのか」「どの学習でPCを活かしたらよいか」などを、学級の実態に合わせて一緒に考えていきます。また、先生の得意な指導スタイルをみながら、子どもに合った方法を提案することもあります。例えば、ことばで説明することが得意な先生はことばのみの指導に頼りがちですが、具体的にどのような場面でどのような視覚的手立てが有効かを話し合います。「この子のための支援が学級全体の支援に」つながること、「この点はこの子への個別の配慮として必要なこと」などを共通理解することが大切であり、それを伝えることが通級の大きな役割の一つでもあります。

(山内まどか)

［文献］

Kaufman, A.S., Kaufman, N.L.（日本版KABC-II製作委員会訳編）『日本版KABC-II』丸善出版、2013年

Kaufman, A.S.他（藤田和弘、石隈利紀、服部環、青山真二、熊谷恵子、小野純平監修）『エッセンシャルズ―KABC-IIによる心理アセスメントの要点』丸善出版、2014年

藤田和弘、青山真二、熊谷恵子編著『長所活用型指導で子どもが変わる 認知処理様式を生かす国語・算数・作業学習の指導方略』図書文化社、1998年

藤田和弘、熊谷恵子、柘植雅義、三浦光哉、星井純子『長所活用型指導で子どもが変わる Part3 認知処理様式を生かす各教科・ソーシャルスキルの指導』図書文化社、2008年

海津亜希子『個別の指導計画作成ハンドブック―LD等、学習のつまずきへのハイクオリティーな支援』日本文化科学社、2007年

熊谷恵子「子どもの学習を支えるアセスメント―長所活用型指導の実際」『発達』131号、28-33頁、2012年

熊谷恵子、青山真二編著『長所活用型指導で子どもが変わる Part2 国語・算数・遊び・日常生活のつまずきの指導』図書文化社、2000年

熊谷恵子、高畑芳美、小林玄編著『長所活用型指導で子どもが変わる Part4 認知処理様式を生かす遊び・生活・行事の支援』図書文化社、2005年

宮下久夫、篠崎五六、伊東信夫、浅川満『漢字がたのしくなる本 1 101の基本漢字』太郎次郎社エディタス、2006年

文部科学省編著『通級による指導の手引』佐伯印刷、2012年

ディスレクシアの子どもにとって理想の学校とは

　ディスレクシアの子どもにとって、どのような学校が理想的でしょうか？　運営や経済的な問題を抜きにして考えてみましょう。まず、生徒の読み書きの実態や文字と音との対応のスピード（デコーディング）、その背景にある音韻処理の問題については、適切な評価があること、指導法に教師の工夫と専門家のコラボレーションが必要ですね。年齢によっても、重症度によっても、教科によっても、適切な指導法の工夫が求められます。指導法の成果についても、定期的なチェックが必要です。また、文字の読み書きさえ教えればいいわけでなく、読書が人間の脳を変えているように、文字抜きでの思考力の補強やさまざまな知識・情報の強化も大切です。ディスレクシアの子どもの中には、ADHDやコミュニケーションの下手さをもった子どももいますし、文字だけでなく算数障害を併存している子どももいます。そうしたことへの対応も必要になります。

　読み書きの能力向上には、指導を重ねても限界もあります。それでも生きていくには、その他の能力を開発しなければなりません。アセッツスクールやランドマークスクールのように、美術・工芸・演劇・ダンス・IT技術・調理・音楽などへの取り組み、就労への取り組みなども必要です。地域の産業などともコラボレーションができるといいでしょう。食事も大切です。アリス・ウォータースの「Edible Schoolyard（食べられる校庭）」をご存知ですか？　ある米国の荒れた学校が、校庭に子どもたちと一緒に野菜を育て、収穫したものでつくられた給食を食べるようにしたら、子どもたちが生き生きと活動し、素晴らしい学校になったといいます。今では、日本でも、地産地消を目指すレストランは珍しくなくなりましたが、学校給食でも、子どもの選択も取り入れて、一部でも自分たちのつくったもので食べられるようになるといいですね。

　学校の組織としては、他の公立校のディスレクシアの子どもを2、3年間受け入れて、また、公立校に戻れるようにしたり、週に1、2回通級という制度を併用したりすることも考えられます。アセッツスクールのように、成人のディスレクシアのための夜間スクール、高校生のためのサマースクールなども併設できるといいでしょう。

　現在、日本には、株式会社形式の就労移行支援事業が多数ありますが、ディスレクシアの成人に特化した訓練はありません。その開発も夜間スクールと共同で行うのはどうでしょうか？　　（加藤醇子）

第12章
家庭での子どもへの対応

ディスレクシアへの気づき

　両親は、わが子の読み書きの困難さにいつ気づくのでしょうか？　幼稚園の年長の頃、絵本の絵には興味をもつのに文字には関心がなかったという人が大部分です。そのうちに関心も出てくるのではないかと、その時はあまり気にしていなかったそうです。しかし、すでに他の子は子ども同士で簡単な手紙の交換などもしているので、心配になり、担当の先生に相談してみると、「個人差があるし、入学してからでも」といわれるようです。保育園の場合は、「ここは生活の場だから、文字は教えません」といわれることが多いようです。絵本を置いていない園もありました。数年前ですが、ある保育園で「家庭でも文字は教えないでください」「入学してから学校でやるように」といわれたという母親もいました。就学直前になると、さすがに両親は心配になり、就学時健診で相談すると「名前だけは書けるようにしておいたらどうでしょうか」「あいうえお表をお風呂にでも貼って、いつも目にするようにしたら」といわれます。しかし、入学するとすぐに連絡帳を書くことを要求され、音読の宿題が出ます。学校に相談すると「できない子は他にもいますよ」といわれるのですが、7月頃になると、担任の先生から「夏休みにひらがなの読み書きを家庭で練習してください」といわれるというのがほとんどのパターンです。

そのうち、読み飛ばしをしながらも1、2回読むと覚えて暗記読みをするし、友達もできて毎日いやがらずに学校へ行くから……と対応を先延ばししているうちに、中学生になり、テストはいつも10点台しか取れず、学校にも行きたがらず、さすがにおかしいと思い、教育センターに相談したら、「知能検査の結果は普通ですから、怠けているのではないでしょうか」といわれる——これが、数年前まで、大部分のディスレクシアの子どもの経過でした。
　最近は、ディスレクシアのことも知っている先生が増えて、低学年のうちに受診される場合も増えました。本人は、ディスレクシアという診断名は知らなくても、早くから何となく読み書きの困難さに気づいていることが多いようです。自分は頭が悪いと思っていたり、自分は普通だからもっとやればできるはずだけど、どうしたらよいかわからないと思っていたりします。ディスレクシアとの告知を受けて、予想はしていたけど泣いてしまったという中学生もいましたが、頭が悪いわけではない、自分のできる力を発揮して努力しよう、原因がわかってよかったという場合が、どちらかというと多いようです。泣いてしまった中学生も、両親から受け入れられていることで、すぐに立ち直れました。家族、友人、学校の先生に受け入れられているということが、一番大切なことです。まだディスレクシアの指導法が確立されているわけではありませんが、先生がわかりやすいように工夫してくれることだけでも励ましになります。

どこに相談したらよいか

　今でも、読み書きの困難を感じてはじめに受診するのは眼科が多いと第2章で述べましたが、おそらくそれはどこに相談すればよいかわからないからだと思います。学校または教育センターで対処できることが今後重要になりますが、残念ながら現在はまずはインターネットで調べるという家庭がほとんどです。発達障害への対応をうたっている一般の塾には、今のところ読み書きに関する専門知識はありません。まずは、教育センターで、読み書きの通級指導教室での指導の可能性（LD指導があるかどうか）を相談し、取り出し授業がある学校であれば申し込む、ディスレクシア関連の専門機関に相談する、といったところでしょうか。学校にも、現在は読み書き指導の専門家はいない場合が多いので、とりあえずは語彙指導やよく使う単語の読み速度をあげる練習な

ど、家庭では難しい指導が学校にあるとよいかもしれません。専門家のいる機関との連携が望ましいと思います［第10・11章参照］。

家庭ではどのように対処したらよいか

　家庭でできることは、読みの負担を減らすことです。いやがらなければ、読み聞かせ（興味のある本、教科書）をして、知らないことばの意味を教えておきます。音読の宿題でも、はじめに読み聞かせをしておき、漢字に必要ならふりがなをふり、文章にスラッシュなどで区切りを入れます。親と子で交互に読み合わせをしてもよいかもしれません。宿題は親が手伝ってもよいと思います。まったく読めないわけではないので、漫画やテレビ、DVD、動画など、好きなもので情報を蓄えておくこともよいでしょう。よく知っていることばは読みやすいのです。英語は、文字を必要としない会話やリスニングを始めておくことも一つかもしれません。読んであげると、聞いていて理解できることが多いので、とりあえず、休日に、次の週に授業で使う教科書の予定の箇所を読み聞かせしておくとよいでしょう。その時も知らない単語の意味を教えておきます。ディスレクシアの子どもは、初めて見る文章を読むことが困難なことが多いからです。ある程度理解して授業に臨むとわかりやすいと思います。また、休日に読み聞かせをする理由は、平日は宿題に追われていて、拒否感が強いからです。教科書だけでなく、子どもが興味をもっている本を読んであげることも大切です。

　小学４年生以上であれば、視力に注意しつつ、タブレットやPCなどを使うことも必要になると思います。タブレットの音声認識も最近では高度化され、同音異義語も変換可能ですが、読めないと正しい単語を選べないので限界はあります。日本障害者リハビリテーション協会情報センターの読み上げソフト「デイジー」は、教科書など大容量の書籍の読み上げ、読んでいる箇所の反転表示が可能です。保護者からの申し込みには無料で対応してくれます（http://www.dinf.ne.jp/doc/daisy）。ただ、時に、子どもによっては、読み上げの音声をうるさく感じることもあるようです。これらの方法は、読み能力そのものを直接改善するわけではありませんが、負担を減らし、多くの情報が入ること、考える力を育てることに利用できるとよいかもしれません。

　家庭で専門的な指導は困難でしょうし、学校で頑張っていたり、緊張してい

たりする子どもは、家庭ではリラックスすることも必要です。学年が上がれば宿題はどんどん増えて、手に負えなくなるかもしれません。焦る気持ちはわかりますが、ゆったり過ごすことも大切です。

学校には何を求めたらよいか

　授業中いきなり先生に当てられて読む時、読めなかったり、読み間違いがあったりすると、クラスメートから揶揄され、落ち込んでしまうことも多いと思われます。事前に当てられる箇所を保護者に知らせてもらい、家庭で練習していくとよいかもしれません。

　読みが少しでもうまくいかないと、書くことはさらに困難となります。連絡帳に書く時や板書には時間を長く取ってもらうか、デジタルカメラやスマートフォンで写真をとると楽でしょう。カメラやスマートフォン、タブレットを持っていくことを禁じている学校もあるので、それを許可してもらうにはカミングアウトすることを要求されるかもしれません。どう解決するかについては、学校側、スクールカウンセラーと相談していくことが必要となります。仲のよい友達がいたら、ノートを借りて、コピーさせてもらったり、ゆっくり書き写したりすることもできます。授業中、タブレットを使わせてくれる学校もいくつか出てきました。学習意欲が高まったことはとてもよかったのですが、タブレットやPCは補助具であり、特に音韻操作能力が低い場合、読み能力自体を著しく改善することはできません。改善の可能性がある低学年〜中学年では、やはり専門的指導が必要です。

　中学生になると、各教科で先生が異なるので、理解を得にくくなります。文章も難しくなり、何とか類推して読んでいても、試験では問題を読むだけで時間かかり、解答を書く時に漢字が思い出せず、10点、20点しか取れないことがあります。いくら努力してもできないので、やる気をなくしたり、時に不登校になったりします。ひらがなで解答しても、内容が合っていたら、それなりの点数で評価してもらえるとよいと思います。特に英語は、音韻操作に問題があるディスレクシアの場合、知的遅れがなくても、アルファベットの文字と読み方を覚えるのに1年かかることもありました。大文字、小文字の区別も難しい場合があります。一方、英語のリスニングができると、それでテストの点数が取れることもありますし、会話に慣れておくと、フォニックスが使えるように

なります。なかには、授業中、読めないにもかかわらず、驚異的なスピードで辞書を引いて対処したという人もいました。日本語読みで何とかするという中学生もよくいます。読みはまったくできないけれど、単語の文字列を記憶して意味を把握したという驚くべき高校生もいました。どのような英語指導がよいのか、結論は出ていません。読み困難の程度にもよるものと思います［第9章参照］。

ストレス発散や好きなことを育てるための余暇活動

　学習におけるストレスは想像以上に大きいので、日頃のストレス発散は重要です。ディスレクシアの子どもは、読み書きをあまり必要としない趣味をもつことが多いようです。工作が好き、サッカーが好きという子どもが多いでしょうか。バドミントンの部活に参加して、初めて友達に受け入れられ、生き生きと過ごせるようになった中学生がいます。試合に行く時、バスの行き先の漢字を手のひらに書いてもらい、それと同じ行き先のバスを探し、試合会場まで一人で行って、試合に参加することができました。読めないけれど習字が得意で賞をもらった人もいます。人間の多様性には驚くばかりです。さまざまな能力を発掘するような機会をつくるとよいと思います。Ｊリーグのサッカー選手や芸術家、伝統工芸の作家にもディスレクシアと思われる人がいるそうです。得意なこと・好きなことが将来の生きる力や夢になることを願っています。

進学や就労

　受験にも難しい問題があります。受験前に受験校に事情を話して理解を得たほうがよいかどうか、保護者から相談されますが、私立の場合、「本校では対応できません」と断られることもあるため、一概にはいえません。日本の将来を考えれば、すべての子どもの力を活用すべきですが、まだそうなってはいないからです。学校の方針を事前によく見極めてから、事情を話すかどうか決めるしかありません。

　朗報としては、最近、大学入試センターで配慮申請ができるようになりました。別室受験、試験問題の拡大コピー、試験時間の延長など、必要な条件を申請書に従って配慮依頼できるようになりました。受験前の8月頃に、申請書へ

の記載を保護者から依頼されます。必ずしも医学的診断書が必要なわけではありません。高校の先生や指導を受けた専門家に書いてもらうことができます。高校でどのような支援を受けていたかを書く必要があります。申請書には、最近３年間の知能検査などの検査の結果を記入するところもあります。早めに取り寄せて、よく検討するとよいでしょう。合理的配慮が2016年から法制化され、ディスレクシアへの配慮も格段に進むものと思われます［第13章参照］。

　海外では、就労の援助も進んでいます。必要な機器を企業が準備したり、企業で使う単語の読み書き指導などもされているようです。日本では、コンビニに就職したら、住所が書けなくてバカにされ、うつになってやめたという人もいます。社会の理解がさらに広く進むことを期待します。場合によっては、発達障害者支援センターや就労移行支援事業などで就労支援を受ける必要もあると思います。海外では、驚くことに、弁護士、心理士、作家など、多数の有名人もディスレクシアをカミングアウトしています。

（加藤醇子）

第13章
合理的配慮と受験における配慮申請

はじめに——「合理的配慮」の原点と障害の社会モデル

「合理的配慮」とは1973年に米国のリハビリテーション法のなかで初めて登場し、その後、1990年に制定された障害を持つアメリカ人法の「雇用上の差別の禁止」を定めた第1編のなかで位置づけられた概念です。そのなかで、「合理的配慮」とは「障害者がその障害ゆえに職務遂行上抱える様々な障壁を解消するための措置」を指し、その措置を行う雇用者にとって「過度な負担のないもの」とされました。これは「障害のある人がその障害ゆえに差別されず、公平に能力を評価され、他者と同じくアメリカでの生活を営むことができる機会を保証する」ものです。

少し、具体的に説明しましょう。

例えば、視覚障害やディスレクシア・LD等をもつ人はPCの読み上げソフトを使うことで資料を音声化でき、入力作業や資料を使った判断などができるようになり、そうした課題をもたない人と互角に能力を発揮することができます。肢体不自由な人は、エレベーターが設置され、車椅子が通れるような広さが廊下や室内、洗面所等にあって移動の自由が確保され、PCで仕事をする時に車椅子が入るスペースのある机等作業する場が用意されていれば、事務作業を行ううえで肢体不自由ではない人と互角に能力を発揮することができます。

このように、その人がもっている障害特性が、その仕事の本質的な要素を制限しないよう条件を整備することを「合理的配慮」とし、それが障害のある人の労働権を守り、実質的な機会均等などにつながると考えたわけです。

この「合理的配慮」の概念は、1995年に制定された英国の障害者差別禁止法にも取り入れられ、後にEU全体に広まっていきます。

そして、2006年国連総会本会議で採択された「障害者の権利に関する条約」（略称：障害者権利条約）第２条に引き継がれ、労働場面のみならず教育など他の分野においても「合理的配慮」を提供しないことは差別になるとはっきり打ち出されたのです。

同条約第２条では、「合理的配慮」は「障害者が他の者との平等を基礎として全ての人権及び基本的自由を享有し、又は行使することを確保するための必要かつ適当な変更及び調整であって、特定の場合において必要とされるものであり、かつ、均衡を失した又は過度の負担を課さないものをいう」と定義されていて、前述の障害を持つアメリカ人法よりもさらに踏み込んだ内容になっているのが特徴です。後述しますが、これは障害観が1990年と2006年では大きく変わったためだといえるでしょう。

ところで、「合理的配慮」の概念を理解するうえで、２点、とても重要なことがあります。

第一は「**合理的配慮」は、字面のように「理に適った心配り」を指すわけではないという点**です。

そもそも障害を持つアメリカ人法や障害者権利条約に書かれている「合理的配慮」に当たる原語（英語）はReasonable Accommodationです。

英和辞典を引けばわかるように、reasonableは「合理的な」という意味ですが、accommodationには「⑴宿泊・〈飛行機などの〉座席。⑵便宜・助け。⑶適応・調和・調節。⑷和解」という意味はあっても「配慮する」という意味はありません。日本語で「配慮」というと、「思いやり」「気遣い」「心配り」という意味になりますが、障害者権利条約のいう「合理的配慮」は条文内にあるように「必要かつ適当な変更及び調整」のことであって、「理に適った心配りや気遣い」のことではありません。

第二は「**障害観」が医学モデルから社会モデルに変わったという点**です。

簡単に、以下、障害観の変遷について触れておきます。

従来、障害は健康状態（生得的な機能不全や病気など）から直接生じるもの

であり、個人の問題として医学的にとらえられていました。

しかし、WHOは1980年に障害をそういった医学的な側面だけでなく社会的側面の両面からとらえた「国際障害分類試案（ICIDH）」を発表します。これは、障害を機能障害（impairment）・能力障害（disability）・社会的不利（handicap）の3つの階層に分類した画期的なものでした（図13-1）。つまり、人は「疾病もしくは変調があって、機能・形態障害（＝疾病や変調の顕在化）になり、能力障害（＝実際の生活の中で活動や能力が制限されること）になり、社会的不利（＝他の人たち同様に社会的役割が果たせなくなる）になる」と、障害を3つの段階で考えるモデルでした。

このICIDHモデルで視覚障害者のことを考えるとわかりやすいかもしれません。

生まれつきもしくは病気や事故などによる変調で目が見えなくなった人が紙に印刷されている単行本を読めないということは、このように考えられます。目が見えないこと自体は目という生物学的機能に不全があるという点において機能障害で、紙に印刷されている本が読めないことは読むという能力に障害がある能力障害であり、そのために情報を得られないことは社会的不利を生み出すといえます。

ICIDHモデルを踏まえると、目が見えないという生物学的機能不全は、医学やそこに付随する諸問題が解決されることで解消されるかもしれません。紙に印刷されている単行本が読めないという能力障害は、例えば点字が読めるようにするなどで解消することができます。また、点字の本や音声化された本、あるいは点訳や音声化されていない印刷物でもテキストデータ化させてPCに読み込ませ、テキストデータを音声化するソフトを使うことで、耳から情報を得ることができ、社会的不利を被りやすい点も解消できます。

このように、ICIDHモデルは何らかの機能不全があったとしても、最終的には社会参加する時に不利にならないようにすべきだ、という考え方に基づいたものでした。

図13-1　ICIDHモデル

障害を持つアメリカ人法に打ち出された「合理的配慮」の土台にあるのはこの考えです。

しかし、画期的といわれたICIDHの障害観も、徐々に「障害のネガティブな面にのみ注目している」「環境因子が重要なのに含まれていない」「社会的不利の分類が不十分」など批判されるようになります。

それらを受けて、WHOが2001年に発表したのが「国際生活機能分類（ICF）」です（図13-2）。

ICFが秀逸だったのは、人間の状態を「心身機能・身体構造」「活動」「参加」の3つの側面から分類し、それぞれを難しくさせる理由を「健康状態」と「背景因子（環境因子および個人因子）」から多角的にみるという相互作用の視点を導入した点でした。

もっとも、ICIDHの概念がすべて否定されたわけではなく、機能障害は「心身機能・身体構造における障害」に、能力障害は「活動における制限（活動に問題が生じた状態）」に、社会的不利は「参加制約（参加に問題が生じた状態）」として、より広い概念として活かされています。

ICFがICIDHと大きく異なったのは、後者が「疾病や変調の結果」を分類していたのに対し、前者は「健康状態の構成要素」を分類した点です。

この分類だと、「健康状態」には生得的疾患、疾病や外傷などの変調だけでなく、加齢や妊娠、ストレス状態なども含まれます。また、背景因子を「環境因子」と「個人因子」に分け、「環境因子」には建物、道路、交通機関などの物的な環境だけでなく、家族や友人、同僚といった人的環境の他、社会意識、制度、政策などが、「個人因子」には年齢、性別、民族、学歴、価値観、ライ

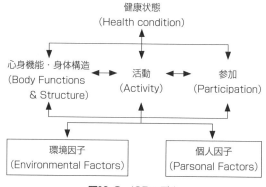

図13-2 ICFモデル

フスタイル、コーピングストラテジー（抱えている困難に対処するスキル）などが含まれるとしました。

　つまり、人の活動に制限が出て、社会参加・人生参加が難しくなるのは疾病や機能不全といった心身状態の問題だけでもないし、スロープがないなど環境が未整備といった理由だけでもない——そのことを、具体的に打ち出したのがICFモデルだったのです。

　少し具体的に考えてみましょう。

　長嶋茂雄読売ジャイアンツ終身名誉監督は2004年に脳梗塞で倒れ（これが「健康状態」に当たります）、一命は取り留めたものの右半身にまひが残り、言語能力にも影響が出ました（これが「心身機能・身体構造」に当たります）。このままでは、活動に制限が出て、社会参加が制約される可能性があります。

　しかし、長嶋さんはリハビリを行い（これが「活動」への働きかけに当たります）、2009年にはテレビのインタビューにみずからのことばで答えるまでに回復、2010年には週刊誌で対談も行っています（これらが「参加」に当たります）。脳梗塞で倒れる前と同様にスポーツができるわけではありませんが（「心身機能・身体構造」の問題は解消したわけではない、といえます）、多面的な方向から活動や参加（社会参加・人生参加）の状態をみると、脳梗塞で倒れた時と比べて向上しているといえます。

　片まひについても、杖や車椅子を使えば移動できるのであれば、これは環境因子を活用したことになります。とはいえ、歩こうと思っても杖や車椅子の使い方がわからなければ（「個人因子」の課題です）、あるいは使えるような道でなければ（「環境因子」が整っていないことになります）、活動が制限されたり参加が制約されたりして、結果的にICFモデルでいうところの"障害"があることになってしまうわけです。

　では、こんなケースはどうでしょう。

　昨今、医学の進歩によりがんと診断された後も長く生きる人はたくさんいます。手術したり化学療法をしても、健康状態を加味するなど条件が整えば活動したり参加したりすることは可能です。しかし、企業側が「がん＝死ぬ病」ととらえて復職させない、あるいは、治ったなら今までどおりに働いてもらうとして過重労働を強いる、化学療法の際に休もうとすると嫌味を言ったりいやがらせをしたりなどがあれば……？　これらも、「環境因子」が整わず、「活動制限」「参加制約」され、結果的にはICFモデルでいう"障害"をもつことに当

たるのです。

　要するに、2001年のICFモデル導入以降、障害観は「病気や外傷を詳しく分類する」という医学的なモデルから、「ある健康状態にある人の精神機能や運動機能、歩行や家事等の活動、就労や趣味等への参加の状態を背景因子との関わりで把握する」という社会モデルに大きく考え方が変わったわけです。

　ちなみに、視覚障害をもつ人のために設置された点字ブロックが、車椅子を使って移動する人や足が不自由な高齢者の活動を妨げる、といったケースもありえます。このように、「活動」「参加」の部分は個別性が大きく、そこに与える「環境因子」「個人因子」もさまざまです。

　ICFモデルは、障害を個人の問題と機械的にとらえるのではなく「**人間全体をみながら、個別の特性や事情をもとらえつつ、活動や社会参加・人生参加を可能にしていく**」ことを目指していますが、これも、一律に何かをすることですべての人がうまくいくようになるわけではないといった人間や社会の実態を考慮しているからだといえそうです。

　そして、**このICFモデルを踏まえてつくられたのが前述の障害者権利条約です**。「合理的配慮」は、変更や調整することで「活動制限」や「参加制約」を生む社会的障壁を少しでも取り除く"装置"と考えればイメージしやすいかもしれません。

　ディスレクシアと「合理的配慮」を考える前提として、まずはこの2点をしっかり理解しておくことが大切です。

教育における「合理的配慮」の法的根拠

　障害者権利条約が採択されるまでには、およそ5年の月日がかかっています。

　2001年12月に、第56回国連総会でメキシコ政府が提案した「障害者の権利及び尊厳を保護・促進するための包括的総合的な国際条約」決議案をコンセンサスで採択したところから始まります。その後、2006年12月13日の第61回国連総会本会議で採択されます。

　障害者権利条約の主な内容は
　(1)一般原則（障害者の尊厳、自律及び自立の尊重、無差別、社会への完全かつ効果的な参加及び包容等）

(2)一般的義務（合理的配慮の実施を怠ることを含め、障害に基づくいかなる差別もなしに、すべての障害者のあらゆる人権及び基本的自由を完全に実現することを確保し、及び促進すること等）
(3)障害者の権利実現のための措置（身体の自由、拷問の禁止、表現の自由等の自由権的権利及び教育、労働等の社会権的権利について締約国がとるべき措置等を規定。社会権的権利の実現については漸進的に達成することを許容）
(4)条約の実施のための仕組み（条約の実施及び監視のための国内の枠組みの設置。障害者の権利に関する委員会における各締約国からの報告の検討）

で、基本的に**障害者が障害のない人同様に権利と義務を行使することを可能にすることを目指す条約**です。

教育については、同条約の第24条で「教育についての障害者の権利を認め、この権利を差別なしに、かつ、機会の均等を基礎として実現するため、障害者を包容する教育制度（inclusive education system）等を確保すること」とし、その権利の実現にあたり確保するものの一つとして、「個人に必要とされる合理的配慮が提供されること」を位置づけています。

わが国は、2007年9月28日に高村正彦外務大臣（当時）が署名します。

その後、2011年に障害者基本法が改正され、第2条で障害者とは「身体障害、知的障害、精神障害（発達障害を含む）その他の心身の機能の障害がある者であつて、障害及び社会的障壁により継続的に日常生活又は社会生活に相当な制限を受ける状態にあるものをいう」、また、社会的障壁とは「障害がある者にとつて日常生活又は社会生活を営む上で障壁となるような社会における事物、制度、慣行、観念その他一切のものをいう」と定められ、障害者の定義が同条約に沿ったものに変わりました。

2012年には文部科学省のほうでも中央教育審議会特別支援教育の在り方に関する特別委員会が、その最終報告「共生社会の形成に向けたインクルーシブ教育システム構築のための特別支援教育の推進（報告）」のなかで、合理的配慮とは「障害のある子どもが、他の子どもと平等に『教育を受ける権利』を享有・行使することを確保するために、学校の設置者及び学校が必要かつ適当な変更・調整を行うことであり、障害のある子どもに対し、その状況に応じて、学校教育を受ける場合に個別に必要とされるもの」であり、「学校の設置者及び学校に対して、体制面、財政面において、均衡を失した又は過度の負担を課

さないもの」と定義しました。また、「合理的配慮」の否定は、「障害を理由とする差別に含まれるとされていることに留意する必要がある」ということも明記しました。

さらに、2013年6月、「障害を理由にした差別的取扱いや権利侵害の禁止」と「社会的障壁を取り除くための合理的配慮の提供」を定めた障害者差別解消法が成立し、2016年4月から施行されました。

こうして、署名から6年以上かけて国内法を整備し、同条約は2014年1月20日に批准書が寄託され、同年2月19日から効力が発生しています。

批准するまでに時間がかかったのは、わが国の障害者関連法が障害のある人に対する保護を中心に据え、差別を禁止する側面が弱かったのに対し、障害者権利条約はそういった保護的なアプローチから脱却して本人の自己決定を重んじてつくられた、とそれぞれの立法精神が大きく異なっていたからです。

残念ながら、2016年4月現在、障害者権利条約や、批准に伴って改正された国内法の立法精神——障害のある人の活動・参加のための自己決定を重んじる——が日本社会に根づいたとはまだまだいえません。同じ生物学的機能不全をもっていても何が活動や参加の障壁になるかは千差万別で個別に対応していくべき問題だということを理解していないと、「(保護的かつ定型的に)何かしてあげる」ことを「障害者支援」だとか「合理的配慮」だととらえがちです。

法が求めているのは、障害をもつ人（ICFモデルや障害者基本法第2条の定義）が、障害をもたない人と平等な機会を確保するために、環境や条件を変更・調整してスタートラインを同じにすることで、彼らが自己決定しながら活動・参加できるようにすること。「○○ができないのは障害特性だから、大目に見るとか実際の能力よりも高く評価する」ことではないのです。

教育現場でディスレクシア児者に「合理的配慮」を提供する条件と具体的なステップ

教育現場で「合理的配慮」を行う際、前提として学校教育には以下の6点の実践が求められます（中教審特別支援教育の在り方に関する特別委員会報告）。

　㋐障害のある子どもと障害のない子どもが共に学び共に育つ理念を共有する教育

　㋑一人一人の状態を把握し、一人一人の能力の最大限の伸長を図る教育（確

かな学力の育成を含む)
　(ウ)健康状態の維持・改善を図り、生涯にわたる健康の基盤をつくる教育
　(エ)コミュニケーション及び人との関わりを広げる教育
　(オ)自己理解を深め自立し社会参加することを目指した教育
　(カ)自己肯定感を高めていく教育
　これらは、障害者権利条約第24条第1項の目的に書かれている、
　(a)人間の潜在能力並びに尊厳及び自己の価値についての意識を十分に発達さ
　　せ、並びに人権、基本的自由及び人間の多様性の尊重を強化すること
　(b)障害者が、その人格、才能及び創造力並びに精神的及び身体的な能力をそ
　　の可能な最大限度まで発達させること
　(c)障害者が自由な社会に効果的に参加することを可能とすること
の3つを踏まえたものであり、個々の子どもや若者に「合理的配慮」を提供するかどうか決定する時は、これら(ア)〜(カ)や(a)〜(c)の観点からみて不適切ではないかどうか検討されなければなりません。裏を返せば、(a)〜(c)を検討せず、また個別および学級で(ア)〜(カ)を実践せずに「合理的配慮」だけを機械的に提供することは望ましいことではないといえます。

**　では、「合理的配慮」は具体的にどういう手順で決定し提供していけばよいのでしょうか。**
　(1)「合理的配慮」を提供するかどうか、決定するのは教育委員会など学校の設置者であり、学校です。学校というのは、校長など管理職だけを指すわけではなく、担任や通級指導教室の担当教諭なども含まれます。
　(2)「合理的配慮」を決定・提供する際、当該児童生徒は障害者手帳をもっている必要はありません。医学診断がなければ「合理的配慮」できない、ということはないので注意してください。前述しましたが「合理的配慮」はICFモデルに基づいた概念で、障害者基本法第2条でいう障害者、すなわち心身機能や身体構造に課題があったり活動が制限されたり参加が制約されたりしている人すべてが対象になります。
　(3)「合理的配慮」の提供を決定するためには、まず、個々の子どもの実態把握をしなければなりません。
　ここでいう実態把握とは、ICFモデルでいうところの「健康状態」「環境因子」「個人因子」「心身機能・身体構造」「活動」「参加」の状況です。
　・生物学的な機能不全（医学診断・心理学的診断・言語聴覚的診断・視機能

的診断等）
- 心身機能・身体構造の状態（聴覚認知・視覚認知・粗大運動・協応動作・巧緻性・同時処理・継次処理・注意集中・多動性衝動性・ワーキングメモリーなどを含む、身体系の生理的機能、心理的機能、器官・肢体とその構成部分などの身体の解剖学的部分）
- 環境因子（学級／学校経営は効果的か、授業展開、教え方、黒板の文字、学校建物の構造、日照・室温・音・視覚刺激の影響、座席等配置や掲示物、同級生などの理解や意識、いじめなど子どもや若者が生活し、人生を送っている物的・社会的環境など）
- 個人因子（興味・関心、抱えている困難に対処するスキルを学んでいるか、家庭・地域など個人の人生や生活の背景）
- 活動制限（読み書きの状況、学習上の困難、どこでつまずいているのかなど）
- 参加制約（授業に実質的に参加できているか、不登校になっていないか、引きこもっていないか、生活上の困難など）

　こういったことを行動観察、ELC［第5章(2)参照］など簡易検査、言語聴覚的検査［第5章(3)参照］、視機能評価［第5章(4)参照］、WISC-IVやKABC-IIなど心理検査［第6章参照］、医師の診断などから総合的に把握・分析します。

　(4)次に、(3)の結果と、本人と保護者の希望を踏まえて、教育委員会など学校設置者および学校は、発達の段階を考慮しつつ、㋐～㋕や(a)～(c)がしっかり指導されるよう、個別の指導計画や個別の教育支援計画を作成します［第10章参照］。

　以下、ディスレクシアの児童生徒への個別の指導計画に書くような指導例です。
- 個別で、音韻理解や音韻操作ができるように指導する
- 個別で、文字の形を弁別できるよう視覚認知のトレーニングを行う
- 個別で、文字を見て瞬間的にその音を想起するトレーニングを行う
- 個別および集団で、体を大きく使ったり多感覚を使った指導を実践する
- 個別および集団で、指示や活動内容をわかりやすく、端的なことばで説明する

(5)個別の指導計画や個別の教育支援計画をつくる時、"いつ""何を""どのように"「合理的配慮」するのか検討し、本人および保護者を含む関係者全員

の合意形成を図ったうえで優先順位なども視野に入れつつ決定し、提供していきます。

　以下はあくまでも「ディスレクシアの子ども・若者への合理的配慮」の例です。同じディスレクシアでも個々の子ども・若者によって必要および適当な変更・調整は異なるため、その都度、ケースバイケースで検討してください。

- 授業中、ノートをとるのではなく、PCやタブレット、デジタルカメラ、録音機器などアシスティブテクノロジー（支援機器）の利用を認める
- 授業中、ノートをとらないという選択肢を認める
- 授業中、本人がノートをとる代わりに同級生のノートを借りてコピーするのを認める
- 授業中、教科書や副教材を使用する際、カラーフィルターの利用を認める
- 授業中、電子データ化した教科書や副教材をICT機器で読み上げることを認める
- 授業中、板書や配布資料にふりがなをふる、分かち書きにする、スラッシュを入れるなどして読みやすくする（例：「きょうは　がっこうに　いきました」「きょうは／がっこうに／いきました」）
- テストの時、時間延長や別室受験、代読、チェック式、拡大文字、問題・解答用紙にふりがなをふる、カラーフィルターの使用などを認める
- テストの時、PCを使った解答や口頭試問を認める
- 宿題をやる時、PCや録音機器などアシスティブテクノロジー（支援機器）の利用を認める（例：漢字をノートに10回書いて覚える→ソフトを使ってタブレット上で書いて覚える）
- 宿題を提出する時、「紙に文字を書く」以外の方法（録画や録音など）を認める（例：タブレット上で漢字練習している様子を録画したものや、練習結果をプリントアウトしたもの、漢字の書き方を音声化して練習している様子を録音したものなどの提出を認める）
- 個別指導できる教室の確保
- 学校建物の非常口など、災害時に関わる案内文字にふりがなをふる
- 校内放送する時、重要な要件はゆっくり丁寧に話す、当該児童生徒に直接伝える／視覚情報にして渡す
- 学校図書館のアクセシビリティを向上させる（例：ブックオンテープなど音声化された本の導入、テキストデータの読み上げソフトを入れたPCの

導入、カラーフィルター等の常備など)

　決定した内容は、個別の指導計画に明記し、関係者全員で共有します。個別の教育支援計画にも活用し、関係機関で情報共有することが望ましいです。

　(6)「合理的配慮」の決定・提供にあたっては、教育委員会など学校設置者および学校が体制面、財政面を勘案しながら、「均衡を失した」もしくは「過度の」負担について、個別に判断します。よって、ある自治体で提供された「合理的配慮」が、別の自治体でも同様に提供されるとは限りません。また、ある学校で提供された「合理的配慮」が同じ自治体内の別の学校で同様に提供されるとも限りません。環境因子や個人因子などによって「必要かつ適当な変更・調整」は異なることがありうるからです。

　(7)「合理的配慮」は一度決めたら卒業までずっと続ける、というものではありません。子ども一人ひとりの発達の程度（個人因子）、適応の状況などICFでいう「制限」「参加」の実態を把握しながら、柔軟に見直していく必要があります。そのためにも、(ア)〜(カ)や(a)〜(c)がしっかり指導され、その指導内容が定着しているかどうか、定期的に確認し、個別の指導計画や個別の教育支援計画を見直します。

　(8)ちなみに、国や都道府県、市町村はそれぞれのレベルで「基礎的環境整備」を行います。ディスレクシアの子どもの場合、具体例は以下のようになります。

・専門指導できる教員の配置（通級指導教室やことばの教室等の設置）
・学習の指導援助ができる人材の確保
・アセスメントできる専門家の確保
・指導方法などについての指導助言ができるディスレクシアやLDなどの専門知識のある言語聴覚士や作業療法士、理学療法士、視能訓練士などの専門家の確保

　この「基礎的環境整備」の状況によって、提供される「合理的配慮」の内容が異なってきます。

　いうまでもなく、「みんなと同じようにしないのは他の子どもにとって不公平」だとか「一人だけ違うことをするのは特別扱い」「自分は指導経験がないから無理」と言うなどして「合理的配慮」を認めないことは「不提供」に当たり、公的機関では義務違反になります。ちなみに、文部科学省は2015年11月26日に「文部科学省所管事業分野における障害を理由とする差別の解消の推進に

関する対応指針の策定について」という通知を出し、学校法人や特定非営利活動法人等にも同様に提供することが望まれるとしています。

受験における配慮申請

　障害者差別解消法には、合理的配慮は「障害者から現に社会的障壁の除去を必要としている旨の意思の表明があった場合において、その実施に伴う負担が過重でない時」に提供しなければならない、と書かれています。つまり、あらゆる「合理的配慮」が必要であると申し立てるのは、障害のある人本人です。
　この原則に則り、高校受験や大学受験時に、配慮申請をして認められれば「合理的配慮」が受けられます。
　大学入試センターの場合、ウェブサイト（http://www.dnc.ac.jp/center/shiken_jouhou/hairyo.html）から「受験上の配慮案内」をダウンロードすると申請書や診断書、状況報告書を入手できます。
　診断書には「医師による署名押印」の欄がありますが、ディスレクシアの診断は必ずしも医師が行うものではないので、診断をした専門家（大学教員、教育センター、特別支援教育士など）のもので問題ありません。
　また、高校側が記入する状況報告書（高校時代にどういう配慮を行ってきたか、個別の指導計画はあるか、個別の教育支援計画はあるかなど）はとても重要です。診断書があっても、こちらの記入が不十分だと「必要かつ適当な変更・調整」に当たるかどうかの判断が異なってきます。「高校まで配慮がなかったけれど、大学受験の際には配慮してほしい」人は「高校でも配慮してほしかったのに高校側から特別扱いしないといわれてしてもらえなかった」のか、それとも「高校では配慮はいらなかった」のかでも事情は異なってきます。
　高校に通っていない場合は、所属する高校以外の教育機関などにおける状況や専門家の所見を可能な範囲で明記します。
　いずれにしても、できるだけ詳細に事実を記入されることをお勧めします。
　大学入試センターで配慮申請が認められると、
・1.3倍の時間延長
・チェック解答
・拡大文字問題冊子
・注意事項などの文書による伝達

・別室受験

・リスニングの免除

・問題の代読（ただし国語の漢文、英語の発音、解答に関わるところ以外）
などの「合理的配慮」が提供されます。

　高校入試時における「合理的配慮」については、障害者差別解消法施行前からすでに東京都や神奈川県、奈良県など複数の自治体で提供されています。これらの自治体では、中学校で行われている支援を高校の入学試験でも実施しています。2016年4月以降は、公立高校は当然ですが、私立高校でも「合理的配慮」は入試時に行うことが求められます。各都道府県教育委員会には提供の義務があり、私立高校でも前述のように国から通知が出て提供するよう求められていますので、担当部署に問い合わせて必要書類などを確認してください。

　ちなみに、申請時の条件は随時変更される可能性があるうえ、配慮申請には締切があり必要書類をそろえるのに時間がかかりますので、大学入試センターおよび各大学事務局、各都道府県の教育委員会などには早めに問い合わせておくとよいでしょう。私立大学も私立高校同様に国より合理的配慮の提供が求められていますので、早々に入試担当の大学窓口に必要な書類等問い合わせておきたいものです。

（品川裕香）

[参考]

United States Department of Justice Civil Rights Division（http://www.ada.gov）
内閣府「障害者施策」（http://www8.cao.go.jp/shougai）
外務省「障害者の権利に関する条約」（http://www.mofa.go.jp/mofaj/gaiko/jinken/index_shogaisha.html）
厚生労働省「『国際生活機能分類—国際障害分類改訂版—』（日本語版）の厚生労働省ホームページ掲載について」2002年（http://www.mhlw.go.jp/houdou/2002/08/h0805-1.html）
文部科学省中央教育審議会特別支援教育の在り方に関する特別委員会「共生社会の形成に向けたインクルーシブ教育システム構築のための特別支援教育の推進（報告）」2012年（http://www.mext.go.jp/b_menu/shingi/chukyo/chukyo3/044）
文部科学省「文部科学省所管事業分野における障害を理由とする差別の解消の推進に関する対応指針の策定について」2015年（http://www.mext.go.jp/a_menu/shotou/tokubetu/material/1364725.htm）
独立行政法人国立特別支援教育総合研究所（http://www.nise.go.jp）

第14章
青年期の課題──就労も含めて

ディスレクシアをもつ若者たちの現状

　佐藤健太さん（仮名）は関東地方在住の26歳。現在は回転寿司店でアルバイトをして月に12万円くらい稼いでいます。そこから税金を引かれて、家賃6万円の他、食費や光熱費、交通費等諸経費を引くとアルバイト代だけで生活していくのは厳しく、親から毎月5〜7万円援助してもらいながら、一人暮らしをしています。

　小学1年生の頃から読み書きが苦手で、勉強は体育と音楽、美術以外、まったくできませんでした。小学校の頃はローマ字の意味がよくわからず、アルファベットも覚えられませんでした。中学に上がってからもそれは変わらず、英語は会話なら何とかわかっても定期試験になると毎回1桁台、アルファベットが出てくる数学や化学の授業も、アルファベットが出てきた段階で頭が真っ白になり、ついていけませんでした。教師たちはみな「やればできるのに、やる気が足りない」と言い、学校での評価はずっと低かったと言います。

　「中学生になっても自分の名前を漢字で正しく書けなかったくらいで、授業は完全に落ちこぼれていました。健太の健の字の線が2本だったか3本だったかわからなくなってしまうんですよ。自分でもバカだなあと思っていました。中2の2学期に産休の担任の変わりに来た先生から『読み書きのLDかもしれ

ない』と言われました。母は障害などあるはずがないと怒りまくったのですが、努力しても漢字もアルファベットも覚えられない理由が知りたくて、中2の春休みにいくつか検査を受け、LDだろうといわれました」

 診断らしきものはつきましたが、佐藤さんの状況が変わるわけではありませんでした。

「学校の対応は変わりませんでした。自分としては少しでもできるようになりたくて検査を受けたのですが『LDなら写真や携帯電話、PCなどを使いこなせるようになれば大丈夫』と教えてもらったくらい。でも、当時から僕は携帯電話を使いまくっていました。録音したり写メを使ったりして、読めない漢字は親や彼女に送って教えてもらっていました。成績が悪かったので、偏差値の低いいわゆる低辺の高校に行きましたが、クラスメートとは興味の対象も好きなものも合わず、話ができる相手が一人もいなくて、夏休みを前に退学しました。その後、通信制の高校に入り直し、4年かけて卒業しました。子どもの頃はゲームの仕事に就きたいと思っていたので、情報系の専門学校に行けたらいいなあと漠然と考えてはいたのですが、最初の高校を中退した頃には自分にできることは何もないと思うようになっていたので、資料は取り寄せましたが、受験はしませんでした。実際、何をやってもうまくいかなかったからです。親は『あんたはやればできる子だ』って言ってましたけれど、それって100％気休め。何をやってもうまくいかないことは、誰より自分が一番よくわかっていました」

 学生時代もきつかったけれど、社会に出てからのほうが100倍厳しい——。佐藤さんは、怒りの矛先をどこに向けたらいいかわからないんです、と言いながら続けました。

「高校卒業後は、若者向けハローワークやジョブカフェやら、仕事を紹介してくれるところにはいろいろ行きましたが、正社員の仕事はまったく見つかりませんでした。それで20歳を過ぎた頃、親戚の紹介で『バイトから始めて、認められたら正社員になれる』という地元のスーパーに雇ってもらったのですが……。

 レジ打ちはパートのおばさんより全然遅いからクレームが出る、領収書を書いてといわれても何度も字を間違えて書けない、宛名を書くから写せといわれても間違えて書いてしまう、すると当然お客さんは怒り始める。それでレジから野菜売り場に移ったのですが、野菜をきれいに並べるのはできても、細かい

産地別に分けるのができない、お勧め野菜を紹介するポップが書けない、いろいろ指示をされても何が何だかわからなくなってフリーズしてしまう、聞き間違いがとても多い……。自分ができないことを挙げ出したら切りがありません。学生時代は読むのが苦手、書くのが苦手だと思っていましたが、実際、社会に出たらそんなもんじゃないんです。それで、紹介してくれた親戚の手前、申し訳なくて辞めました。バイトだから適当にやっていると思われたくなかったこともあります」

その後は、できるだけ読み書きに関わりのなさそうな仕事を選んで働こうとしていると続けます。

「居酒屋のホールスタッフや食器洗い、チェーン店のバーのバーテンダー、引越業の手伝い、お弁当屋さんの調理・接客・販売、量販店の品出し・商品整理などなど。将来のことを考えたら、このままバイト人生でいいはずがないので、どこかでちゃんと就職したいと思っているのですが、現実は本当に難しい。

ホールスタッフならできると思っても、注文を聞き間違えたり、注文を入力する端末のボタンを押し間違えたり、運び間違えたり。バーテンダーはもっと厳しかったですね。酒の銘柄が覚えられないし、何より瓶に書いてあるラベルが読めない。ウィスキー一つとっても、あんなに商品が多いと思っていなかったんで、うちの店は5種類しか置いていなかったのですが、それでも間違えてしまってばかりで、1週間も続きませんでした。引っ越しなど運送業の手伝いはバイト代もよかったのですが、運転免許をもっていないのでドライバーの補助ができず、仕事がこなくなりました。お弁当屋さんで調理するのは楽しかったし、向いている気もしましたが、販売もしなければならず、そこで失敗が続きました。結局、たいていの仕事には事務的な作業が多少なりとも関わってくる。日報を書いたり、領収書を書いたり、資料を読んだり。青果店とか鮮魚店など野菜を売るだけ、魚を売るだけなら大丈夫だと思ったのですが、個人営業すぎてバイトの口がないか、ある時は暗算でお釣りを渡さなければならず、やはり経理的な仕事がついてくる。それでできませんでした。

今は、チェーン店の回転寿司店でホールスタッフをやっています。オーダーは全部手元の端末でお客さんが入力するので、自分は運ぶのと精算時にお皿を数えるだけ。皿は色分けされているし、何十枚になるわけでもないので数えやすく、なんとか続いています。レジは基本的に店長がやることになっているの

で、自分がやることはまずありません。仕事は続いていますが、これだけでは全然生活できません」

　現在、佐藤さんには付き合って２年になる彼女がいます。彼女から時々結婚の話が出るのですが、佐藤さんは「全然考えられないんですよ」と表情を曇らせます。

「自分が読み書きが苦手だということを彼女は知っていますが、勉強が嫌いだし、今はめったに書くことがないから漢字を忘れてしまうだけと説明しています。実際、今時、字を書くことってあんまりないので、普通の人も漢字とか忘れているじゃないですか。だから、結構通用するんです、この言い訳（笑）。自分はまだＬＤのことを彼女に言いたくないんです。同情されたくないという気持ちもあるし、言ってもわかってもらえないと思うし、中途半端に知ったかぶりもされたくないって気持ちもある。ディスレクシアだってカミングアウトしている人が時々テレビに出ていますが、ああいうのは自分はいやなんです。自分は見世物じゃないし。それに、自分はめっちゃ努力しているんで、一緒にされたくないって気持ちも強い。でも、正社員になる道がまったく見えない。一生アルバイトで食っていけるわけがないし、そんな状態で家族をつくるなんて無責任だと思うし。それとＬＤが遺伝だと聞いたことがあるから子どもは欲しくないんですが、彼女はあと２年で30歳になるので、子どもが欲しいと思っているんです。それも引っかかっている。でも、彼女のことは嫌いじゃないから別れたくないし……。このままでいいとは思っていないので、いずれ話さなければいけないことはわかっていますが、まだその覚悟ができてないっていうか……」

　一番ネックになっていることは何か――。佐藤さんに問うと、こんなふうにことばを紡ぎました。

「経済的に自立できないことです。これに尽きます。自分にできる正社員の仕事が本当に見つからない。アルバイトだけでは生活できないし、かけもちするにも限界がある。それに、アルバイトだからといって仕事の内容が単純とか簡単というわけでなく、実際は正社員の人とほとんど変わらないような仕事です。

　実は、先日、ハローワークで中学の時にＬＤといわれたことを話しました。そうしたら、診断書があれば精神障害者の保健福祉手帳がもらえて障害者枠での仕事も紹介できるかもしれないみたいなことをいわれました。ただし、ＬＤ

で手帳が取れるかどうかは確実ではないそうで、実際取れたとしても障害者枠の仕事は給料が全然低い。これは障害者年金をもらうことが前提になっているからだそうですが、自分程度だと障害者年金だってもらえるかどうかわからないし、もらえたとしても微々たるものでしょう。市の福祉課では、親きょうだいがいなければ生活保護を申請するという選択肢もあるといわれました。ですが、親はともに50代でまだまだ元気だし、姉も結婚していて専業主婦。子育てしながら暮らしています。親が死んだら姉を頼れるかといったら、自分としてはその選択肢はありません。でも、まだ26なのに、この年でもう生活保護を当てにして生きるなんて、そんなこともしたくないんです。経済的に自立できなければ、結婚なんかできるはずがない。彼女は自分も働いているから大丈夫だし、ずっと一緒にいたいと言ってくれますが、彼女に迷惑もかけたくない。気がついたら、いつも生活に追われ、いつもむちゃくちゃ疲れています。もうずっと夜よく眠れないでいます……」

　後日、再度、佐藤さんと会った時、彼女にLDのことを話したと教えてくれました。

「実は、取材を受ける直前、うつだと診断されたんです。あまりにも眠れないし、いつもだるいので睡眠導入剤でももらえないかと思って心療内科に行ったら、うつ状態だっていわれました。それで、軽い抗うつ薬と睡眠導入剤をもらいました。薬を飲んだからって仕事の効率があがるとか、できるようになるわけではありませんが、彼女がすごく心配してしまって……。それで、自分の中で何かいっぱいいっぱいになってしまって、彼女に話すことにしたんです。やっぱり自分は彼女のことが好きなので、これ以上隠すのも嘘をついているみたいでいやだったんで……。今後どうなるかわかりませんが、当分は２人でできることを一緒に考えていこうと言ってくれました。これで自分の状況が変わるとは思っていませんが、あきらめたくないという気持ちはほんの少しだけですが、出てきたように思います。振られちゃったらマジヤバいんですけど（笑）」

　黒木理沙さん（仮名）は中部地方に住む、７歳の息子を育てる28歳の専業主婦です。中学３年生の時にディスレクシアの診断を受けましたが、特に専門的な指導を受けることなく、私立の中高一貫校を卒業しました。卒業後のアルバイト先で今のご主人と知り合い、21歳で結婚しました。

「まったく読めない、書けないということはありませんが、すごく時間がかかるので、学生時代はとても困りました。テストで点が全然取れないんです。ただ、うちの学校は進学校でもないし、お嬢様学校でもなく、ごく普通のキリスト教系女子校で、シスターたちに理解があり、できないことを責めたてられたり叱られたりということはありませんでした。私に限らず、誰のこともあるがままを受け入れる方針というか。私立なので保護者の感じも似ていたかもしれません。悪口を言ったり、無視したり、プロフに書き込んだりというようないじめはそれなりにありましたけど、さほど陰険ではなかったと思います。
　私がディスレクシアかもしれないというのは、アメリカから来たばっかりのシスターが気づきました。『bとd、pとqといったアルファベットをいつも書き間違えていたことと、英会話の授業はついていけるのに、英語の試験はいつも1桁台だったので、そうかもしれないと思った』と言っていました。10年以上も前のことで、当時、日本ではディスレクシアのことはほとんど知られておらず、病院で検査を受けて読字障害といわれました。その後、カウンセラーを紹介されて、高校時代は2年ちょっと通いましたが、読み書きが上達するわけでもなかったので、通わなくなりました。カウンセラーのところでは心のケアをやるということで、いつも話をあれこれしていました。高校時代は勉強ができないだけでなく、バスケ部の友達ともめたりして、いろいろなことがしんどくてたまらず、あまりご飯も食べられず、食べても吐いたりしていたので、後半は不登校というか、行ったり行かなかったりでした。親もカウンセリングに一緒に通っていました」
　高校卒業後、進学はせず、スポーツクラブでアルバイトを始めた黒木さん。受付で会員証をもらったり、バーコードを読み取って鍵とタオルやシューズを渡す仕事をしていました。地元のスポーツクラブだったので、会員の半分は定年退職した高齢者、残りは専業主婦が多かったそうです。
　「兄がそのスポーツクラブでインストラクターをしていたので、その紹介でした。そこで、兄と一緒にインストラクターをしている今の主人と知り合い、2年ほど付き合って結婚しました。定期を買う時とか、バイト先に履歴書を手書きにして出してといわれた時とか、会員さんにパンフレットを見せられながら質問されて答えられなかった時とか、年配の会員さんから『字くらいちゃんと読め』と怒られたりしたこともあるなど、読み書きが苦手なことでいやな思いはたくさんしましたが、耐えられないほどではありませんでした」

ディスレクシアで本当に困ると思ったのは、結婚して子どもが生まれてからだと黒木さんは目を少しうるませながら続けます。
「主人は仕事がありますから、日中、子どものことは私が全部やらなければなりません。3ヵ月検診、1歳6ヵ月検診、3歳児検診、歯科検診もあるし、予防接種もある。役場からいろいろと送られてくるのですが、それがよくわからないんです。あれってちゃんと読めることが前提になっていますよね？　主人が場所を教えてくれても、いざ当日になるとどこに行ったらいいかわからなくなってしまうことも、しょっちゅうありました。出がけに何かがあると頭が真っ白になってしまって。それで急がなければと思って慌てるからますますわからなくなり、役場に電話すると早口で説明されて、さらに混乱する。うちの息子は病気がちで湿疹もひどかったので、その都度病院に駆け込みました。お医者さんや看護師さんには心配しすぎだといわれたり、もっと育児のことを勉強しなさいといわれたりしましたが、その勉強の仕方がわかりませんでした。インターネットで調べてもすぐに忘れてしまうし……。相談相手だった母は私が結婚してすぐに病気で亡くなりました。義理の母は現役なのでいつも忙しく、申し訳なくて相談できませんでした。悪い人ではないんですが、ディスレクシアのことがいまいちわからないっていうか……」
　毎日緊張しながら子育てと格闘する日々。怪我をさせたり大病させたりすることなく、息子は少しずつ成長していきました。
「子どもができると公園に行くようになり、そこでママ友ができるじゃないですか。そのママ友との付き合いがとてもつらくなりました。ママ友になったら、その人たちから膨大な量のメールが届くようになりました。でも、私はそれらすべてに答えられないんですね。何をやるのも時間がかかってしまうので、メールをしている時間がないからです。すると無視したと嫌味をいわれるようになりました。一緒にいても、誰それのブログに何が書いてあったとか、なんとかっていう雑誌に載っていたどこそこの店に行こうとか、なんとかっていう読者モデルの話だとか、流行りのレシピだとか。それに加えて、どこの幼児教室に入れるとか。あまりにも情報だらけで、ママ友たちの話にはついていけませんでした。そのうち、私と息子が公園に行くと、ママたちがよそよそしくなってしまって……。『リョウ（仮名）ちゃんママは私たちとはランクが違うから～』って。息子が遊ぼうとすると自分の子どもに『帰るよー』って言って遊んでくれなくなって。それで息子が泣いて怒るから、ますます遊んでもら

えなくなりました。この時は私のせいでリョウがいやな思いしているんだと思うと、泣けて泣けてしょうがなかったです。でも、どうすることもできなくて……。

　それで、息子と行く公園を変えたんです。新しい公園では、いやな思いするくらいなら、と思って、仲良くなったママに『自分はLDだから、メールをもらってもすぐに返信できない』と説明しました。その人はわかってくれたのですが、しばらくすると『障害と言って利用しているんじゃないか』と言う人が出てきました。『LDだったら対人関係に問題があるはずだけど、リョウちゃんママは普通に人と付き合えるから嘘なんじゃないか』って。全然LDのことがわかってない。でも説明する気にもなれなくて、結局、その公園にも行かなくなりました。行けなくなった、というほうが正しいかも。家を出ようとすると吐きそうになったりして……。不登校の頃の自分を思い出しました」

　黒木さんは学生時代よりも子どもができてからのほうが孤独だといいます。

　「ママ友とうまく付き合えないと息子がいじめられます。でも、ママ友と付き合うにはメールやSNSや、今だったらLINEは当たり前。それから情報の嵐で、それにもついていけません。一方的に情報をもらうだけではダメで、こちらからもみんなに合う情報を出していかないとズルいっていわれるんです。学生時代には周りに理解者がたくさんいたから問題を感じたことがなかったけれど、結婚してから、まして親になってからはそうはいかない。主人以外で理解してくれる人が一人でもいるともっと楽になると思うのですが、現状は全然無理な感じです。

　息子が小学校に入ってからは、もっとしんどくなりました。一番困るのは連絡網です。留守電に伝言が残っていても、それを次に正しく伝えられないからです。メールは転送するだけなので楽なのですが、結構電話でくることが多いんです。それからPTA。専業主婦で一人息子なのにPTAをやりたがらないのはズルいといわれました。担任の先生は、私がディスレクシアだLDだと説明しても『そうなんですね〜』というだけでスルーしました。クラスの保護者たちにはディスレクシアのことは話していません。またいやな思いをするのがもう耐えられないと思ったんで……」

　年齢を重ねるごとに、ちょっとしたことでパニックになることが増えたと黒木さんは結びます。

　「子どもの頃は読み書きができなくても困るのは自分だけでした。子どもが

できてからは、自分がヘマをしたことで子どもに直接迷惑がかかるので、ものすごく怖くなりました。しかも、それがいつどのように影響するかよくわからないから、余計に怖いんです。主人は心配しすぎだといいますが、それってリアリティがないから言えるのだと思うと、ますます孤独になる。主人はいい人なんですよ、優しいし思いやりもあるし、私のことを理解もしてくれていますし。それでも、子育ては別。彼が仕事に行っている間に息子に何かがあって、私がすぐに対応できなかったらどうしよう、私が失敗したせいで息子がいじめられたらどうしよう、死んじゃったらどうしようって。そんなことばかり考えているので、いつもいつも誰かに責められている気がして、とても苦しいです」

　2016年4月現在、佐藤さんや黒木さんのように学生時代にディスレクシア／LDと診断されたもののニーズに応じた指導は受けておらず、結果、読み書きがおぼつかないまま社会に出た人は決して少なくありません。また、社会に出てから自分で調べて医者に行くなどしてディスレクシア／LDとわかったという人のほうが圧倒的に多いというのも取材を通した実感です。学生時代に診断を受け、かつ、適切な指導も受けることができて、満を持して社会に出たという人はまだまだ少数派なのです。

ICFモデルから考えるディスレクシアをもつ若者たちの課題

　第13章でも説明しましたが、ICFモデルを踏まえると、ディスレクシアをもつ若者たちについて考える時は、「個人の状況（個人因子）」「その人が所属する社会の状況（環境因子）」「健康状態」の3つからアプローチし、活動や参加を阻むものは何かを検討していく必要があります。
　佐藤さんも黒木さんも「個人因子」のところでニーズに応じた指導を受けていないため、ベーシックスキルが身についていません。2人とも、スマートフォン、PC、タブレット等ICT機器を駆使して苦手さを補っていますが、基本的な読み書きができないと、仕事の場面でも子育ての場面でも困ることが多いことは変わりがありません。ちなみに、読むのが苦手だと、情報弱者になる可能性も高まります。膨大にある情報の海から適切なものを選び出し、吟味したり分析したりする力は意識的に鍛えない限り身につけづらく、結果として、自

分に必要なことを判断する場面で不利益を被る場合も出てきます。

「環境因子」も不備だらけです。例えば、彼らが所属する集団（職場、地域、学校、ママ友等）はディスレクシア／LDに関する知識も理解もないので、彼らが対峙している課題がまったくわかりません。そのため、彼らの言動が自分たちの想定外だった時に、露骨に不快感を表したり責めたり叱りつけたり排除したりなど攻撃行動をとります。ディスレクシアをもつ人たちは認知に偏りがあるわけではないので、相手がそういった行動をとる理由が推察できます。その結果、うまくできないのは機能障害のせいだと理解していても、求められることができない自分、やるべきことができない自分を責めてしまいがちです。

今回取材したディスレクシアの人のなかに精神障害者保健福祉手帳を取得し、一般就労（企業等に障害者枠で就労すること）している人がいました。ある女性は福祉関連団体で働いているのにもかかわらず、知的に問題がないのに読み書きができない、事務作業ができないことが理解されず、上司から「小学1年生でもこれくらいはできる」「ミスが多い」と責められるとこぼしていました。別の女性は老人施設で介護ヘルパーとして働いていますが、簡単な事務作業で間違えると「知的障害のある人でもできるのに。なんであなたがミスするのか」と叱られてばかりだと言っていました。福祉や教育など接近している領域に関わる人なら誰でも知識があり、理解があるわけではないのも現状です。

そして、「個人因子」と「環境因子」がうまくいかないと、うつや不安障害、パニック障害、睡眠障害など心身の健康状態に課題が出てくることも珍しくありません。

社会に出る前、就労段階では筆記試験をどうクリアするかという課題もあります。第13章で前述したとおり、2016年4月から合理的配慮不提供が禁止されましたが、これは公的機関のみ。民間企業等については努力義務で、罰則規定もありません。ということは、雇用主が合理的配慮を提供できないと決めた時、当事者のほうからそれを変えさせるのはまだまだ難しいといえそうです。

さらに、合理的配慮を受けるためには、本人がみずから申請することが原則です。新卒の入社試験はたいていインターネットを通して申し込み、インターネット上で筆記試験を受けるところから始まります。ディスレクシアがあるとこれがとても大変ですが、読み上げソフトを使うためにはディスレクシアであ

ることを申し出なければなりません。しかしながら、佐藤さんのように「障害があることを伝えたら雇用形態が変わってしまい、給料が下がるなど不利になるのではないか」と危機感を募らせ、絶対に知られたくないという人は少なくありません。実際、手帳を取得して一般就労している人でこういうことを訴える人もいました。「読み書きが苦手で事務作業は他の人より劣るかもしれないし、日報等の書き方にも考慮してもらっているが、そのぶん企画や営業では群を抜いて成績を出している。それなのに、雇用形態が一般就労のため賃金に格差があるのは納得できない」。こういった不公平感を是正していくためには、今後もより適正な制度改革を続けることが必要です。そのためにも社会全体の意識改革が今以上に求められるといえましょう。

　もっとも、上記のような課題は、今後人工知能やロボットがさらなる進化を遂げると大幅に解消されていく可能性があると私は取材を通して実感しています。読み書きが苦手でも、ウェラブルな人工知能やロボットが補完・代替し、人間と変わらない、あるいはそれ以上のスピードで正確に読んだり書いたりしてディスレクシアの人の事務処理等を補ってくれる日は遠くないと私は考えています。

　ただし、そうなったとしても課題は常に残ります。災害など緊急事態で外部脳であるICT機器が使えなくなった時、生命の危険にさらされることも出てくるでしょう。アナログでベーシックなことができる力が最低限ついていないと、緊急時などには対応がしづらくなる可能性はまだまだ否定できません。

　どれだけICT機器が発達し、合理的配慮がされても、社会に出る前に少しでもベーシックスキルや社会性、問題解決スキルを身につけること。と同時に、自分はやればできるという自己効力感や忍耐力などを育てておくこと。それらが、大人になってから読み書きを学ぶ場がない現状においては、青年期の課題を乗り越えるために最低限必要なことではないかと取材を通して考えています。

〈品川裕香〉

村上春樹とディスレクシア

　2009年5月に初版が出版された村上春樹著『1Q84』はベストセラーとなり、毎日出版文化賞を受賞しました。当時、この題名を知能指数IQ84と間違えた人も多かったようです。主人公の天吾という男性と青豆という女性の話が交互に展開されます。天吾は、塾の数学の講師をしながら、作家を目指し、頼まれて雑誌に星占いを書いたり、新人賞に応募してきた小説の下読みをして、感想を書き、それをもとに選考委員が新人賞を選ぶというアルバイトをしたりしています。応募してきた少女ふかえりの『空気さなぎ』という小説を読み、編集者からそれに手を加えて小説に仕上げるよう依頼されます。

　天吾はふかえりと会い、「君はいつもどんな本を読んでいるの？」と尋ねると、ふかえりは「ホンはよまない」「よむのにじかんがかかる」「すごく」などと答えます。天吾は、「じゃあ、学校でも困るんじゃないの？」といい、「君が言ってるのはつまり、いわゆるディスレクシアみたいなことなのかな？」と問い、「読字障害」ということばも使われています。ふかえりは「かくこともじかんがかかる」といい、『空気さなぎ』について「わたしはかいていない」と答えます。ふかえりが『空気さなぎ』を物語って、それをアザミという子が文章にしたのだそうです。文中、ふかえりは、すべてひらがなとカタカナで答えています。

　このように、村上春樹のディスレクシアの記述は非常に正確です。日本の文学に発達性のディスレクシアが「ディスレクシア」ということばで登場したのは初めてではないでしょうか？　彼は、ボストンにあるタフツ大学に勤務していたことがあるそうです。米国ではディスレクシアの子どもは10〜20％いるそうですし、タフツ大学読字・言語研究センター長メアリアン・ウルフ教授はディスレクシアの著名な研究者です［コラム3参照］。

　また、村上春樹の別の小説『海辺のカフカ』にも、猫語がわかるので、猫と話すナカタさんという人物が出てきます。彼も「字だってかけません。本も新聞も読めません」といい、幼い頃に事故にあって頭が悪くなったということになっています。

（加藤醇子）

基本専門用語集

デコーディング（ディコーディング） decoding
文字記号を音声記号に変えること、文字（文字列）の音声化のことをいいます。文字に該当する音を言うこと（例：「た」を見て「タ」と言う）です。文字を音に対応させることは音読にあたりますが、デコーディングは音読だけでなく、頭の中でデコーディングする黙読も意味します。しかし、ディスレクシアの子どもは黙読ができないことがあります。この音声化は読解に至る重要な過程ではありますが、読解自体はデコーディングとは別で、デコーディングに読解は含まれません。decodingを英語の辞書でひくと「解読」となっています。暗号の解読の意味ですが、読解を意味してしまうので適切な訳語ではありません。［第4章参照］

音韻意識（音韻認識） phonological awareness
ことばを構成する音の単位に気づくこと・わかることをいいます。単語を構成する音の順序がわかり、その順序を変えたり、1音を削除して言ったり、単語を逆から言うようなこと（音韻操作）ができることも意味します。音の単位には、音節、モーラ、オンセットとライム、音素などがあります。日本語では、例えば「ねこ」が「ね」と「こ」からできていることがわかることを指します。音韻意識は読み習得の土台として重要な役割を果たします。［第4章参照］

単語認識 word identification
読めるかどうかにかかわらず、文章の中でどれが単語かわかることをいいます。単語がわからないと文章の区切りがわからず、意味がとれなくなります。

音節とモーラ syllable and mora
音節またはシラブルは、連続する言語音を区切る分節単位の一種であると説明されています。通常、1音節は1個の母音、あるいは母音の前後に1個または複数個の子音を伴ったものです。日本語の仮名文字はほとんどが母音か子音＋母音を表しますから、そういう文字は1文字が1音節に相当します。モーラは日本語で短歌や俳句等を成立させる単位で、仮名1文字が1モーラに相当します。撥音（ん）、促音（っ）、長音（ー）は独立した一つのモーラを形成しますが、独立した音節は形成し

ません。「さくら」は3音節3モーラ、「きっぷ」は2音節3モーラ、「ケーキ」は2音節3モーラとなります。日本語の音韻意識の場合、モーラ単位のほうがわかりやすく適切です。[第4章参照]

音素　phoneme
意味の異なりをもたらす最小の音の単位をいいます。文字との関係で考えると、ほとんどの仮名文字は母音、あるいは子音に母音が伴った音（音節）を表します。英語はstringのように子音の連続を含む単語が多く、一つひとつの子音（音素）がはっきりと認識できないと読み書きが難しくなります。音素の認識は音節よりも後に発達してきます。別の言い方をしますと、日本語のモーラの操作は英語の音素の操作よりも簡単です。軽い音韻意識の弱さがある場合、頑張って日本語は読めるようになっても、英語は読めないことがあります。[第7章、第9章参照]

書記素　grapheme
いずれの言語でも、記述（書く）での意味の異なりをもたらす最小の単位をいいます。

正字法・正書法　orthography
言語を文字で正しく記述する際のルールの全体をいいます。日本語の正しい書き表し方としては、かなづかい、おくりがなの決まりなどがあります。

ワードアタック　word attack
米国のディスレクシアの検査であるWoodcock Reading Mastery Testの中にある非語音読検査（実在しない語をつくって検査課題とする）はワードアタックの課題です。非語（無意味語、単語のようにみえるけれど実在しない文字列）を文字・音対応の規則を用いて読むことです。このワードアタックという用語は日本人が使う英語の辞書を引いても出てきません。

呼称速度の検査　Rapid Automatized Naming（RAN）
ランダムな順に数行並べた刺激をできるだけ早く呼称させ、その速度を測定する課題。刺激には、数字、文字、絵、色等が用いられます。研究者によっては、絵だけ、数字だけというのではなく、それらを交互に混ぜ合わせて検査する方法（alternative RAN）を用いる人もいます。RANの漢字と絵は、読解に関与しているというデータもあります。タフツ大学メアリアン・ウルフ教授は、2012年にfMRIによる長期研究の結果、脳のいくつかの部位が統合して関与していることを報告しています。呼称速度と音韻操作は読みの困難さと深く関連し、どちらか一方または両方が障害されると、読みが困難となるといわれており、これを二重障害仮

説といいます。そのメカニズムはわかっていないところもあるといわれています。また、年齢が高くなると、ディスレクシアがあってもRANの課題では落ち込みがみられないこともあります。ディスレクシアが疑われる場合、必ずRANとデコーディング、音韻操作課題を検査します。

流暢性 fluency
流暢性とは、情報を適切に素早く数多く処理する能力のことで、読みの流暢性とは、なめらかな、自然なイントネーションで読めることです。デコーディング能力によって支えられますが、実際には、デコーディングだけでなく、単語認識や単語の知識、言語理解も関わります。読解に必須の要素の一つとされています。

自動性 automaticity
流暢性がさらに進化して、注意の集中力をたいして必要とせずに、自動的に、正確かつ素早く読みができることを指します。多くの人たちは、音声を意識することなく、黙読で読みながら考え、知識を蓄えていきます。

サイトワードと視覚認知 sight word and visual cognition
サイトワードは①見ただけですぐに分析せずに意味がわかる語のこと。読みに習熟するとそうした語が増えます。②単語全体丸ごと形を覚えるよう指導される単語。読み指導の初期にデコーディングスキルを獲得する前に、出現頻度の高い重要な語（it, the, thatなど）がサイトワードとして指導されます。また、音とつづりの関係があまりに例外的な語（enough, yachtなど）もサイトワードです。日本語では、表意文字といわれている漢字には、見ただけで意味がわかる単語がいくつもあります。例えば、「薔薇」は漢字1文字ずつは読めなくても、「バラ」と多くの人たちは読んでいます。視知覚→意味に直結しています。ひらがなもカタカナも大部分の漢字も、読む時は黙読であっても、視知覚（文字）→音声（音韻）→意味の経路をたどります。地図の記号も視知覚（記号）→意味です。大部分の文字だけが、記号でありながら、音声に変換されるので、音声を含んだ視知覚ということになります。レイの複雑図形検査は、複雑な図形の模写、直後に図形を想起して描く、30分後に再生して描く検査です。漢字を想起する過程に似ているため、漢字を書くことと関連があるといわれています。実際には、この検査結果がよい人でも読めない、書けないことがありますし、WISC-IV知能検査で知覚推理が低い子どもでも漢字が書ける場合があります。ディスレクシアの子どもでは、WISC-IVのワーキングメモリーと処理速度が低いことがよくみられます。まだまだ詳細な分析研究が必要です。ちなみに、文字層・音韻層・意味層の三角形と、それぞれに関連する因子を使ったコンピュータ上の読みの経路の分析研究は、トライアングルモデル（サイデンバーグ、1989）といわれ、主に成人の失読症研究に使われています。

キーワード法

意味を媒介にして文字と音声とを結びつける指導法。デコーディングが苦手な子どもに、ひらがな1文字とその音で始まる単語を、「『あ』は『あり』の『あ』」「『い』は『いぬ』の『い』」というように音を唱えながら絵全体を視覚的に覚えてもらいます。「あ」を見ても何という音か思い出せない時に、先に単語全体を想起してから語頭の目標音だけを言うと、「あ」とデコーディングできるようになります。最初はキーワードを思い出すために時間がかかりますが、繰り返すうちにだんだん自動化されて、デコーディングが早くなります。

キーワード法の絵カードの例「すいか」の『す』

多感覚法　multisensory method

聴覚、視覚、触覚、運動覚など複数の感覚を同時に活用する指導法。ざらざらしたコルクの表面を指でなぞって書くことにより文字を触覚的に記憶しやすくしたり、細くのばした粘土で文字の形をつくって触覚や視覚に定着しやすくしたり、線をガイドに文字を視覚的に書きやすくしたり、その時に音声で読みながら書くことにより聴覚も使ったり、体や手の動きで文字を覚えたり、さまざまな工夫をして、読みやすく、また、書きやすく指導することをいいます。

RTI　Response To Intervention/Instruction

主に米国などで行われている教育分野の研究方式で、ある指導方法（指導様式）や介入に対する効果・反応のことをいいます。対象となる場によって、Tier 1、2、3（1、2、3層）に分かれています。1層は通常のクラス集団、2層は小グループ、3層は個別です。ある指導を一定期間実施して、その効果を見ます。例えば、交互読み（先生が数行朗読した後、生徒が続きの数行を朗読する方法）は効果があるか知りたい時、仮に、1層で交互読みを行ったら数ヵ月後に全員の読み能力が向上した、しかし、2層と3層では向上がみられなかったとすると、交互読みは集団内で指導することが効果を上げるというような判断の仕方をします（実際に交互読みが効果的かどうかはここではわかりません）。

RTIによって、ある指導法が本当にどこでも効果があると一般化できるのかどうかについて、その地域だけの効果なのではないかというような反論がよくあります。鳥取方式では、全員がひらがなを習った後、しばらく期間をあけてから読めない児童をピックアップしていきます。研究方法というよりはRTIをモディファイした方法なので、RTIモデルという用語を使っているのかもしれません。RTIモデルという用語自体は、RTIの研究方法の中で使われてはいないと思います。

（加藤醇子、原　惠子、石坂郁代）

関連機関

支援・研究団体

一般社団法人日本ディスレクシア協会(教師、言語聴覚士、心理士その他ディスレクシアに関心のある職種の方、保護者、青年向けの啓発と支援を目指しています)
2014年5月設立。保護者情報交換会、読み書き研究会、セミナー、青年の集まりなどの活動を行っています。ウェブサイト、Facebookなどで活動を紹介しています。
　代表：加藤醇子
　事務局：〒212-0012　川崎市幸区大宮町2－8－1601イクス川崎
　https://jdyslexia.com　　　office@jdyslexia.com

薫化舎らんふぁんぷらざ(評価・指導)
発達障害全般の支援を行っています。ディスレクシアに対しては、リテラシー指導として、個別指導を含む小グループ指導、英語指導を行い、他にソーシャルスキルトレーニング指導、造形ワーク指導、音楽療法、心理カウンセリング、英語個別指導、英語グループ指導、算数指導などがあります。
　代表：品川裕香
　指導室：〒212-0058　川崎市幸区鹿島田2－22－33新川崎駅前ビル2F
　https://www.kunkasha.com　　　post@kunkasha-lenfantplaza.com

大阪医科薬科大学LDセンター(診断・評価・指導)
発達障害全般の診断・評価・指導があり、特にディスレクシアの評価・指導・研究に力を入れています。15分、30分の保険外の相談・評価・指導で、医学的検査は病院の小児科で行っています。
　所在地：〒569-0802　高槻市北園町11－14高槻北園町ビル2F
　https://www.ompu.ac.jp/u-deps/ldc/

NPO法人LD・Dyslexiaセンター(評価・指導)
2006年3月設立。学習障害・発達性読み書き障害・小児失語症の支援を行っていま

す。現在、指導は1年以上の待機中です。
　代表：宇野　彰
　指導室：〒272-0033　市川市市川南3－1－1アプロード市川315号
　http://square.umin.ac.jp/LDDX/

平谷こども発達クリニック（診断・評価・指導・療育）
2001年4月設立。小児科、アレルギー外来、発達外来があり、療育、放課後学習支援など幅広く行い、ディスレクシアにも力を入れています。研究活動も活発です。
　院長：平谷美智夫
　所在地：〒918-8205　福井市北四ツ居2－1409
　http://www.hiratani-c.jp

かわばた眼科（視覚認知評価・眼科的診断・視機能訓練）
通常の眼科疾患の他、学習障害に伴う視覚認知評価や視機能訓練などを行っていて、視覚発達支援センターも併設されています。
　院長：川端秀仁
　所在地：〒279-0012　浦安市入船4－1－1新浦安中央ビル3F
　http://www.kawabataganka.com

平和眼科（視機能評価・視知覚発達検査・眼科的診断）
小児眼科専門で、視能訓練士、臨床発達心理士を擁し、視知覚発達検査や発達障害の診療を行っています。
　院長：富田　香
　所在地：〒170-0014　豊島区池袋1－7－7
　https://heiwaganka.com

青い鳥小児療育相談センター眼科（眼科的診断・視機能評価・スクリーニング評価）
障害児の眼科診療。視能訓練士を擁し、ディスレクシアのスクリーニング評価を行っています。予約制です。
　所在地：〒221-0822　横浜市神奈川区西神奈川1－9－1
　http://www.aoitori-y.jp

東京大学先端科学技術研究センター（スクリーニング評価・指導・IT指導）
DO-IT Japanで、学習上の困難のある小学生が参加できるプログラムを展開しています。読み書きに関する評価、iPadなどによる指導を行っています。
　教授：中邑賢龍
　所在地：〒153-8904　目黒区駒場4－6－1

https://www.rcast.u-tokyo.ac.jp
https://doit-japan.org

北海道大学大学院教育学研究院附属子ども発達臨床研究センター（診断・評価・指導）
発達障害一般も含めて対応しています。
　所在地：〒060-0811　札幌市北区北11条西7丁目
　https://www.edu.hokudai.ac.jp/rcccd

国立成育医療研究センターこころの診療部（診断・評価・指導）
児童期メンタルヘルス診療科にディスレクシア専門外来が開設されています。予約制です。
　担当医：小枝達也
　所在地：〒157-8535　世田谷区大蔵2-10-1
　https://www.ncchd.go.jp/hospital/about/section/heart

東京学芸大学特別支援科学講座発達障害学分野（評価・指導）
都立大塚ろう学校で隔週土曜、聴覚障害と発達障害を併せ持つ小学生を対象とした「学習活動ダンボ」を行っています。
　所在地：〒184-8501　小金井市貫井北町4-1-1

筑波大学附属学校教育局心理・発達教育相談室（発達障害、アーレン症候群の支援）
発達障害、特に算数障害、読み書き障害の学習支援の他、適切な有色フィルターにより読みやすくするASDの光過敏対策も行っています。「アーレン［注］の会」の活動も行っています。
　教授：熊谷恵子
　所在地：〒112-0012　文京区大塚3-29-1（東京キャンパス）

多摩北部医療センター小児科（言語聴覚士による評価・指導）
　所在地：〒189-8511　東村山市青葉町1-7-1
　http://www.tmhp.jp/tamahoku

［注］アーレン症候群は、光感受性障害を示す症候群（SSS：Scotopic Sensitivity Syndrome）のことで、以前から、黄色やピンク、ブルーなどの眼鏡をかけると読みやすい人がいることは知られていましたが、それを1983年体系化したのが米国の心理学者ヘレン・L・アーレンで、通称アーレン症候群といわれています（http://www.irlen.com）。（ヘレン・アーレン著、熊谷恵子監訳『アーレンシンドローム─「色を通して読む」光の感受性障害の理解と対応』金子書房、2013年）

認定NPO法人エッジ（啓発活動・学習支援員育成・当事者・保護者の相談）
音声化した教科書を無償提供するBeam、発達障害を支援する学習支援員講座LSA、啓発活動の他、英国のディスレクシアをもつ画家・版画家マッケンジー・ソープ氏との活動、当事者・保護者の相談などの幅広い活動を行っています。
　代表：藤堂栄子
　所在地：〒108-0014　港区芝4-7-1西山ビル4F
　　https://www.npo-edge.jp　　edgewebinfo@npo-edge.jp

学会・研究団体

発達性ディスレクシア研究会（研究発表・ディスレクシア研修会）
2001年設立。全国のディスレクシアの研究者たちの団体。年1回、主に夏季に研究発表会を開催し、研究発表会を行い、冬季の計2回、啓発活動として指導者向けの研修会を行っています。ウェブサイトに最新の情報が掲載されています。IDAのグローバルパートナー。
　理事長：宇野　彰（2019年10月現在）
　事務局：〒339-8501　さいたま市岩槻区浮谷320　目白大学保健医療学部言語聴覚学科
　　http://square.umin.ac.jp/dyslexia　　dyslexia-office@umin.net

日本コミュニケーション障害学会（研究発表）
子どものディスレクシアの研究発表がある可能性がある学会。会員は言語聴覚士が大部分で、構音障害や吃音、成人の失語症や失読症についても研究発表があります。
　理事長：吉畑博代（2019年10月現在）
　事務局：〒185-0021　国分寺市南町3-7-11-202
　　http://www.jacd-web.org　　jacd@tea.ocn.ne.jp

日本LD学会（研究発表・支援）
1992年設立。LD・ADHDなどの発達障害に関する研究・臨床・教育に関する学会。ディスレクシアについての発表も多い。毎年秋の年次大会の他、公開シンポジウム開催、学会誌発行、各種委員会の活動があり、「LD・ADHD等の心理的疑似体験プログラム（第3版）」はLD・ADHDなどの発達障害への理解と啓発活動に活用されています。2021年4月1日現在、正会員10519名。
　理事長：海津亜希子（2022年12月現在）
　事務局：〒108-0074　港区高輪3-24-18高輪エンパイヤビル8F
　　http://www.jald.or.jp

特別支援教育士資格認定協会（特別支援教育士養成）
2001年設立。LD・ADHDなど発達障害のアセスメントおよび個別の教育支援計画の立案と実施が可能な人材の養成を行うことを目的としています。養成セミナーを受けた受講者に対し、試験、面接による資格認定を行っています。資格には、特別支援教育士（SENS）とスーパーバイザーの役割が可能なSENS-SVとがあります。2020年4月1日現在、SENS5116名、SENS-SV398名が認定されています。
　理事長：花熊　暁（2019年10月現在）
　事務局：日本LD学会と同じ
　http://www.sens.or.jp

その他に専門家がいる大学・機関

上智大学言語聴覚研究センター、筑波大学人間系（筑波キャンパス）、北里大学医療衛生学部、国立精神・神経医療研究センター精神保健研究所、目白大学保健医療学部言語聴覚学科、国士舘大学文学部教育学科（世田谷キャンパス）、東北大学大学院教育学研究科、金沢星稜大学人間科学部など

（加藤醇子）

参考書籍

　入門書である本書を読んでくださった方がさらに読んでみるとよいと思われる書籍を挙げました。難しい文献などは省略しました。ただし、内容がすべて正しく適切とは限りません。皆さんで吟味してみてください。
　英語で研究その他のトピックスを知るには、IDA（International Dyslexia Association）のウェブサイト（http://www.eida.org）も参考になるでしょう。

ディスレクシア全般

サリー・シェイウィッツ（加藤醇子監修、藤田あきよ訳）『読み書き障害（ディスレクシア）のすべて—頭はいいのに、本が読めない』PHP研究所、2006年

メアリアン・ウルフ（小松淳子訳）『プルーストとイカ—読書は脳をどのように変えるのか？』インターシフト、2008年

マーガレット・J・スノウリング（加藤醇子、宇野彰監訳、紅葉誠一訳）『ディスレクシア　読み書きのLD—親と専門家のためのガイド』東京書籍、2008年

大石敬子「Section 11＆12　読み書き障害—小学生事例、中学生事例（英語中心に）」大石敬子、田中裕美子編著『言語聴覚士のための事例で学ぶことばの発達障害』医歯薬出版、2014年

湯澤美紀、河村暁、湯澤正通編著『ワーキングメモリーと特別な支援—一人ひとりの学習のニーズに応える』北大路書房、2013年
ディスレクシアに限らず扱っています。

チャールズ・ヒューム、マーガレット・J・スノウリング（原惠子監訳）『発達的視点からことばの障害を考える—ディスレクシア・読解障害・SLI』上智大学出版、2016年

ヘレン・アーレン（熊谷恵子監訳）『アーレンシンドローム―「色を通して読む」光の感受性障害の理解と対応』金子書房、2013年

ディスレクシアの評価

宇野彰、春原則子、金子真人、Taeko N. Wydell『小学生の読み書きスクリーニング検査―発達性読み書き障害（発達性dyslexia）検出のために』インテルナ出版、2006年

特異的発達障害の臨床診断と治療指針作成に関する研究チーム編集『特異的発達障害　診断・治療のための実践ガイドライン―わかりやすい診断手順と支援の実際』診断と治療社、2010年

加藤醇子、安藤壽子、原恵子、縄手雅彦『ELC（Easy Literacy Check）―読み書き困難児のための音読・音韻処理能力簡易スクリーニング検査』図書文化、2016年

ディスレクシアのサポート

小池敏英、雲井未歓、窪島務編著『LD児のためのひらがな・漢字支援―個別支援に生かす書字教材』あいり出版、松籟社発売、2004年

小池敏英、雲井未歓『遊び活用型読み書き支援プログラム―学習評価と教材作成ソフトに基づく統合的支援の展開』図書文化社、2013年

竹田契一監修、村井敏宏、中尾和人『読み書きが苦手な子どもへの「基礎」トレーニングワーク』明治図書出版、2010年
シリーズに「つまづき」支援ワーク、「漢字」支援ワーク（１～３年編）、「漢字」支援ワーク（４～６年編）があります。

河野俊寛『読み書き障害のある子どもへのサポートQ&A』読書工房、2012年
ICT活用やソフトウェアについても触れられています。

当事者の声

品川裕香『怠けてなんかない！　ディスレクシア　読む・書く・記憶するのが困難なLDの子どもたち。』岩崎書店、2003年
シリーズに、セカンドシーズン（あきらめない―読む・書く・記憶するのが苦手な

LDの人たちの学び方・働き方)、ゼロシーズン（読む・書く・記憶するのが苦手になるのを少しでも防ぐために）があります。

小菅宏『僕は、字が読めない。―読字障害（ディスレクシア）と戦いつづけた南雲明彦の24年』集英社インターナショナル、集英社発売、2009年

井上智、井上賞子『読めなくても、書けなくても、勉強したい―ディスレクシアのオレなりの読み書き』ぶどう社、2012年

(加藤醇子)

事項索引

6番染色体　23, 24
15番染色体　23, 24

A to Z

CHCモデル　97, 104
DSM-5　33, 34
DTVPフロスティッグ視知覚発達検査　66
ELC（Easy Literacy Check）　58, 127, 175
　短文音読課題　58, 59, 60, 127
　音韻操作課題　58, 59, 61, 127
　単語・非語音読課題　59, 60, 62, 127, 168
ICD-10　33, 34
ICFモデル　200, 219
ICIDHモデル　199
ICT活用　110, 123
ICT機器　134, 207, 219, 221
KABC-II　36, 66, 68, 69, 70, 83, 96-105, 184
　書き尺度　101, 185
　語彙尺度　101
　算数尺度　101
　読み尺度　101, 185
LD周辺児　27
National Reading Panel　25, 180
NPO法人エッジ　27, 230
PVT-R絵画語い発達検査　70, 127, 184
RAN（rapid automatized naming）　68, 109, 224
RAVE-Oプログラム　25, 82
Reasonable Accommodation　25, 198
RTI　24, 28, 54, 176, 226
WISC-IV　36, 65, 68, 69, 83-95, 108, 109, 184, 225
　処理速度　36, 69, 86, 91, 92, 184, 225
　符号　36, 69, 91, 135, 184, 186
　ワーキングメモリー　36, 86, 91, 92, 184, 225
　語音整列　36, 68, 91, 184
　数唱　36, 68, 91, 109, 184

あ行

一般社団法人日本ディスレクシア協会　28, 227
エマージェントリテラシー　51, 53
大阪医科大学LDセンター　27, 28, 228
オートン・ギリンガム法　21, 148
オートン・ディスレクシア・ソサエティ　21, 148
落ちこぼれ防止法（NCLB）　25
音韻意識（音韻認識）　23, 27, 44, 52, 66, 223
音素　33, 37, 164, 223, 224

か行

カウフマンモデル　97, 104
鏡文字　2, 3, 21
学校との連携　188
勝手読み　2, 35
眼球運動　74, 76
キーワード法　111, 116, 226
教研式全国標準Reading-Test読書力診断検査　70, 132, 134, 136, 140, 143
限局性学習症　34, 38
広汎性発達障害（PDD）　27
合理的配慮　4, 25, 29, 196, 197-210
国際ディスレクシア協会（IDA）　13, 21, 34, 44, 48, 148

235

国立小児保健発達研究所（NICHD）（米国）
　　14, 25, 180
個別教育計画（IEP）　22
語盲　20
語連鎖　113, 114, 115
コロラド学習障害研究センター　23

さ行

失読症　19
視能訓練士　27, 208
自閉症スペクトラム（自閉スペクトラム症）
　（ASD）　1, 12, 28, 35, 37, 38, 57, 84, 119,
　144, 174
就労移行支援事業　38, 196
小学生の読み書きスクリーニング検査
　（STRAW）　11, 27, 54, 184
自立支援医療　37
神経学的微症状　26
親密語　36
精神障害者保健福祉手帳　33, 38, 214, 220
全障害児教育法（米国）　22
側頭平面　23

た行

多感覚法　21, 25, 104, 112, 121, 226
単音音読検査　54
短期目標　120, 127
単語逆唱課題　53, 67, 108
単文音読検査　54
遂字読み　10, 35, 48, 60, 110, 113, 125, 152,
　163
注意欠陥多動性障害（注意欠如多動症）
　（ADHD）　2, 12, 22, 27, 34, 38, 57, 60, 84,
　119, 125, 131, 174, 177, 181
長期目標　120, 127
調節　74, 75
直音　54
通級指導教室　177, 181-189
デコーディング　14, 34, 47, 110, 223
特異的綴字（書字）障害　34
特殊音節　35
特異的読字障害　33, 34, 38
特別児童医療扶養手当　37

読解　3, 14, 15, 34, 37, 47, 49, 57, 69, 115,
　223, 224
鳥取（大学）方式　28, 53, 176, 226

な行

二次障害　94, 119, 174
ニューロン移動遺伝子　24
ニューロンの異所形成（エクトピア）　23

は行

配慮申請　4, 28, 195, 197-210
発達障害者支援センター　27, 196
発達障害者支援法　27
発達性ディスレクシア　1, 13, 20
発達性ディスレクシア研究会　27, 230
非語　36, 58, 59, 60, 61, 62, 224
微細脳損傷（MBD）　22, 26
標準抽象語理解力検査　70
プレリテラシー　51

ま行

モーラ　46, 67, 164, 223
モーラ削除課題　53, 67, 108, 127, 168
黙読　3, 47, 132, 143, 223, 225
文字記号または文字列の音声化　34

や行

拗音　47, 54
余暇活動　195
読み上げソフト「デイジー」　193
読み書き障害　1, 13
読み飛ばし　35, 125, 192
読みの脳システム　32

ら行

粒性と透明性の仮説　33
流暢性　34, 48, 225
療育手帳　37, 38
両眼視　74, 78
レイの複雑図形検査　27, 66, 225

わ行

若者たちの課題　219

人名索引

あ行

アスペルガー,ハンス　26
天野清　27
イーデン,ゲイネヴィア　24
宇野彰　27
ウルフ,メアリアン　25, 28, 31, 82, 222, 224
遠藤めぐみ　27
オートン,サミュエル・トーリー　21, 148
小尾いね子　26

か行

カーク,サミュエル・A　22
カーン,ロバート　18, 28
カナー,レオ　21, 26
ガラブルダ,アルバート・A　23, 24
黒丸正四郎　26
ゲシュヴィント,ノーマン　23, 82
小枝達也　28, 54

さ行

シェイウィッツ,サリー　24, 28, 31
鈴木昌樹　26
スノウリング,マーガレット・J　32
関あゆみ　28
藤堂栄子　27

な行

中邑賢龍　28

は行

バーリン,ルドルフ　20
バターワース,ブライアン　24, 33
平井信義　26
ヒンシェルウッド,ジェームス　20
ヘインズ,チャールズ　18, 27
ペニントン,ブルース・F　23

ま行

マイクルバスト,ヘイマー　26
牧田清志　26
モーガン,プリングル　19
森永良子　26

や行

山田順　27

ら行

ラター,マイケル　22
ランゲンバーグ,ドナルド　25, 180

わ行

ワイデル,タエコ　24, 33

●執筆者一覧

安藤壽子（あんどう・ひさこ）［第5章(2)、第7章(2)、第10章］
　元お茶の水女子大学教授
　特別支援教育士スーパーバイザー

原　惠子（はら・けいこ）［第1章、第4章、第5章(3)、第7章(1)、基本専門用語集］
　上智大学大学院言語科学研究科特任准教授
　言語聴覚士、臨床発達心理士、特別支援教育士スーパーバイザー

石坂郁代（いしざか・いくよ）［第5章(1)、第7章(3)、基本専門用語集］
　北里大学医療衛生学部教授
　言語聴覚士

中村（金岡）水帆子（かねおか・なかむら・みほこ）［第6章(1)］
　関内こころの森相談室、のぼりと心理教育研究所
　臨床心理士、特別支援教育士スーパーバイザー、公認心理師

加藤醇子＝編者［はじめに、第2章、第3章、第12章、基本専門用語集、関連機関、参考書籍、コラム1～8］

守田好江（もりた・よしえ）［第5章(4)］
　米国Gemstone Foundation、いぢち眼科（霧島市）
　視能訓練士

大石敬子（おおいし・のりこ）［第7章(4)、第8章、第9章］
　元宇都宮大学教授
　言語聴覚士

品川裕香（しながわ・ゆか）［第13章、第14章］
　教育ジャーナリスト、（株）薫化舎コンサルタンツ取締役副会長、薫化舎らんふぁんぷらざ統括責任者

山内まどか（やまのうち・まどか）［第6章(2)、第11章］
　帝京大学大学院教職研究科非常勤講師
　言語聴覚士、学校心理士、公認心理師

●編著者略歴

加藤醇子（かとう・じゅんこ）

小児科医。横浜市立大学医学部卒。関東逓信病院（現、NTT東日本関東病院）小児科入局。伊豆逓信病院（現、NTT東日本伊豆病院）小児リハビリテーション科（LDの診断）勤務。府中療育センター（神経研究所兼務）、横浜市の療育機関勤務後、平成7年12月発達障害専門のクリニック・かとう開設。平成16年4月NPO法人らんふぁんぷらざ開設（発達障害児の支援）、平成26年5月一般社団法人日本ディスレクシア協会発足に関わる。
訳書にマーガレット・J・スノウリング『ディスレクシア　読み書きのLD──親と専門家のためのガイド』（共監訳、東京書籍、2008年）、サリー・シェイウィッツ『読み書き障害（ディスレクシア）のすべて──頭はいいのに、本が読めない』（監修、PHP研究所、2006年）など。
所属：一般社団法人日本ディスレクシア協会代表理事（～2023年3月）。

ディスレクシア入門──「読み書きのLD」の子どもたちを支援する

2016年 6月25日　第1版第1刷発行
2022年12月30日　第1版第8刷発行

編著者──加藤醇子
発行所──株式会社　日本評論社
　　　　　〒170-8474　東京都豊島区南大塚3-12-4
　　　　　電話 03-3987-8621（販売）-8598（編集）　振替 00100-3-16
印刷所──港北出版印刷株式会社
製本所──井上製本所
装　幀──図工ファイブ

検印省略　© 2016 Kato, J.
ISBN978-4-535-56349-0　Printed in Japan

JCOPY 〈（社）出版者著作権管理機構　委託出版物〉

本書の無断複写は著作権法上での例外を除き禁じられています。複写される場合は、そのつど事前に、（社）出版者著作権管理機構（電話 03-5244-5088、FAX 03-5244-5089、e-mail: info@jcopy.or.jp）の許諾を得てください。
また、本書を代行業者等の第三者に依頼してスキャニング等の行為によりデジタル化することは、個人の家庭内の利用であっても、一切認められておりません。

学習障害のある子どもを支援する
宮本信也[編]

発達性読み書き障害・算数障害などLDの概念、特徴、支援方法などを包括的に解説！ 教師・保護者・支援者必携。DSM-5、ICD-11対応。
◆A5判／176頁 ◆定価1,760円（税込）

発達障害の「教える難しさ」を乗り越える──幼児期から成人期の自立へ 河野俊一[著]

自閉症、LD、ADHD、広汎性発達障害、知的障害……教科学習を通じて、発達上の遅れや課題をもつ子ども自身が力をつける！
◆四六判／200頁 ◆定価1,540円（税込）

「助けて」が言えない 松本俊彦[編]
──SOSを出さない人に支援者は何ができるか

「困っていません」と言われた時、あなたならどうしますか？ 依存症、自傷・自殺等、多様な当事者の心理をどう理解し関わるか。杉山登志郎・荻上チキ・岩室紳也・熊谷晋一郎 ほか
◆四六判／264頁 ◆定価1,760円（税込）

学校を変える いじめの科学
和久田 学[著]

経験則だけでは子どもを救えない。国内外で蓄積された科学的知見に基づく、かつ現場で"使える"いじめ対策を平易に解説。
◆A5判／248頁 ◆定価2,200円（税込）

発達性トラウマ障害のすべて
杉山登志郎[編] こころの科学 HUMAN MIND SPECIAL ISSUE 2019

ミレニアム以前に始まる"発達障害ブーム"の時期を経たいま、児童青年期臨床の新たな焦点はトラウマである。最前線からの報告。●[座談会] 発達性トラウマ障害のゆくえ…友田明美・中西正史・杉山登志郎（司会）
◆B5判／126頁 ◆定価1,760円（税込）

そだちの科学 no.37
滝川一廣・杉山登志郎・田中康雄・村上伸治・土屋賢治[編]

[特集]**学習の遅れを支える**：限局性学習症のいま

限局性学習症／学習障害はほかの発達障害と比べいまだ理解と支援が不十分である。医学と教育の架け橋となるために何が必要か。
◆B5判／104頁 ◆定価1,650円（税込）

日本評論社